HOFMEISTER / BAUEROCHSE (HRSG.)
Die Zukunft der Religion

Klaus Hofmeister
Lothar Bauerochse (Hg.)

Die Zukunft der Religion

Spurensicherung an der Schwelle zum 21. Jahrhundert

echter

Die Deutsche Bibliothek – CIP-Einheitsaufnahme

Die Zukunft der Religion : Spurensicherung an der Schwelle zum 21. Jahrhundert / Klaus Hofmeister/Lothar Bauerochse (Hg.). – Würzburg : Echter, 1999
ISBN 3-429-02134-0

Umschlag: Uwe Jonath (Foto: Tony Stone Bilderwelten)
Gesamtherstellung: Echter Würzburg
Fränkische Gesellschaftsdruckerei und Verlag GmbH
ISBN 3-429-02134-0

Inhalt

Vorwort

In Sachen Religion gibt es am Ende des 20. Jahrhunderts einen irritierenden Befund. Unsere moderne Gesellschaft kommt für ihr alltägliches Funktionieren völlig ohne Religion aus. Naturwissenschaft, Kultur, Politik und Technologie laufen reibungslos nach Gesetzmäßigkeiten, in denen persönlicher Glaube wie auch die Existenz Gottes nicht vonnöten sind. Und doch hat in dieser säkularisierten Gesellschaft das von vielen erwartete Absterben der Religion nicht stattgefunden.

Wohl stecken die Kirchen in der Krise. Der gesellschaftlich abgesicherte Einfluß der christlichen Großinstitutionen schwindet. Die Kirchensteuer, der konfessionelle Religionsunterricht, die Theologie an den staatlichen Universitäten: noch ist all das rechtlich abgesichert. Aber die Rufe nach stärkerer Trennung von Staat und Kirche werden lauter. Als die 1998 gewählte rot-grüne Bundesregierung vereidigt wurde und dabei zur Hälfte auf die Anrufung Gottes verzichtete, trat der fortgeschrittene Bewußtseinswandel vor aller Augen.

Religion insgesamt scheint aber so etwas wie eine Renaissance zu erleben, nur ganz anders, vielgestaltiger, vielleicht gefährlicher, oft nicht einmal gleich als religiös zu entziffern. Stimmt es also, daß die Menschen unheilbar religiös sind?

Anschaulich wird der Trend in der Esoterik-Welle, die sich viel dauerhafter als erwartet gehalten hat. Ihre spirituellen Lebenshilfeangebote boomen. Seminare zu Meditationspraktiken sind ausgebucht. Jede noch so abseitige Heilsversprechung findet Kundschaft. Der Buchmarkt profitiert kräftig von der Vielfalt der Angebote, die oft aus asiatischen Quellen schöpfen. Zehntausende pilgern zum Dalai Lama in die Lüneburger Heide, um seinen Lehren zu lauschen. Sekten haben beständigen Zulauf, obwohl sie in der öffentlichen Meinung schlecht wegkommen.

Religionssoziologen entdecken, daß Popkonzerte, Sport-Ereignisse, der Tourismus oder das Fernsehen die Kirchen in ihren religiösen Funktionen zu beerben beginnen. Und ist es

nicht irritierend, daß die Verehrung der Lady Di nach ihrem Tode so auffällige Züge einer Madonnenverehrung annehmen konnte? Füllen nicht heute die Therapeuten mit ihren Heils-Angeboten oder sogar Talkmaster jene Leerstellen, die die Kirchen als geschwächte Institutionen hinterlassen?
Man kann allerdings nicht behaupten, daß diese diffuse neue Religiosität schon eine gesellschaftliche Prägekraft entfaltet. Im öffentlichen Leben, in Wissenschaft und Forschung verläuft die Säkularisierung ungebremst weiter. Ethische Einwürfe haben es schwer, zumal wenn sie religiös motiviert und begründet sind. Gerade in elementaren Fragen der menschlichen Existenz, wie sie etwa die Biotechnologie aufwirft, befindet sich die Ethik in der Defensive. Rückt die Religion trotz ihrer vielfältigen Erscheinungsformen also an den Rand der Gesellschaft? Bleibt das ihr zugewiesene Reservat in Zukunft ein für allemal die Privatsphäre?
Die Kirchen, deren volkskirchliche Basis schmilzt, sind ja keinesweg untätig, um religiös auf der Höhe der Zeit zu bleiben. Die Wiederentdeckung der Mystik, der Stille, das Experimentieren mit neuen Riten und Gottesdienstformen, all das sind erste Antwortversuche auf die religiöse Herausforderung der Zeit. Werden die Kirchen das Blatt wieder zu ihren Gunsten wenden können, ohne radikal ihre hergebrachte religiöse Gestalt in Frage zu stellen, ihre Hierarchien, ihre theologische Selbstgewißheit, ihre Traditionslastigkeit?
Wir leben religiös hierzulande in einer Umbruchsituation. Die historische Gestalt des Religiösen, repräsentiert durch die großen Kirchen, ist in der Krise. Die neuen Gestalten des Religiösen sind bunt und vielfältig, aber strukturell schwach. Ein erster Blick auf die religiöse Landschaft der Gegenwart legt die Vermutung nahe, daß wir vor einer Aufspaltung der Gesellschaft stehen. Auf der einen Seite die boomende Religiosität, individuell geprägt und autonom bestimmt. Auf der anderen Seite aber die nach wie vor wachsende Gleichgültigkeit gegenüber diesem Bereich.
Welche dieser Strömungen wird das 21. Jahrhundert prägen? Noch sind wohl nur Minderheiten jeweils einer der beiden Pole mit Entschiedenheit zuzurechnen. Aber die religiöse

Landschaft ist in Bewegung, und die dort stattfindenden Veränderungen werden vermutlich auch zukünftige Gesellschaften stärker prägen, als viele das noch vor einigen Jahren erwartet hatten.
Die Jahrtausendwende ist für uns in dieser Situation eine willkommende Einladung zu Bilanz und Ausblick. In einer insgesamt 20teiligen Sendereihe von Mai bis Oktober 1999 in der Sendung »Camino – Religionen auf dem Weg« in hr2 richten wir unseren Blick im wesentlichen auf die religiöse Situation in der Bundesrepublik Deutschland. Wie gestaltet sich heute die religiöse Landschaft? Welche Trends sind jetzt schon erkennbar, die sich als Perspektiven in die Zukunft ausziehen lassen?
Wir haben Autorinnen und Autoren gebeten, sich auf Spurensuche zu begeben und Mosaiksteine für ein Bild der religiösen Gegenwartssituation zusammenzutragen. Bis auf wenige Ausnahmen sind die Beiträge der Sendereihe in zum Teil überarbeiteter Form in diesem Band zusammengefaßt. Wir unterscheiden formal zwei verschiedene Zugänge: Zum einen analytische Essays, die sich um eine Zusammenschau und kritische Kommentierung religiöser Gegenwartsphänomene bemühen. Zum anderen aber Reportagen und Berichte zu Einzelphänomenen, die das in den Analysen Vorgestellte veranschaulichen sollen.
Die Reihe der Beiträge beginnt zunächst mit einer religionssoziologischen und empirischen Bestandsaufnahme: Wenn die Gesellschaft als »Erlebnisgesellschaft« beschrieben wird (so der Soziologe Gerhard Schulze) – welche Religion sucht sie sich? Hat dann nur eine »Erlebnisreligion« Chancen? Und was läßt sich aus Befragungen und Erhebungen ableiten über Glaubensvorstellungen von Einzelnen abseits der kirchlichen Lehrgebäude? Gibt es sie tatsächlich, die »Renaissance« der Religion? Ein erstes Fallbeispiel beschreibt die religiöse Situation in Ostdeutschland: Was bleibt nach 40 Jahren sozialistischer Religionsfeindschaft und 10 Jahren säkularem Modernisierungsschub?
Eine zweite Gruppe von Beiträgen schildert den religiösen Wandel in den Kirchen. Von Kirchenkrise ist vielfach die Rede, aber was verbirgt sich tatsächlich hinter diesem

Schlagwort? Welche neuen kirchlichen Sozialisationsformen und Reformansätze bilden sich heraus? Dazu drei Analysen – aus soziologischer, katholischer und evangelischer Perspektive – sowie eine Reportage über die Suche nach neuen Ritualen und religiösen Formen für Kirchenferne.
Nach dem Blick auf die Kirchen weiten wir die Perspektive und beschäftigen uns mit der sogenannten »vagabundierenden Religiosität«. Warum hält sich die Esoterik-Welle so dauerhaft, die doch manche für eine vorübergehende Modeerscheinung hielten? Welche gesellschaftlichen Konstellationen führen dazu, daß die Angebote des Esoterikmarktes so viele Abnehmer finden?
In einem weiteren Abschnitt geht es dann um die gesellschaftliche Rolle von Religion: Welchen Einfluß haben die Kirchen im Bereich der Politik, welche Erwartungen zeigen sich seitens der Politiker? Welche Rolle spielt Religion für Forschung und Wissenschaft, für die Kultur sowie im Bereich von Psychotherapie und Medien? Und schließlich: Auch in zahlreichen kriegerischen Konflikten spielen Religionen eine Rolle, sowohl als Ursache von Gewalt als auch als Ferment des Friedens. Wir beleuchten – durchaus pointiert und provokativ – Hintergründe und Zusammenhänge.
Die letzten drei Beiträge unserer Sendereihe und dieses Buches bemühen sich um den Blick nach vorne: Welche Rolle werden auch in Zukunft Sekten und fundamentalistische Strömungen spielen? Wie können Kirchen auf den Wandel der religiösen Landschaft reagieren? Am Schluß steht der Versuch, ein Bild zu entwerfen von einer Spiritualität, die an der Zeit ist.
Eine »tour d' horizon« durch die religiöse Gegenwartswelt, die Anregungen liefern soll, den religiösen Wandel genauer wahrzunehmen und intensiver zu bedenken, sowohl innerhalb als auch außerhalb der Kirchen. Denn Religion, so scheint es am Ende dieses Jahrtausends, hat nach wie vor eine Zukunft.

Frankfurt im Juli 1999

Lothar Bauerochse
Klaus Hofmeister

Hans-Joachim Höhn

Erlebnisgesellschaft! – Erlebnisreligion?

Die Sehnsucht nach dem frommen Kick

In Zeiten des Umbruchs haben Zukunftsdeuter Konjunktur. Viele Zeitgenossen, die vom Lauf der modernen Welt beunruhigt sind, wollen wissen, was auf sie zukommt. Ist das Neue, das die Zukunft bringt, etwas Gutes? Dann wäre es schlecht, zu den Nachzüglern des Fortschritts zu gehören und das Neue zu verpassen. Oder muß man für den weiteren Gang der Dinge Schlimmes befürchten? In diesem Fall wäre es ratsam, sich rechtzeitig darauf einzustellen, wie man das Schlimmste verhüten kann. Schließlich ist der Mensch daran interessiert, daß auch unter widrigen Umständen noch etwas aus ihm werden kann. Deswegen muß er wissen, was auf ihn zukommt. Er hat noch viel vor mit sich und seiner Welt. Zeiten des Umbruchs dürfen daher bestenfalls Zeiten der Wende, aber nicht »Endzeiten« sein. Vom Menschen ist verlangt, daß er Eigenschaften hat, mit denen auch in Wendezeiten etwas anzufangen ist. Darum ist heute allerorten »Zukunftsfähigkeit« gefragt – kein schönes Wort für Sprachästheten, aber als Attest uneingeschränkter Wettbewerbsfähigkeit von Ökonomen ebenso begehrt wie die TÜV-Plakette von PKW-Besitzern für automobile Verkehrstauglichkeit.

Bei dieser Art von »Zukunftsfähigkeit« geht es weniger darum, was *letztlich* aus dem Menschen wird. Zur Debatte steht auch nicht die Hoffnung, daß es mit ihm nach dem Tod irgendwie weitergeht. Die gesuchten Antworten sollen dem Leben *vor* dem Tod zugute kommen. Das Interesse an der Zukunft kommt aus der Angst vor einem vorzeitigen Ende der Gegenwart. Es soll verhindert werden, daß das Aktuelle bald vor dem Aus steht. Was aber ist »aktuell« in einer Zeit des beschleunigten Wandels? Niemand weiß es so recht.

»In- und Out-Listen« sind nur von begrenztem Aussagewert. Mehr als die Beständigkeit des Wechsels kommt hier nicht zum Ausdruck. Für die Frage, was auf Dauer *an* der Zeit ist, was *in* und *mit* der Zeit aus der Welt werden wird, muß man sich an andere Auskunfteien wenden. Am aussichtsreichsten ist es, sich soziologisches Expertenwissen zu besorgen. Aber auch in der Soziologie gibt es Zeitdiagnose nur im Plural. Es vergeht kaum ein Jahr, in dem auf dem Büchermarkt nicht eine neue, auflagenstarke Antwort auf die Frage gegeben wird »Wo leben wir eigentlich?«. Die Häufigkeit, mit der sich die verschiedenen Diagnosen von Zeit und Kultur ablösen, ist daher selbst ein Symptom geworden. Es ist bezeichnend für unsere Gesellschaft, daß sie ständig neue Zustandsbeschreibungen erhält: Wohlstandsgesellschaft, Risikogesellschaft, Informationsgesellschaft, Zwei-Drittel-Gesellschaft.
Der ständige Wechsel dieser Bestimmungsversuche erschwert auch den Versuch, den sozialen Ort und die kulturelle Funktion von Religion zu ermitteln. Über beides kann nicht allein die Religion Auskunft geben. Ihre Bedeutung und ihre »Zukunftsfähigkeit« ist immer auch abhängig von ihrem gesellschaftlichen Umfeld. Die Identifizierung einer Religiosität, die heute und in Zukunft »an der Zeit« ist, kommt daher nicht ohne eine soziologische Komponente aus. Allerdings ist heute eine religiöse Spurensuche nicht weniger kompliziert als eine soziologische Zeitdiagnose. Das Phänomen »Religion« besitzt in diesen Tagen keine klaren Konturen mehr. Die etablierten Kirchen und Konfessionen kämpfen mit einem enormen Mitgliederschwund. Andererseits ist Religion aber auch im Kommen – ablesbar am Interesse für Esoterik, in der Konjunktur des Mythos und der Mystik. Wo es Religion noch gibt, dort gibt es sie nur noch im Plural. Gegensätzliche Trends bestimmen ihr Erscheinungsbild: bornierter Fundamentalismus und bunte Beliebigkeit. Ist alles Religion, was sich »religiös« nennt?
Kaum anders aber steht es um unsere Gesellschaft. Auch sie hat seit Jahren Probleme mit ihrem Selbstverständnis. Der Grund ist aber nicht, daß ihr die passenden Worte fehlen. Vielmehr gibt es zu viele, die das für sie Typische auf den Be-

griff bringen wollen und können. Eine moderne Gesellschaft braucht viele Namen, weil sie viele Gesichter hat. Sie führt eine Mehrfachexistenz.

Seit einiger Zeit ist nun ein Begriff im Umlauf, dem es anscheinend gelingt, diese Vielgestaltigkeit doch auf *einen* Nenner zu bringen. Mit dem Titel »Erlebnisgesellschaft« hat 1992 der Bamberger Soziologe Gerhard Schulze seine »Kultursoziologie der Gegenwart« versehen. Hinter diesem Titel steht nicht die Behauptung, unsere Kultur sei von nichts anderem bestimmt als von dem Bestreben, unser Dasein als ein großes Ereignis zu inszenieren. Die Leitthese lautet vielmehr: Unsere Gesellschaft ist alles andere auch. Sie ist High-Tech-, Konsum-, Ellbogen-, Leistungsgesellschaft. Aber mehr als all dieses ist sie eine Erlebnisgesellschaft. Daher lohnt es sich, ihre Analyse auf dieses Merkmal zu konzentrieren.

Innerhalb kürzester Zeit hat der Begriff »Erlebnisgesellschaft« Karriere gemacht. Offensichtlich stellt er eine Deutung unserer Zeit bereit, die weit über den Kreis der soziologischen Experten hinaus Zustimmung findet. Im Mittelpunkt steht die Beobachtung, daß sich die Maßstäbe der Wirklichkeitsdeutung und Handlungsorientierung der »Menschen von heute« verschoben haben. Sie waren von der Nachkriegszeit bis weit in die 60er Jahre hinein »außenorientiert« und machten sich vorwiegend an ökonomischen Standards fest: Es ging ums Überleben, um die Mehrung und Sicherung von Hab und Gut. Im Mittelpunkt stand die Sorge, daß es die Kinder »einmal besser haben werden ...« Aus der Erfahrung von Knappheit und Mangel hatten sich Verhaltensorientierungen entwickelt, die an den äußeren Lebensbedingungen ansetzen. »Haste was, dann biste was!« In den letzten Jahrzehnten sind nun durch einen höheren Lebensstandard und als Folge kultureller Liberalisierung viele Bereiche des Alltagslebens individuell wählbar geworden. Dies hat eine stärkere Subjektzentrierung der Lebensgestaltung möglich und erforderlich gemacht. Auf dem Scheitelpunkt dieser Entwicklung ist eine Sozialform menschlichen Miteinanders entstanden, die vom Haben auf das Sein und vom Sein auf das Erleben umgestellt hat: die Erlebnisgesellschaft.

Sie bringt neue Orientierungsmuster hervor, die um den kategorischen Imperativ »Erlebe dein Leben!« zentriert sind. Dieser Imperativ wird auf Dauer das Sozialverhalten prägen, selbst wenn er vom Wirtschaftsteil jener Zeitungen bereits dementiert wird, die ihn auf ihren Werbeseiten noch ausgiebig gebrauchen. Auch ein Abbröckeln des erreichten Wohlstandsniveaus wird nichts daran ändern, daß Menschen »etwas vom Leben haben wollen«. Wenn man sich in Zeiten leerer Kassen nicht mehr alles leisten kann, wird man eben über die Verhältnisse leben. Die privaten Haushalte verhalten sich wie die öffentliche Hand: Sie machen Schulden. Was sonst? Wer nichts ist, will wenigstens etwas haben. Wer nichts hat, will wenigstens etwas sein. Wer weder etwas ist, noch etwas hat, will wenigstens etwas erleben.

1. Erlebe dein Leben! Der Daseinsimperativ der Gegenwart

Der Begriff »Erlebnis« setzt zunächst Assoziationen frei in Richtung Unterhaltung und Zeitvertreib. Wer von der Monotonie des Alltags geplagt wird, denkt an spektakuläre Abwechslungen. Hier ist alles recht, was den Pulsschlag höher treibt – vom Windsurfen bis zum bungee jumping. Längst aber sind über den Freizeitsektor hinaus alle Bereiche des sozialen Lebens mit der Erlebnisvokabel verknüpft. Sie hat ebenso in der Pädagogik wie im Marketing Fuß gefaßt. Der Begriff konnte Karriere machen, weil er eine inzwischen weit verbreitete Lebensauffassung artikuliert. Lebensqualität ist Erlebnisqualität! Diese Lebensphilosophie ist wiederum entstanden im Kontext einer tiefgreifenden Veränderung unserer Beziehung zu Gütern und Dienstleistungen: weg von einem sachorientierten, zweckbezogenen Umgang mit dem Lebenswichtigen hin zu einer subjektbetonten, aktionsorientierten Einstellung. Alles muß heute »event«-Charakter haben. Der Kaufhof präsentiert sich nicht mehr als biederes Warenhaus, sondern als Erlebniskaufhaus. Ein Restaurant, das auf sich hält, verspricht Erlebnisgastronomie. Bahnhöfe präsentieren sich als »Erlebniswelt mit Gleisanschluß«. Vor allem der Wandel der Werbung in der Nachkriegszeit belegt diesen Trend. Wurde früher der Gebrauchswert der Produkte in den Mittelpunkt der Präsentation gestellt – Haltbarkeit, Zweckmäßigkeit, technische Perfektion –, so betonen die Appelle an den Verbraucher heute immer stärker ihren Erlebniswert. Wer mit dem schlichten Ziel einen Supermarkt betritt, ein Duschgel zum Zweck der körperlichen Reinigung zu erwerben, muß unverrichteter Dinge wieder nach Hause gehen. Seine Primärmotivation reicht nicht aus, um sich zwischen den vielen Produkten zu entscheiden, die denselben Zweck erfüllen. Erst wenn sich der Kunde auf erlebnisorientierte Zusatzqualitäten des Produktes besinnt – wilde Frische, cremige Zartheit, herbe Männlichkeit, sportliche coolness –, kommt es wirklich zur Kaufentscheidung.

An diesem Beispiel wird ein grundsätzlicher Umschlag deutlich: Das Image einer Ware wird zur Hauptsache, die Funktion zum Zubehör. Kaufanreize werden nicht mehr in der Außenwelt, im Produkt, sondern in der Innenwelt des Subjekts gesucht; Kriterien der Produkt- und Lebensqualität werden von außen nach innen verlegt. Waren und Dienstleistungen erfüllen nicht mehr primär einen Zweck, sondern vermitteln Erlebnisse und Gefühle. Früher war ein Kunde frustriert, wenn ein gewünschtes Produkt nicht zu kriegen war oder technische Mängel aufwies. Heute ist er enttäuscht, wenn ein technisch einwandfreies Produkt zwar funktioniert, aber die gewünschten inneren Wirkungen nicht auslöst. Was habe ich von einem Körperpflegemittel, das zwar den Körper pflegt, aber das Gefühl der sportlichen coolness nicht aufkommen läßt ...?

»Es kommt darauf an, wie man sich fühlt« – von allen Seiten ist diese Beteuerung zu hören. Das Alter spielt keine Rolle. Es kommt darauf an, sich jünger zu fühlen. Gradmesser ist das Individuum, seine Skala bildet sein Inneres: Gefühle, Stimmungen, Wünsche. Es gilt, die Lebensumstände so zu gestalten, daß man darauf in einer Weise reagiert, für deren Beschreibung die Begriffe »interessant«, »toll« oder »geil« zur Verfügung stehen.

Eine solche Erlebnisorientierung ist zugleich die unmittelbarste Form der Suche nach Glück und Sinn. Glück und Sinn werden nicht mehr für das Ganze, sondern in aneinan-

dergereihten Einzelerlebnissen gesucht, über deren Qualität das Subjekt befindet. Sinn ist etwas Episodenhaftes. Nichts ist für die Ewigkeit. Wie es »Lebensabschnittspartner« gibt, so auch einen »Lebensabschnittssinn«. Mehr ist nicht drin. Es kommt darauf an, im Leben möglichst viele Sinninseln anzusteuern. Den Kompaß stellt die Erlebnisorientierung bereit. Sinn hat, was mit den Worten »aufregend«, »spannend«, »schön« kommentiert wird. Solche Sinnbeschreibungen sind bei näherem Hinsehen Selbstbeschreibungen des Subjekts, das angibt, wie es sich in einer bestimmten Situation fühlt oder was es empfindet. Je nach Stimmung und Befindlichkeit sind Faszination, Ekstase oder Harmonie gefragt – auf keinen Fall Langeweile. Jeder Tag soll bunt und keiner grau sein. Damit man die Lust am Leben nicht verliert, ist es nötig, Beeinträchtigungen und Behinderungen hintanzustellen. Am wichtigsten ist es, sich den Spaß am Leben nicht nehmen zu lassen. Die Lebenskunst besteht darin, mit den äußeren Umständen so umzugehen, daß erwünschte subjektive Befindlichkeiten möglich bleiben.
Die Erlebnisgesellschaft hat die Frage nach Sinn und Glück in eine neue, »nachmetaphysische« Fassung gebracht: Wie kann man das Leben so verbringen, daß man das Gefühl hat, es lohne sich? Diese Frage begleitet diejenigen, die Mangelsituationen überwinden wollen, ebenso wie jene, die im Leben alles erreicht haben. Welches Gefühl aber eignet sich als Indikator für Sinn und Glück, wenn der pure Konsum nicht als Bürge und Garant von Sinn und Glück herhalten kann? Die Werbung weiß es: Have fun! Das Leben verdirbt, wenn es keinen Spaß (mehr) macht. Folglich muß man allen Spaß- und Lebensverderbern aus dem Weg gehen.
Allerdings führt der Wunsch, Spaß am Leben zu haben, indem man Spaß an möglichst vielen Dingen, Erlebnissen, Gefühlen im Leben hat, bald in die Selbstentwertung. Auch die Erlebnisgesellschaft hat damit zu kämpfen, daß das Schlechte dort anfängt, wo des Guten zuviel getan wird. Unter Lebensbedingungen, die es ermöglichen, schöne Erlebnisse zur Hauptsache zu machen, verflüchtigen sich schöne Erlebnisse, die sich als Nebensache ergeben würden. Und das sind die meisten! Das Beglückende des Glücks besteht ja gerade

darin, daß man es nicht unmittelbar anstreben kann. Zum Glück gehört gerade, daß man nicht weiß, womit man es verdient hat. Die Erlebnisgesellschaft geht gegen die Unberechenbarkeit des Glücks an, indem sie schöne Erlebnisse wiederholbar macht und die Erlebnisdichte erhöht. Mit der Eintrittskarte in einen Freizeitpark wird auch das Recht auf einen erlebnisreichen Tag erworben. Wenn Euro-Disney oder Phantasialand nicht halten, was ihre Werbung verspricht, muß der Reiseveranstalter mit sich reden lassen und Preisnachlaß gewähren. Zum Glück wird in den Erlebnisparks meist so viel geboten, daß Urlauber gar nicht erst auf einen solchen Gedanken kommen. Die Erhöhung der Erlebnisgeschwindigkeit geht aber auf Dauer zu Lasten der Erlebnistiefe. Wo von der Anhäufung der Erlebnisse noch ein Reiz ausgehen soll, müssen die Erlebnisangebote in immer neuen Variationen auf den Markt. Sie werden mühsam recycelt, um zu signalisieren, daß es nun etwas gebe, was noch nicht dagewesen sei. Trotzdem stellt sich bald die Melancholie der Erfüllung ein. Auf dem Erlebnismarkt wächst die Gruppe der mißmutig Vergnügten. Ihr Problem sind sie selbst, die Abnahme ihrer Faszinierbarkeit geht einher mit der Steigerung des Reizangebotes. Wie Süchtige greifen sie nach immer mehr und haben immer weniger davon. Im Moment der Wunscherfüllung entsteht bereits die Frage, was denn als nächstes kommen soll, so daß sich Befriedigung gerade deshalb nicht mehr einstellt, weil die sofortige Suche nach Anschlußbefriedigungen dies unterläuft. Kaum am Urlaubsort eingetroffen, keimen bereits die Überlegungen, wohin im nächsten Jahr die Reise gehen soll ...

Je selbstverständlicher schöne Erlebnisse zum Sinn des Lebens gemacht werden, um so größer wird die Angst vor dem Ausbleiben solcher Erlebnisse. Zur Angst vor Langeweile gesellt sich die Angst, etwas zu versäumen. In einem solchen Kontext ist zwar nicht mehr das Leben bedroht, aber sein Sinn. Wo das Erleben des Lebens zur Lebensaufgabe wird, steigt das Risiko, durch das Ausbleiben von Erlebnissen dem Leben nichts abgewinnen zu können. Wer allerdings erwartet, daß der Erlebnismarkt eines Tages eine Sättigungsgrenze erreichen wird, unterschätzt den auf den Erlebnissektor verlegten Sinnbedarf des modernen Menschen: Zu Unendlichem fügt sich nur Unendliches.

2. *Auf der Suche nach dem spirituellen Kick? Religion im Erlebnismarkt*

Nach zahlreichen Säkularisierungswellen ist die Welt heute entzaubert und der Himmel leergeräumt. Für die Frage nach dem wirklichen, wahren und eigentlichen Leben gibt es keine andere Erkenntnisinstanz als die Welt. Die Welt allein aber scheint nicht auszureichen bei dem Versuch, jenes Eigentliche zu bestimmen. Das wissen all jene, denen die Erlebnisgesellschaft bald »zuviel« wird mit all dem Aufwand, den Moden und Allüren, den sie betreibt, damit das Leben interessant bleibt. Es sind Menschen, denen die Erlebnisgesellschaft zugleich auch »zuwenig« bietet. Sie wissen, daß ein aus vielen Erlebnisepisoden addierter Lebenssinn genauso flüchtig und vergänglich ist wie diese Episoden. Sie ahnen, daß auf den letzten Schrei oft der letzte Atemzug folgt. Sie suchen nach etwas Definitivem – nach etwas, das nicht mehr veralten kann. Es braucht darum nicht zu verwundern, wenn sich diese Suche wieder auf das »Andere« von Welt und Zeit richtet, um von dort das Dasein in der Zeit sinnvoll werden zu lassen. Gehofft wird auf halbvergessene oder von der Moderne übersehene Möglichkeiten einer Existenzvergewisserung »aus« der Transzendenz. Religion ist plötzlich wieder »in«, weil sie das im Angebot hat, was allen fehlt, die schon alles hinter sich haben: Grenzverkehr mit dem Unendlichen.

Was zunächst wie ein Ausbruch aus den Überdrehtheiten des Erlebnismarktes aussieht, erweist sich auf den zweiten Blick oft als dessen Fortsetzung. Viele suchen nach der »wahren« Welt hinter der Welt der Waren und des schönen Scheins. Aber sie bleiben dem Erlebnisimperativ bisweilen um so mehr verhaftet, je entschiedener sie von ihm loskommen möchten. Meist bringt es die erste Reaktion auf eine religiöse Sinnofferte bereits auf den Punkt: »Kann man das erleben, was zu glauben ist? Kann ich es *selbst, an mir selbst* erleben?« Auch in Religionsdingen geht die Laufkundschaft nur dort-

hin, wo etwas abgeht. »Das habe ich wirklich erlebt« – diese Beteuerung hat den Wert einer Bekenntnisformel.
Zulauf haben solche Gruppen und Bewegungen, in denen das als *lebensrelevant* Behauptete auch *erlebnisrelevant* dargestellt und vollzogen wird. Sie wissen, daß sie für ihre Ideen sonst kaum Abnehmer finden. Wer heute abseits doktrinärer Fundamentalismen am Religiösen interessiert ist, sucht meist nicht das vorgefertigte Bekenntnis, das man nur noch zu übernehmen braucht, auch nicht ein dogmatisches Lehrgebäude, das bei Häresieverdacht mit Sanktionen droht, und erst recht nicht die oberhirtliche Verwaltung einer rigiden Moral. Gefragt sind Wege und Formen einer unmittelbaren Erfahrung des Religiösen, des Mystischen, des Göttlichen. Von allen religiösen Offerten werden heute in hohem Maße jene gewählt, die Transzendenzen in Aussicht stellen, bei denen die Adressaten nicht auf die Vermittlung von überkommenen Institutionen angewiesen sind. Wer unmittelbare Jenseitskontakte anbieten kann, hat erhebliche Marktvorteile. Wer es von den Kunden sachte angehen läßt, beginnt mit Bewegungstechniken à la Tai Chi, mit denen sich unbewußte Energieströme stimulieren lassen. Das ist nötig, damit jene Blockaden brechen, die verhindern, daß das Göttliche im Menschen zur Welt kommt. Wer noch einige körperliche Intensitätsgrade zulegen möchte, kann es mit Tantra-Yoga versuchen und der mystischen Kraft der Sexualität nachspüren. Andere finden ihren spirituellen Kick in der Urschreitherapie oder buchen Exerzitien bei durchreisenden Schamanen.
Hinter all dem steht die Devise: »Zurück zur erlebten Gewißheit der Gegenwart des Göttlichen!«. Dieser Trend macht auch vor dem Christentum nicht halt. An die Stelle der Autorität überlieferter heiliger Schriften tritt auch bei seinen Anhängern zunehmend eine Glaubensgewißheit, die sich im eigenen Erleben finden läßt. Die religiös Aufgeschlossenen dieser Tage suchen Indizien dafür, daß die Türen der Offenbarung nicht schon vor 2000 Jahren oder mit der Endredaktion der Evangelien definitiv geschlossen wurden. Ihr Pochen auf Gottesunmittelbarkeit im religiösen Erleben protestiert gegen die Ungnade der späten Geburt; es

tritt ein für die Ebenbürtigkeit mit der Gründergeneration des Christentums. Damals – so melden die Überlieferungen – erschien das Absolute unverhüllt. Heute muß man sich mit »second-hand-Artikeln« der Kirchengeschichte, mit Abschriften einer einmaligen und unwiederholbaren Offenbarung Gottes zufriedengeben. Aber eine solche Zufriedenheit ist unbefriedigend. Die Suche gilt neuen Möglichkeiten des Direktkontakts, von denen nur bekannt ist, daß sie Wege der Erfahrung und des Erlebens sein sollen.

Die christlichen Kirchen und Konfessionen scheinen nur dann noch zukunftsfähig zu sein, wenn sie der rituellen Erstarrung ihrer Liturgie und der gefühllosen Verkopfung ihrer Lehre den Abschied geben. Sie haben offenkundig nur dann eine Zukunft, wenn sie religiöse »Live«-Erlebnisse möglich machen. Anstatt wie bisher an einem Bestand »wahrer« Sätze festzuhalten, setzt sich auch unter ihren Mitgliedern zunehmend das Interesse an einer Spiritualität durch, die sich von intensiven Erlebnissen nährt. Die Suche nach den Quellen dieser Spiritualität wollen sie in eigener Regie vornehmen. Zuweilen geht dieser Autonomieanspruch weiter, als dem kirchlichen Lehramt lieb ist. Unter Esoterikern ist bereits die Losung zu vernehmen: »Was Gott ist, bestimme ich!« Hier avanciert das religiöse Subjekt selbst zum Experten in Religionsdingen. Ähnlich wie auf dem Gesundheitsmarkt übt es sich in der spirituellen Selbstmedikation. Auf der Basis intensiver Selbsterfahrung weiß es schließlich am besten, was ihm gut tut.

In den 70er Jahren definierte sich die Avantgarde religiöser Praxis vorwiegend sozial und politisch. Religion mußte gesellschaftlich relevant sein. Dagegen hat sich die erlebniszentrierte Nachfrage nach Religion in den 90er Jahren zunehmend mit individuellen ästhetischen und therapeutischen Interessen verbunden: »Gut ist, was mir gut tut!« Wichtiger als die gesellschaftlichen Konsequenzen praktizierter Religiosität sind ihre Auswirkungen auf den psychischen Haushalt des Individuums. Eine derart innenorientierte Spiritualität hält alles Objektive und Institutionelle, Riten, Symbole und Texte nur insoweit für belangvoll, wie sie bestimmte Wirkungen *im* religösen Subjekt hervorrufen: Gefühle,

Stimmungen, Ekstasen, Betroffenheit, Ergriffenheit, Trance. Als entscheidend im religiösen Erleben gilt oft nicht mehr der im Erleben erschlossene Inhalt, sondern das bloße Ergriffenwerden – egal wovon. Das einzige, was religiöse Interessenten beachten müssen, ist der Abgleich der Angebote mit ihren konkreten Erlebnisbedürfnissen. Was soll es sein: pfingstlerische Umtriebigkeit, buddhistische Stille, indianische Regentänze? Wer nur mit der Absicht unterwegs ist, ein Stück Spiritualität zu Sinnzwecken zu erwerben, wird leer ausgehen. Wie auf den säkularen Erlebnismärkten müssen erlebnisorientierte Zusatzqualitäten der religiösen Angebote beachtet werden. Was darf es sein: charismatische Unbekümmertheit, anthroposophische Ganzheitlichkeit oder mystisches Entrücktsein?

3. Reine Gefühlssache? Von der Notwendigkeit religiöser Nachdenklichkeit

Der »Erlebnisreligion« gehört die Gegenwart – ob ihr auch die Zukunft gehört, ist fraglich. Allerdings dürfte jede Form der Glaubensverkündigung der Vergangenheit angehören, die ein Wissen von Gott bloß behauptet. Sie muß ihren Adressaten auch Wege zeigen können, wie das Behauptete auch erfahren werden kann. Vor diesem Hintergrund kommen die christlichen Kirchen nicht daran vorbei, sich auf das neue »Erlebnisformat« der religiösen Sinnsuche einzustellen. Wenn die Kirchen wieder Orte einer religiösen Deutungskultur des modernen Lebens sein wollen, müssen sie eine Alternative finden zu Dogma und Moral als den bisher bevorzugten Medien christlicher Selbstverständigung. Das Evangelium gibt eben nicht nur zu denken und zu tun. Es gibt vor allem dem Menschen die Möglichkeit, sich und die Welt neu zu sehen und anders zu erfahren. Dogma und moralisches Gebot finden nur dann Gehör, wenn sie in persönlichen Erfahrungen die Gewißheit von der lebensermöglichenden Wahrheit des Evangeliums »aus erster Hand« vermitteln.

Es kann in Liturgie und Pastoral jedoch nicht darum gehen, eine alte Einseitigkeit durch eine neue zu ersetzen. Was der christliche Glaube nicht verträgt, ist Gedankenlosigkeit. Es genügt nicht, den säkularen Erlebnismarkt um eine christliche Dublette zu bereichern und auf das Motto zu setzen »the event is the message«. Daß Gott nicht gefunden wird, wo dogmatische Begriffsakrobatik und eine lebensferne Moral regieren, heißt nicht: Gott läßt sich nur dort finden, wo nicht gedacht und nichts beansprucht wird. Nicht jedes starke Gefühl ist bereits von Heiligen Geist gewirkt, nicht jede fromme Gestimmtheit bereits ein Transzendenzvollzug und nicht jedes Entspannungsgefühl Ausdruck einer Erlösungsgewißheit. Oft werden religiöse Einbildungen mit religiösen Widerfahrnissen gleichgesetzt. Eine kirchliche »Erlebnispastoral« hat nur Sinn, wenn sie nicht Gedankenlosigkeit und Bedenkenlosigkeit beim Eingehen auf metaphysische oder mystische Bedürfnisse befördert. Einem verkopften Christentum ist nicht damit gedient, daß seine Vertreter plötzlich kopflos agieren. Und eine lebensdienliche Moral verlangt mehr, als das Herz auf dem rechten Fleck zu haben. Der erste Schritt einer »zukunftsfähigen« Praxis des Evangeliums wird nicht darin bestehen, daß sie ihre Adressaten gläubiger macht. Sie wird sie zunächst in die religiöse Nachdenklichkeit führen.

KLAUS-PETER JÖRNS

Renaissance der Religion?

Was Menschen heute glauben

Religionssoziologische Umfragen der letzten Jahrzehnte vermitteln ein in sich widersprüchlich erscheinendes Bild: Da resümierte DER SPIEGEL im Sommer 1992 nach der Auswertung einer großangelegten repräsentativen Umfrage im Land einen »Abschied von Gott«. Das Nachrichtenmagazin hatte die 1992 gewonnenen Ergebnisse mit denen verglichen, die es 25 Jahre vorher in einer ungefähr gleichlautenden Umfrage erhalten hatte. Und danach zeigte sich ihm ein erheblicher Schwund an Zustimmung zu einer ganzen Reihe von zentralen christlichen Glaubenssätzen. Wichtig ist dabei, daß DER SPIEGEL den christlichen Glauben als eine ganz wesentlich von Glaubens*inhalten* geprägte Form von Religion behandelt hat. Und entsprechend hat er seinen Fragebogen ganz nach dem Katechismus aufgebaut und dann einen »Abschied« der Deutschen von Gott diagnostiziert.

Daß man die Glaubenslandschaft auch ganz anders beurteilen kann, zeigt die Auswertung einer Anfang März 1999 im Auftrag des Magazins FOCUS durchgeführten religionssoziologischen Erhebung. Zwar fand auch FOCUS, daß nur noch eine Minderheit – nämlich 12% – der Deutschen an einen »christlichen Gott« glaubt, also an den Gott, den das kirchliche Dogma von der Dreifaltigkeit als Einheit von Gott Vater, Gott Jesus Christus und Gott Heiligem Geist bekennt. Aber andererseits zeigten die Umfrageergebnisse, daß zwei Drittel der Deutschen sich zu einem »irgendwie gearteten Glauben an Gott« bekennen und etwas mehr als die Hälfte an einen persönlichen Schutzengel glauben, in dem ihnen der ferne Gott nahe ist. Durch ihn finden sie Trost, Sicherheit, Geborgenheit und Schutz. Auch für die Entscheidung, Kinder taufen zu lassen, spielt die Hoffnung auf persönlichen göttlichen Schutz mittlerweile die Haupt-

rolle. Für sieben von zehn Gottgläubigen beinhaltet ihr Glaube außerdem, daß sie Welt und Menschen – und also auch sich selbst – von Gott erschaffen denken.
Die Erhebung und Bewertung religionssoziologischer Umfrageergebnisse hängt demnach ganz entscheidend davon ab, wie man die erfragten Größen Religion, Gott, Glaube und so weiter vorab bestimmt hat. Für diejenigen, die Religion mit *christlichem* Glauben und diesen wiederum mit einem bestimmten Kanon von inhaltlich feststehenden Glaubenssätzen, also Dogmen, identifizieren, deuten die Umfragen auf einen Niedergang von Religion hin. Wer allerdings weder Religion noch Gott inhaltlich ein für allemal durch die Katechismen der christlichen Kirchen festgelegt sieht und nach einem irgendwie gearteten Gottesglauben beziehungsweise nach dem Glauben an eine transzendente Macht ganz allgemein fragt, bekommt andere Ergebnisse. So hat die 1997 vom Berliner Institut für Religionssoziologie an der Humboldt-Universität veröffentlichte Erhebung, auf die ich mich im folgenden stütze, herausgefunden, daß nur ein Viertel der befragten Bevölkerung den Glauben an ein persönliches göttliches Gegenüber oder an überirdische Mächte kategorisch ablehnt. Anders ausgedrückt, halten sich 75% der Deutschen eine Tür zu Gott beziehungsweise zu jenseitigen Mächten offen.
Wenn man will, sprechen diese Befunde für eine Renaissance von Religion. Da eine solche Charakterisierung der Situation aber nur Sinn hätte, wenn vorher ein totaler Niedergang von Religion festzustellen gewesen wäre, wovon aber keine Rede sein kann, ist es wenig sinnvoll, eine Renaissance von Religion zu behaupten. Sinn hat die Rede allerdings für jene Theologen, die den christlichen Glauben prinzipiell von aller Religion unterschieden haben möchten. Sie verstehen Religion als eine *menschliche* Bemühung um Erlösung und das Christentum als den Glauben daran, daß alles Heil ausschließlich von Gott selbst und von Christi Erlösungstat am Kreuz ausgeht. Für sie bedeutet natürlich das Ergebnis, daß der dogmatisch korrekte Glaube schwindet und gleichzeitig eine Zweidrittelmehrheit der Deutschen sich zu einem *irgendwie* gearteten Glauben an Gott oder transzendente

Mächte bekennt, hart gesagt, einen Rückfall ins Heidentum. Sie sehen die vom wahren christlichen Glauben in der Kirchengeschichte zurückgedrängten Formen von Religion wiedererstehen. Aber diese Ansicht wird dem, was sich zeigt, nicht gerecht. Denn dabei werden religiöse Erscheinungsformen mit einem vorgeblich objektiven Instrumentarium ganz von außen gemessen; man bemüht sich nicht, sie von innen zu verstehen.

Doch auch die oft zu hörende Meinung trifft nicht zu, wir hätten in *dem* Sinn eine Renaissance von Religion, daß die religiöse Landschaft in Deutschland mittlerweile von Sekten beziehungsweise vom Okkultismus bestimmt würde. Alle bekannten religionssoziologischen Erhebungen weisen übereinstimmend Sekten und okkulten Zirkeln als praktizierenden religiösen Gemeinschaften nur eine Winkelexistenz zu. Davon deutlich zu unterscheiden ist allerdings der stark gewachsene Markt für sogenannte esoterische Literatur und andere Angebote, die einen religiösen Erfahrungsraum jenseits der kirchlich verwalteten Religiosität zu eröffnen versprechen. In dem mit dem Stichwort Esoterik abgedeckten weiten Spektrum haben die Wiederanknüpfung an mittelalterliche christliche Mystik genauso ihren Platz wie schicksalsaufdeckende Spiele, sogenannte Energiearbeit oder magische Praktiken mit unterschiedlichster Zielsetzung. Obwohl hier Skepsis durchaus angebracht ist, kann doch nicht übersehen werden, daß dieser Markt sich nur deshalb hat ausbreiten können, weil christliche Theologie mehr und mehr der Tendenz zur Intellektualisierung erlegen ist und die Kirchen aus Glauben weitgehend eine Sache des Fürwahrhaltens von Inhalten gemacht haben. Die mit der Gottes*beziehung* im Grunde immer verbundene Beziehung der Menschen zum von Gott geschaffenen Universum, zu den in Gottes Liebe geborgenen Toten und natürlich auch die Beziehung der Lebenden untereinander sind dabei genauso aus dem Blick geraten wie die Beziehung des einzelnen Menschen zu sich selbst, also der innere Mensch und seine religiösen Erfahrungen. Insofern ist die esoterische »Welle« Antwort auf eine Theologie, die sich freiwillig in die Gefangenschaft des rationalistischen Ursache-Wirkung-Schemas

der Naturwissenschaft begeben hat und Erfahrungen außerhalb der von den Naturgesetzen beschriebenen Welt nicht mehr kennt und daher beargwöhnt.
Nicht Argwohn, sondern deutliche Ablehnung muß allerdings okkulten Praktiken entgegengebracht werden, die mit der kreatürlichen Angst von uns Menschen Geschäfte machen oder Magie dazu einsetzen, Macht über Menschen gewinnen zu wollen. Die beste Antwort von Glaube und Theologie auf die »esoterische Welle« besteht freilich darin, den ausgeblendeten inneren Beziehungen in einer christlichen Mystik Rechnung zu tragen. Und die Ängste der Menschen müssen auch dann ernst genommen und liebevoll beantwortet werden, wenn sie mit traditionellen christlichen Glaubenssätzen nicht zu beruhigen sind. Die unzulässige Verbindung von Glaube und Machtstreben haben Kirchen leider oft genug selbst praktiziert. Hochmut können sie sich hier nicht leisten. Wo Kirchen aber dienstbereit sind, Geängsteten Schutz gewähren und Gott in gar keiner Weise mehr mit einer Drohbotschaft verbinden, sind sie selbst die überzeugendste Antwort auf den religiösen Mißbrauch von Angst und göttlicher Macht.
Es ist also nicht hilfreich, von einer Wiedergeburt der Religion in unserer Zeit zu reden. Angemessen ist es dagegen, davon zu sprechen, daß sich das Erscheinungsbild von Religion kräftig gewandelt hat und noch weiterhin wandelt. Dabei spreche ich vorsichtig vom *Erscheinungsbild* von Religion, weil ich andeuten möchte, daß die vielen uns mittlerweile vorliegenden Umfrageergebnisse ja nur Aussagen über den Zustand im jeweiligen Erhebungszeitraum zulassen. Wie es davor gewesen ist, entzieht sich den mit ihnen gewonnenen Erkenntnissen. So ist es für mich aber durchaus möglich, ja, wahrscheinlich, daß der gleich näher zu betrachtende religiöse Pluralismus innerhalb und außerhalb der Kirchen auch schon früher bestanden hat, aber nicht so deutlich hat wahrgenommen werden können. Nicht nur, weil es keine Umfragen gab, sondern allein deswegen, weil es gefährlich oder zumindest unerwünscht gewesen ist, anders, als es das Dogma vorschrieb, zu glauben.
Wie aber sieht das gewandelte Erscheinungsbild von Reli-

gion heute aus? Unter denen, die nicht ausdrücklich jede Beziehung zur Transzendenz ablehnen, kann man drei Typen von Gläubigkeit unterscheiden. Zu Einzelheiten verweise ich auf die schon erwähnte Berliner Studie, die ich unter dem Titel »Die neuen Gesichter Gottes« veröffentlicht habe. Danach glauben fast 40 % der Befragten an einen als *personales Gegenüber* vorgestellten Gott. 15 % der Befragten lehnen ein personales Gegenüber ausdrücklich ab, bekennen sich aber zum Glauben an *überirdische Wesen, Mächte*, *Energien* oder ähnliches. 20 % möchten sich weder im einen noch im anderen Sinn festlegen, halten sich aber die Tür offen, indem sie sagen, daß es »vielleicht« einen persönlichen Gott oder solche transzendenten Mächte gebe. Wichtig ist nun, daß die Trennlinie zwischen denen, die ausdrücklich an einen persönlichen Gott glauben, und den anderen Gläubigen nicht an der Grenze der Kirchenzugehörigkeit verläuft. Denn nur 65 % der katholischen und gar nur 54 % der evangelischen Kirchenmitglieder bekennt sich zu einem personal vorgestellten Gott, wie ihn die christliche Tradition überliefert. Ein Drittel der Katholiken und annähernd die Hälfte der Evangelischen haben sich also bereits vom traditionellen biblischen Gottesbild getrennt. Umgekehrt ist nur die Hälfte derer, die keiner Religionsgemeinschaft angehören, wirklich atheistisch in dem Sinn, daß sie jede Form von Transzendenzglauben ablehnen. Fast 30 % der Menschen ohne Religionszugehörigkeit bekennen sich zu einer Form von Glauben, gut 20 % geben sich unentschieden. Was Glaubenstypen angeht, bedeutet also weder Konfessions- noch Kirchenzugehörigkeit die unbedingte Übereinstimmung mit einer bestimmten Form von Gläubigkeit. Ungefähr 10 % der evangelischen und katholischen Christen haben nach der Berliner Erhebung sogar bekannt, weder an Gott noch an irgendwelche transzendenten Wesen zu glauben.

Das ist also die Realität: Die Konturen von Gläubigkeit und Ungläubigkeit haben sich verwischt, innerhalb wie außerhalb der Kirchen. Neben traditionsgebundener Rechtgläubigkeit tut sich in beiden Bereichen ein buntes Spektrum von Gläubigkeit beziehungsweise Religiosität auf. Dabei spielen Anleihen aus fremden Religionen, insbesondere im Blick auf den Glauben, schon einmal gelebt zu haben, im Blick auf ein anderes, nächstes Leben und den Weg dahin eine gewisse Rolle.

Aber halten wir fest: Drei Viertel der Deutschen sind religiös, sie glauben an einen persönlichen Gott oder unpersönliche überirdische Kräfte. Worum aber geht es bei diesem Glauben? Hat er eine benennbare Funktion im Leben der Menschen? Um diese Frage zu beantworten, müssen wir hinzubedenken, was im Leben der meisten Menschen am wichtigsten ist. Denn damit muß ja auch ihr Glaube irgendwie in Verbindung stehen. Sehen wir auf große Tendenzen, so sind die Beziehungen zu Menschen in Partnerschaft, Familie, Freundschaft, Beruf und Wohnbereich das wichtigste im Leben; Haustiere können hinzukommen. Welche dieser Beziehungen dabei den Vorrang haben, hängt von der sozialen Prägung des eigenen Milieus und von der lebensgeschichtlichen Entwicklung der einzelnen ab. Entsprechend dieser Lebensmitte hat der Glaube der Menschen seine wichtigste Funktion im Zusammenhang mit Hoffnungen und Ängsten, die sich mit den personalen Beziehungen verbinden. Denn der Sinn des Lebens ist für die meisten nichts von diesen Beziehungen Abgehobenes, sondern in den Lebensbeziehungen selbst. Der Weltbezug steht erst an zweiter Stelle und ist vor allem auf die Erhaltung der Erde als der Lebensgrundlage für alle gerichtet.

Die meisten Gläubigen verbinden nun mit Gott beziehungsweise den geglaubten überirdischen Mächten ausgesprochen positive Wesenszüge und gehen davon aus, daß Gott oder göttliche Mächte als Hilfe und Schutzmacht im Leben auf unserer Seite sind. Der Glaube soll helfen, den Belastungen des Lebens, das als schwer und undurchschaubar empfunden wird, besser standhalten zu können und ein seelisches Gleichgewicht zu finden. Im Vordergrund steht für die Gläubigen nicht die kultisch normierte Verehrung einer Gottheit, nicht der Versuch, sie gnädig zu stimmen. Auch gottgläubige Christen setzen voraus, daß Gott auf unserer Seite ist und nicht immer neu gnädig gestimmt werden muß. Entscheidend ist vielmehr, ob beziehungsweise *daß* sich

Gott und Glaube gegenüber den andrängenden Lebensproblemen als hilfreich erweisen.
Nicht nur da, wo schon im eigenen großstädtischen Wohnbezirk unterschiedliche religiöse und säkulare Kulturen dicht nebeneinander leben und sich vermischen, sondern auch in traditionell evangelisch oder katholisch geprägten ländlichen Gebieten zeigt sich, daß Gläubige in ihrem persönlichen Glaubensbekenntnis herkömmliche mit ursprünglich glaubensfremden religiösen Elementen verbunden haben. Das gilt im Blick auf Jenseitsvorstellungen genauso wie hinsichtlich der Formen des Zusammenlebens. Als Triebkraft, alte Grenzen zu überwinden, erweist sich dabei immer häufiger der Glaube, daß es nur *einen* Gott geben kann, wenn es denn Gott gibt, und daß religiöse Unterschiede, ihn zu verehren, mit ursprünglichen Kulturgrenzen zu tun haben; und die erscheinen vielen heute nicht mehr unüberwindbar.
Die ausschnitthaft genannten Merkmale belegen, daß der Wandel der religiösen Landschaft mit dem Stichwort Pluralisierung allein nicht zutreffend charakterisiert werden kann. Denn durch den Wandel hindurch gibt sich eine Grundtendenz zu erkennen, die ich so beschreiben möchte: Religion verbindet sich mit einem Grundinteresse. Und dieses religiöse Grundinteresse ist darauf gerichtet, mit göttlicher Hilfe ein Leben, das gut und sinnvoll genannt werden kann, finden und bewahren zu können. Das meint nicht einfach Bestandssicherung, sondern schließt auch den Kampf gegen Verbiegungen des Menschlichen, gegen Umweltzerstörung und Ungerechtigkeit in der Welt ein. In diesem religiösen Interesse, ein sinnvolles Leben zu finden und zu bewahren, gibt sich allerdings ein Zug von Religion zu erkennen, der nicht neu ist und den der Zürcher Altertums- und Religionsforscher Walter Burkert in seinem neuesten Buch herausgestrichen hat, in dem er von den »biologischen Grundlagen der Religion« spricht: Religion geht es um Leben. Dabei ist es zweitrangig, ob Leben bis zum Tode reichend oder über den irdischen Tod hinaus gedacht wird. In religiöser Betrachtung ist Leben ja nichts individuell Verabsolutierbares, das ein Mensch in seinen persönlichen Grenzen

ganz für sich hätte. Für Gläubige ist Leben ein In-Beziehung-Sein zum göttlichen Lebensgrund und das In-Beziehung-Bleiben zu anderen Geschöpfen, mit denen zusammen wir das Leben teilen. Das spricht sich auch noch in der von der Berliner Studie festgestellten Vorliebe der Menschen für die beiden Feste Weihnachten und Geburtstag aus: *Beide* Feste sind Geburtsfeste, haben mit dem Lebensanfang zu tun. Und um diese Frage geht es: Woher kommen wir? Und um die andere: Wohin gehen wir? Denn »Zukunft braucht Herkunft«, wie es der Philosoph Odo Marquard einmal in unüberbietbarer Kürze formuliert hat. Die Antwort auf diese Grundfragen gibt auch Wegweisung für das Leben. Das religiöse Allerweltsversprechen, im Glauben »Heil« zu finden, ist eine Antwort, mit der immer weniger Menschen etwas anfangen können. Was sie suchen, ist *Geborgenheit*. Die mittlerweile so häufig gesungene und gebetete Strophe aus einem Gefängnisgedicht Dietrich Bonhoeffers sagt aus, was viele suchen: »Von guten Mächten wunderbar geborgen, erwarten wir getrost, was kommen mag; Gott ist mit uns am Abend und am Morgen und ganz gewiß an jedem neuen Tag.« »Ganz gewiß«, das ist es. »Heil« und andere Begriffe sind nur verständlich, wenn sie sich ebenso elementarisieren, also mit elementaren Lebensinteressen in Beziehung bringen lassen. Es ist deshalb kein Zufall, daß früher Heil und Heilung nicht voneinander zu trennen waren. Im Handeln Jesu Christi, wie es die Evangelien berichten, gehört beides genauso eng zusammen wie im Handeln einer Kirche, die bei ihrer Sache bleibt. Sie redet nicht nur von Gottes Liebe oder fordert sie von anderen, sondern läßt Menschen diese Liebe Gottes erfahren. Und zwar ohne Bedingung.

Die gewandelte Glaubenslandschaft ist also dadurch gekennzeichnet, daß Gläubige immer häufiger von den sie bedrängenden Lebensproblemen ausgehen und fragen, ob und wie ihnen der Glaube dabei helfen kann. Denn wie »Heil« ist auch »Unheil« eine nur im elementaren Lebenszusammenhang wirklich verstehbare Größe. Was Gläubige erwarten, ist, daß die Begriffe, in denen Theologie und manche Predigt so gerne *über* das Leben geredet haben, gewissermaßen wieder ins Leben zurückkehren. Der Sinn des Lebens ist das Leben selbst. Dieser Satz ist erst einmal auszuhalten. Alle Zwecke, und auch die frömmsten, denen das Leben dienstbar gemacht worden ist, haben es an Ehrfurcht *vor* und Liebe *zu* dem Leben mangeln lassen.

Wenn »Heil« und »Unheil« ersetzt werden durch Erfahrungen, die im Lebenszusammenhang von Menschen und anderen Geschöpfen mit Gott erfahrbar sind, dann wächst verständlicherweise auch die Kompetenz der Menschen, in religiösen Dingen mitzureden. Denn dann gewinnen die Erfahrungen, die wir täglich machen, neue Bedeutung. Für eine lebendige Religion ist nicht nur das sogenannte »kulturelle Gedächtnis« wichtig, zu dem die biblischen Überlieferungen, Glaubensbekenntnisse und kirchlichen Traditionen gehören, sondern auch das »kommunikative Gedächtnis«; in ihm speichern wir, was uns im Leben mit den Haus- und Zeitgenossen bewegt. Und wenn Gott darin nicht vorkommt, kann Religion auch keine tragende Kraft im Leben sein.

Es ist gewiß angemessen, davon zu reden, daß sich im Glaubensbereich eine Individualisierung vollzieht. Aber es wäre falsch, daraus zu schließen, jeder Mensch könne sich die eigene Religion wie einen Fleckerlteppich beliebig zusammenbasteln. Wenn das religiöse Grundinteresse darauf gerichtet ist, mit göttlicher Hilfe gutes, sinnvolles Leben zu finden und zu bewahren, muß Glaube mit der Lebensgeschichte und -situation der Menschen so zusammenpassen, daß Glaube nicht nur allgemein *das* Leben, sondern auch das jeweils *individuelle*, *eigene* Leben und seine kulturelle Biographie betrifft. Denn nicht das Leben allgemein, sondern *mein wirkliches* Leben, wie ich es mit anderen Menschen geführt habe und führe, ist das Leben, womit sich meine Ängste und Hoffnungen verbinden. Da haben Glück und Unglück eine private Gestalt, und da meint Erlösung erst einmal, vor konkreten Gefährdungen bewahrt zu werden.

An dieser Stelle wirkt sich nun zweifellos aus, daß die europäisch-atlantische Freiheitsgeschichte auch den einzelnen Gläubigen ein weit größeres Maß an Selbstbestimmung eröffnet hat, als sie es je vorher hatten. Das heißt aber zuerst einmal, daß jede und jeder die eigenen religiösen Sehnsüchte und Erfahrungen ernst nehmen und nicht einer Normenkontrolle durch die religiösen Institutionen unterwerfen muß. Das bedeutet auf der anderen Seite, daß die religiösen Institutionen wie Theologie und Kirchen an dogmatisch-normierender Kraft verloren haben im Blick auf die Gestalt des Glaubens, der wirklich geglaubt wird. Der damit verbundene Autoritätsverlust hat wie jene Freiheitsgeschichte auch lange zurückreichende Wurzeln. Bei den Kirchen hat der Autoritätsschwund aber auch damit zu tun, daß sie die seit eh und je so vielfältigen Lebensverhältnisse der Menschen und die sich damit verknüpfenden Erwartungen an einen ihnen hilfreich zugewandten Gott nicht ernst genug genommen haben. Für ganze Stände wie im 19. Jahrhundert für die Arbeiter haben die Kirchen dadurch an Kompetenz verloren, in Existenzfragen der Menschen mitreden und deren Interessen kritisch aufnehmen zu können. Wichtiger blieb das Bemühen, wahre Aussagen über Gott, Dreieinigkeit, Taufe, Abendmahl, Priesteramt und so weiter von unwahren zu unterscheiden und auf der Basis dieser Unterscheidungen die einzelnen Konfessionen gegeneinander abzugrenzen, den Himmel jeweils für sich und die Hölle für die anderen zu behaupten. Die Geschichte der Kriege in Europa im zu Ende gehenden zweiten Jahrtausend nach Christi Geburt bis hin zum Krieg auf dem Balkan spiegelt dieses Gegeneinander der unterschiedlichen Religionen auf blutige Weise. Mühsam haben sich die christlichen Konfessionen im 20. Jahrhundert in der sogenannten Ökumene zur Zusammenarbeit bekannt. Aber eine Ökumene der Religionen ist noch weit entfernt und wäre doch die unbedingte Voraussetzung dafür, daß sich die vielen Spielarten des Nationalismus nicht mehr mit religiösem Fanatismus verbünden und Gott für ihre Ziele mißbrauchen könnten.

Kein Wunder, daß gerade beim Rückblick auf die traurige Friedlosigkeit der Religionen die von der Reformation den einzelnen Gläubigen zugesprochene Freiheit immer stärker genutzt worden ist, unmittelbar und ohne ein allgemeingültiges kollektives Orientierungssystem mit Gott umgehen zu können. Und doch: Gerade dieser Gewinn an Freiheit und Selbständigkeit beginnt sich für viele auch bereits zur seelischen Last zu entwickeln. Denn in der gegenwärtigen Stufe der westlichen Demokratien ist es ja so, daß die »kleinste Einheit der Sozialität – das Individuum – durch das Unmittelbarkeitspostulat tendenziell zur einzigen und damit höchsten Instanz« geworden ist, wie Hans-Georg Soeffner formuliert hat. Denn zumindest was die Werte angeht, an denen sie ihr Leben und das Leben ihrer Kinder in der Erziehung ausrichten, sind jeder Bürger und jede Bürgerin Souverän, auf deutsch: »Alleinherrscher«. Daß dieses Selbstbestimmungsrecht zur seelischen Last werden kann, leuchtet ein, wenn wir an all die schwierigen Entscheidungen denken, vor die allein die stürmischen Entwicklungen in der Genforschung und in der Medizin uns stellen, aber auch an die Herausforderungen, die das Zusammenleben mit Angehörigen fremder Völker, Kulturen und Religionen bedeutet. Wo ist Wegweisung, die entlastet, weil sie durch klare Wertvorgaben hilft zu entscheiden? Weil dies Fragen sind, die das religiöse Grundinteresse betreffen, sinnvolles Leben zu finden und zu bewahren, wage ich an der Jahrtausendwende die Prognose, daß Religion einschließlich der überkommenen Kirchen eine neue Chance haben wird. Sie zu nutzen hieße, das religiöse Grundinteresse aufzunehmen und es im Wettstreit mit anderen Religionsgemeinschaften und säkularen Wertesystemen von den eigenen Erfahrungen mit Gott her durch eine attraktive Lebenspraxis zu beantworten.

Andreas Malessa

Gründlich ausgetrieben

Die Hartleibigkeit des ostdeutschen Atheismus

Zum zehnten Jubiläum des Mauerfalls unterscheiden sich Ost- und Westdeutsche just da am krassesten, wo ihnen zu DDR-Zeiten die größtmögliche Verbundenheit gelungen war: auf kirchlich-religiösem Sektor.

Ostdeutsche Ortschaften sind so selbstverständlich atheistisch wie niederbayerische Dörfer katholisch sind. Während im Westen gut 86 % der Bevölkerung einer Kirche angehören, sind es im Osten nur 29 %, und jeder fünfte dieses knappen Drittels gesteht ein, trotz Kirchenmitgliedschaft »eigentlich nicht so recht an Gott zu glauben«. 85 % der unter-20-jährigen sind im Osten konfessionslos, nur 2,5 % der brandenburgischen Schüler besuchen den Religionsunterricht und nur 0,4 % der evangelischen Gemeindeglieder Berlins sitzen sonntags auch in den Gottesdiensten.

Diese Zahlen des Zentralarchivs für empirische Sozialforschung der Uni Köln und des Kirchenamtes der EKD in Hannover sind zwar seit Jahren veröffentlicht, aber die daraus resultierenden Fragen und Erkenntnisse blieben bisher erstaunlich undiskutiert.

Die Rede von einer zwar außerkirchlichen, aber vital boomenden »postmodernen Patchwork-Religiosität« ist euphemistisch und eine rein westliche Sichtweise.

»Im selben Zeitraum, in dem die evangelischen Kirchen 1, 5 Mio Mitglieder und die katholische Kirche eine halbe Mio verlor, wuchsen die neuen religiösen Gruppierungen um großzügig geschätzt 30 000 Mitglieder. Das sind nicht einmal 2 % des Bestandes, den die Großkirchen verloren haben. Selbst dort, wo man eine sehr weite Definition von ›Religion‹ zuläßt und fragt, ob jemand ›das Staunen über die Wunder der Natur‹, die ›Ergriffenheit beim Hören bestimmter Musik‹ oder die ›Erfahrung wohltuender Gemeinschaft‹ mit Religion assoziiert, sind es eher die Kirchennahen, die eine Assoziation mit Religiosität herstellen, als die Konfessionslosen«, sagt Detlef Pollack, Religionssoziologe der Universität Frankfurt/Oder. Das bedeutet seines Erachtens: »Der gebräuchliche Slogan im Westen ›Jesus ja – Kirche nein‹ funktioniert im Osten nicht! Die Ostdeutschen wenden sich nicht etwa von der Institution Kirche ab und anderen religiösen Inhalten zu. Vergleicht man Konfessionslose im Osten mit Konfessionslosen im Westen, haben die Westdeutschen insofern noch eine kritische Beziehung zur Kirche, als sie sich an ihr gerieben haben und ausgetreten sind. Ostdeutsche Konfessionslose hingegen sind weit weniger kirchenkritisch, weil sie den Bezug vollkommen verloren haben, d.h. die Entfremdung ist so radikal und konsequent, daß selbst noch das Feindbild verlorenging!«

Den ehemaligen evangelischen Theologen und heutigen Atheismus-Verfechter Joachim Kahl aus Marburg/Lahn wundert das nicht. Er hält die von Christen immer wieder inszenierte Spurensuche nach einer »außerkirchlichen, aber latent gottsuchenden Religiosität« für absichtsvoll. Egal, ob in Ost- oder Westdeutschland: »Nicht jeder Sinnsucher ist schon ein Gottsucher. Mancher religiöse Denker meint hier per billiger Vereinnahmung Erfolge einheimsen zu können, indem er jede Sinnsuche und alle spirituelle Bedürftigkeiten flugs religiös interpretiert, und dann heißt es: Kaschierte Religiosität! Die Gesellschaft dampft vor Religiosität! – Unsinn! Es zeugt lediglich von legitimer Orientierungsbedürftigkeit.«

Aber wird genau diese legitime Orientierungsbedürftigkeit seit dem Mauerfall nicht von den Ostdeutschen selbst immer bekundet? Warum kann die Kirche dieses Bedürfnis nach Halt und Geborgenheit, Identität- und Sinn-stiftender Gemeinschaft nicht als frisches (Tauf-) Wasser auf ihre Mühlen lenken?

»Weil es keine Tradition dafür gibt und weil viele Ostdeutsche den Anspruch an sich haben, mit ihrem Leben selbst fertig zu werden. Den Rückzugsort Kirche aufsuchen, das würde bedeuten, sein Scheitern einzugestehen. Das heißt: Orientierungsbedarf ja, Religion und Kirche trotzdem nein.

Wenn man mal von den 4 % Katholiken und ein paar zigtausend Evangelikalen absieht«, sagt Detlef Pollack.
Nach der Wende von 1989/90 kam also nicht, was viele fürchteten: der strategisch erfolgreiche Vorstoß obskurer Sekten und esoterisch-indianischer oder westlich-buddhistischer Sondergruppen. Es kam aber auch nicht, was manche hofften: eine christliche Erweckung reumütiger Atheisten zurück zum christlichen Glauben. Karl Marx, Friedrich Nietzsche und Sigmund Freud mit ihrer Vermutung vom baldigen Absterben der Religion sind zumindest in Ostdeutschland wohl doch noch nicht widerlegt.

An die Stelle eines lehrhaft bekennenden Atheismus ist eine praktisch gelebte religiöse Indifferenz getreten, die weder der Apologetik noch der Evangelisation Angriffsflächen bieten will.

»Es gibt Befragungen, die herausfinden wollten, *wie* denn nun der (Un-)Glaube unter Ostdeutschen strukturiert sei«, berichtet Pollack, »und nur ein ganz kleiner Teil sagt: ›Ich bin überzeugt, daß es keinen Gott gibt!‹, aber die Mehrheit sagt: ›Ich glaube trotzdem nicht an Gott‹. Es herrscht kein ausformulierter, bekennender Atheismus, keine aggressive Pfaffenfresserei, sondern eine konsequente agnostische Indifferenz, die zu religiösen Fragen weder auskunftsfähig noch auskunftswillig ist.« Frei nach dem Motto: Über den aktuellen Kontostand, persönliche sexuelle Erlebnisse und den Glauben an Gott spricht man nicht. Werden Ostdeutsche hartnäckig zu solcher Auskunft gedrängt, kämen vage technomorphe Gottesvorstellungen zutage, hieß es 1993 in der Studie »Jugend und Religion«: Gott sei vielleicht eine »Kraft«, die »Energie in der Natur« oder der »Geist in der Materie«. Jesus Christus sei historisch vorstellbar, aber für das eigene Leben kaum relevanter als der Götz von Berlichingen. Nicht einmal der Tod und das Sterben, der Gedanke an Himmel oder Hölle verbreiteten Schrecken oder Hoffnung. Wenn nach dem Tod nichts kommt – was gibt es dann groß zu reden?
Für einen apologetischen Disput würden den Theologen die ostdeutschen Dialogpartner fehlen, seit die verbliebenen

überzeugten »Marxismus-Leninismus«-Lehrer an den Schulen abgewickelt wurden oder mangels anderweitiger Verwendung jetzt das staatliche Schulfach »Lebenskunde, Ethik, Religionskunde«, kurz LER unterrichten. Für einen »Angriff« auf den christlichen Glauben fehlt den Atheisten Motivation und Notwendigkeit, weil die Kirche als gesellschaftliche Kraft im Osten heute marginalisierter ist als vor zehn Jahren. Und wer sich, wie die vom päpstlichen »Re-Evangelisierungs«-Gedanken beseelten Katholiken oder gutherzig »ausgesandte« Evangelikale, in missionarischer Absicht den Ostdeutschen nähert, trifft auf jene betonharte Mauer aus Skepsis und Desinteresse, an der schon Mormonen, Sanjassins und Neuapostoliker scheiterten. »Allerdings«, so räumt Detlef Pollack einen einzigen neuralgischen Punkt ein, »gibt es seitens der Politiker und der westlich dominierten Medien ja immer wieder den Appell an die Ostdeutschen, sich doch bitteschön moralischer zu verhalten. Wenn man an die Diskussion um den Rechtsradikalismus oder die Erwartung an mehr Kritik gegenüber der PDS denkt. Diese Appelle gehen aber nie einher mit einer Ablehnung ihrer atheistischen Weltanschauung.« Auch wenn es von niemandem je ausgesprochen wurde: Ostdeutsche hören offenbar den leisen Verdacht: Wer keinen christlichen Glauben habe, könne auch keine richtige Moral haben. Und jede neue Statistik über die bei ihnen so viel höhere Jugendkriminalität scheint diese Kränkung zu verstärken.

Es hat 1989 weder einen »kirchlichen Traditionsabbruch« noch einen »religiösen Wertewandel« gegeben. Ostdeutschland war und ist in diesem Jahrhundert das am radikalsten entkirchlichte Gebiet Europas.

In Vietnam boomt der Buddhismus, in der ehemaligen Sowjetunion die Orthodoxie, in Kuba der Katholizismus. In Albanien, wo 40 stalinistische Jahre lang Religionsausübung als todeswürdiges Verbrechen galt, leben heute 70 % Muslime, 19 % orthodoxe und 12 % katholische Christen. Nur in jenem Land des einstigen Ostblocks, das als einziges mehrheitlich evangelisch war, ausgerechnet im Kernland der Reformation, hat sich die Volksfrömmigkeit bis heute

nicht von staatlich-atheistischer Unterdrückung erholt. Wie kommt das?
»Ich vertrete die These von der diktaturstaatlichen Doppelschädigung«, sagt Kirchengeschichtler Kurt Nowack aus Leipzig. »Während in der hannoverschen, der bayerischen und der württembergischen evangelischen Landeskirche z.B. der Bekenntnisstand und die Frömmigkeit gegen Hitlers ›Deutsche Christen‹ weitgehend behauptet werden konnten, waren es in den Kirchenprovinzen der nachmaligen DDR fast durchweg ›deutsch-christliche‹ Kirchenregierungen, die im Dritten Reich die Verhältnisse gestalteten. Dieser dort begonnene Erosionsprozeß hat unter der zweiten deutschen Diktatur, dem DDR-Regime, dann zu dem geführt, was ich heute den ›religiösen Supergau im Osten‹ nenne.«
Dieses Einknicken vor den Repressalien der SED gelte auch, leicht abgemildert, für die katholische Minderheit, denn speziell in den 50er Jahren hätten sich tiefe Gräben zwischen Kirchenhierarchie und Gemeindebasis aufgetan: »Die Kirchen mußten die Erfahrung machen, daß sie sich auf die Widerstandskraft der Gemeinden nicht verlassen konnten. Sie riefen zwar unermüdlich dazu auf, zu widerstehen und mutig und fröhlich den Glauben zu bekennen, aber mit Blick auf die eigene Existenzsicherung und die beruflichen Zukunftschancen ihrer Kinder sind doch viele Gemeindeglieder umgefallen«, resümiert Pollack.
Daß mancher regimekritische Bischof somit wie ein General ohne Armee dastand, war der Regierung in Ostberlin dank intensiver Stasi-Bespitzelung der Gemeinden durchaus bekannt. 12 Jahre braune und 40 Jahre rote Diktatur sind aber nur ein Grund für die verblüffende Hartleibigkeit, die Zählebigkeit des ostdeutschen Atheismus.
Einen weiteren, soziologisch-historischen Grund nennt Kurt Nowack: »Evangelische Christen waren überdurchschnittlich stark vertreten in der Bauernschaft und im Besitz- und Bildungsbürgertum. Beide dieser sozialen Trägerschichten haben bis 1961, solange die Grenze noch passierbar war, das Land per Abstimmung mit den Füßen verlassen. 3 Millionen, um eine Zahl zu nennen. Als die Landwirtschaft kollektiviert wurde, wurde aus manchem

ortsverbunden-kirchentreuen Bauern ein anonymer Fabrikarbeiter in ferner Großstadt. Und als der ideologische Druck auf Studienräte und höhere Beamte wuchs, ist mancher gebildete Kirchenvorständler schlicht ausgewandert. Die Kirche ist kleinbürgerlicher geworden, ohne daß sie deshalb proletarischer geworden wäre, in der städtischen Arbeiterschaft neu Fuß gefaßt hätte. Ihr soziologischer Sockel schrumpfte ersatzlos. Wie eine tauende Eisscholle im Meer.«
Detlef Pollack nennt einen dritten, eher inhaltlich-theologischen Grund: »Ein weiterer Faktor dürfte die immanente Schwäche evangelischer Theologie sein, daß sie sich nicht klar von der Außenwelt abgrenzen kann. Wer ist eigentlich ein evangelischer Christ? Ihre Weltoffenheit – die man ja durchaus als einen großen Vorzug gegenüber z.B. der katholischen Kirche sehen kann – hat ihr in der Auseinandersetzung mit anderen Weltanschauungen eher geschadet. Die Anpassungsbereitschaft der evangelischen Kirche an Liberalismus, Aufklärung und Demokratie ist so hoch, ihre Unterscheidungsfähigkeit zur übrigen Gesellschaft so niedrig, daß sie daraus einfach kein Resistenzpotential rekrutieren konnte.«
Kein Resistenzpotential? Aber waren nicht gerade die evangelischen Kirchen der DDR Anziehungs- und Kristallisationspunkt für die Widerständler der »protestantischen Revolution der Kerzen« von 1989? Joachim Kahl, ein Atheist, würdigt und wiegelt zugleich ab: »Die emanzipatorische Rolle des Protestantismus, nämlich das Individuum freizusetzen von allen weltlichen oder religiös-irdischen Autoritäten, ist die bleibende kulturrevolutionäre Tat Martin Luthers, den ich hoch verehre. Gerade mit seinem paradigmatischen Wort ›Hier stehe ich, ich kann nicht anders‹, selbst wenn es legendenhaft überliefert sein sollte. Der Protestantismus ist – das kann man bei Heinrich Heine und Georg Friedrich Hegel lernen – die religiöse Gestalt der Aufklärung, nämlich des herausbrechenden Individuums. Das Gewissensprinzip des Einzelnen, der keine Autorität über sich mehr anerkennt. Der Protestantismus war ein historisches Vehikel dafür, aber so wie ein Konfirmationsanzug für einen 14jährigen geschneidert ist und man irgendwann

daraus herauswuchs, so gibt es in den nach-aufklärerischen Gesellschaften eine Form der Bewußtheit, die dieser religiösen Unterfütterung nicht mehr bedarf!«
Was die in der DDR einst so vielzitierten Religionskritiker Ludwig Feuerbach, Friedrich Nietzsche oder Franz Overbeck biografisch belegten – einen sich selbst säkularisierenden evangelischen Glauben nämlich – scheint sich im Leben mancher politisch aktiver Ostdeutscher zu wiederholen: Die Kinder und Enkel ehemals fromm und traditionsbewußt kirchenengagierter Vorfahren sind heute meist in Umwelt-, Menschenrechts- und sozialdienstlichen Gruppen anzutreffen.

Mit der Wiedervereinigung haben ostdeutsche Kirchen ihren Sympathiebonus als Freiraum für Individuation und Anwälte der Benachteiligten verloren.

Sich von überkommenen Denkschemata, Glaubensprämissen und Werten als einzelnes Individuum zu emanzipieren, das bedeutete in Westdeutschland nach 1968: aus der Kirche austreten. Im Osten jedoch bedeutete es: in die Kirche eintreten! Wer gegen das sozialistische Erziehungsziel »Vom Ich zum Wir« die Eigenverantwortlichkeit und den Ausbruch aus kollektiver Bevormundung suchte, fand über kurz oder lang die Nähe und den Schutzraum der Kirche.
Warum das nach der Wende schlagartig aufhörte, erklärt Detlef Pollack so: »Sich in der Kirche zu engagieren hat nicht mehr den Signalcharakter, ein mündiger, selbständig denkender Mensch zu sein, weil Kirche als eine Institution auf der Gegenseite der Arbeitslosen und Deklassierten empfunden wird. Mit ihrer strukturellen und finanziellen Angleichung ans ›Westniveau‹ hat sie für viele Ostdeutsche gleichsam die Herrschaftsseite gewechselt. Wer individuelle oder oppositionelle Distinktionsbedürfnisse befriedigen will, hat dazu in einer postmodernen, freien Konsumgesellschaft andere Ausdrucksmöglichkeiten als ausgerechnet in der Kirche. Von der erwartet man nicht mehr, daß sie die Entrechteten vertreten könne.«
Diese Robin-Hood-Funktion hat offenbar die PDS übernommen.

Michael N. Ebertz

Religion ohne Institution

Gestaltwandel der Kirche aus soziologischer Sicht

»Religion: ja, Kirche: nein!« sagen heute viele Leute, obwohl – in Westdeutschland – die meisten von ihnen Kirchenmitglieder sind. Wir haben eine Wohnbevölkerung von 82 Mio. Menschen. Davon gehören derzeit in Gesamtdeutschland ein Drittel (rd. 27 Mio.) der römisch-katholischen Kirche an und ein zweites Drittel (rd. 27 Mio.) einer evangelischen Kirche. Obwohl jährlich immer noch mehr als 300 000 Menschen aus beiden Kirchen austreten (1992: rd. 193 000 Katholiken; rd. 361 000 Protestanten; 1996: rd. 133 000 Katholiken; rd. 226 000 Protestanten; 1997: rd. 124 000 Katholiken, rd. 197 000 Protestanten) und in den 90er Jahren insgesamt mehr als drei Millionen ausgetreten sind, denken die wenigsten daran, ihre Kirche zu verlassen. Es muß Gründe geben, weshalb so viele bleiben, obwohl eine deutliche Mehrheit von ihnen sagt, man könne »auch ohne Kirche Christ sein«. Darunter sind auch Katholiken, doch die meisten, die so denken, sind evangelisch. Das kommt nicht von ungefähr, hat doch die Reformation selbst »faktisch die Grundlage für die Ausbildung eines nicht-kirchlichen Christentums« (Trutz Rendtorff) geschaffen. Man könne sonntags morgens zum Beispiel auch beim Spaziergang im Wald beten und Gott begegnen, sagen einige, ohne freilich auf die Idee zu kommen, sich dann auch vom Förster beerdigen zu lassen.
In der Tat vermeiden immer mehr Kirchenmitglieder jeden Kontakt mit den Amtsträgern der Kirche und »benutzen ihre Mitgliedschaft erst, wenn feststeht, daß keine Interaktion mehr in Betracht kommt: bei ihrer Beerdigung« (Niklas Luhmann). Für sie ist die Kirche offensichtlich nicht mehr eine Institution, die Verbindliches für alle und für das gesamte Leben zu sagen hat. Für sie ist Kirche offensichtlich eher eine *Organisation statt eine Institution.* In der Tat verloren und verlieren die Kirchen immer mehr ihren ›institu-

tionellen‹ Charakter, d. h. immer weniger stehen die Kirchen für personenübergreifende objektive Forderungen, die auch gesamtgesellschaftlich akzeptiert und normativ verankert sind. Immer weniger gelang und gelingt es den Kirchen, Einfluß auf die einzelnen durch ›sozialen Zwang‹ zu nehmen, in Glaubensvorstellungen und Glaubenspraktiken Gehorsam zu finden und Verbindlichkeiten der Lebensführung herzustellen. Immer mehr verliert die Kirche die Kraft, Abweichungen von ihren Normen zu sanktionieren, zu bestrafen. Immer weniger stellt sie eine soziale Realität dar, deren Normen durch Erziehung vermittelt und verinnerlicht werden, denen sich die Individuen unterordnen und fügen müssen. Immer mehr scheint es umgekehrt zu sein: Die konkrete Kirche erweist sich als eine Größe, die sich – bei drohendem Kontaktabbruch – den individuellen Bedürfnissen zu fügen hat. Kirche kann zwar Glaubensvorstellungen und Verhaltensweisen festsetzen, aber kaum mehr verpflichtungsfähig durchsetzen. Immer größer wird die Kluft zwischen dem, was die Vertreter der Kirchen für – normativ – gültig halten, und dem, was faktisch gilt, was die Kirchenmitglieder tatsächlich glauben und leben. Man kann auch sagen: Die Kirche als dogmatische und als Rechtsinstitution ist immer weniger eine gesellschaftliche Institution. Kirchliche Gültigkeit und gesellschaftliche Geltung klaffen immer weiter auseinander, auch und gerade in religiösen Angelegenheiten. Die Kirche hat zwar Regeln für alle Belange der Lebensgestaltung, aber dieses Regelungswerk greift immer weniger. Es greift immer mehr ins Leere des kollektiven und individuellen Lebens, und dieses folgt seinen eigenen – gesellschaftlichen und individuellen – Gesetzen. Freilich hat die Kirche wohl noch nie – selbst nicht in den konfessionellen Obrigkeitsstaaten im Gefolge der Reformation – das gesamte Leben so reguliert, daß dabei ein sozialer Konformismus herauskam, der nicht eine ganze Reihe von individuellen Nuancen vertragen hätte. Gleichwohl blieb das Gebiet der kirchlich erlaubten bzw. geduldeten Variationen praktisch begrenzt.

An keinem Beispiel ist diese – wohlgemerkt – *institutionelle* Schwächung der Kirche deutlicher zu erkennen als an dem der römisch-katholischen. Ist es doch gerade die römisch-katholische Kirche, die *von ihrem Anspruch her* wie kaum eine andere christliche Gemeinschaft Institutionelles verkörpert. *Von ihrem Anspruch her*, wohlgemerkt! *Von ihrem Anspruch her* verkörpert ihre Hierarchie der Bischöfe und Priester mit dem Papst an der Spitze das Monopol der Heilswahrheiten, also auch darauf, die christliche Tradition legitim zu repräsentieren. *Von ihrem Anspruch her* haben ihre Geistlichen auch das Monopol darauf, über die Heilsgüter zu verfügen: über die Sakramente Heil und Erlösung einerseits zu vermitteln, sie damit aber auch der je individuellen, subjektiven Verfügung zu entziehen. *Von seinem Anspruch her* legt der Klerus auch die Normen fest, was die Gläubigen zu glauben und nicht zu glauben haben, und schreibt vor, was sie zu unterlassen und was sie zu tun haben, z.B. über die sogenannten Kirchengebote.

Die sogenannten Kirchengebote sind – seit der Gegenreformation – als allgemeine, hochgradig verpflichtende Normen gedacht. Sie sollen für alle katholischen Kirchenmitglieder gleichermaßen gelten. Zu ihnen gehört das Gebot, die Sonn- und Feiertagsruhe zu halten, an diesen Tagen die Heilige Messe zu besuchen, die Fast- und Abstinenztage zu pflegen und mindestens einmal im Jahr – zur Osterzeit – zur Beichte und zur Kommunion zu gehen. Im 19. Jahrhundert noch als »heilsame Gewalt« bezeichnet, wurden die Kirchengebote auch mit geistlichen Strafandrohungen verknüpft, mit der Androhung des Verlusts der jenseitigen Heilsgüter. So heißt es noch 1961 in der 17. Auflage der »Katholischen Moraltheologie« von Heribert Jone bezüglich der Norm zum Besuch der heiligen Messe am Sonntag: »Eine *schwere* Sünde begeht, wer einen wichtigen Teil freiwillig versäumt«; und außerdem: »Wenn es von jemandem öffentlich bekannt ist, daß er lange Zeit hindurch seine Osterpflicht nicht erfüllt hat, dann ist er ein öffentlicher Sünder und geht als solcher des kirchlichen Begräbnisses verlustig.«

Auch der 1992 veröffentlichte ›Weltkatechismus‹ der Katholischen Kirche, den der Papst einleitend als »sichere Norm für die Lehre des Glaubens« autorisiert, bestätigt, daß »die Gläubigen verpflichtet« seien, sonntäglich und »an den gebotenen Feiertagen an der Eucharistiefeier teilzunehmen, sofern sie nicht durch einen gewichtigen Grund (z. B. wegen Krankheit, Betreuung von Säuglingen) entschuldigt oder durch ihren Pfarrer dispensiert sind. Wer diese Pflicht absichtlich versäumt, begeht eine schwere Sünde«. Eine schwere Sünde, so heißt es hierzu weiter, »beraubt uns der Gemeinschaft mit Gott und macht uns dadurch zum ewigen Leben unfähig. Diese Beraubung heißt ›die ewige Sündenstrafe‹«. Ihr Erlaß erfolge durch »die Sündenvergebung und die Wiederherstellung der Gemeinschaft mit Gott«, also durch das Bußsakrament.

Die Kirchengebote betreffen vor allem diejenigen symbolischen Handlungsformen, die auf eine moralische und vor allem auf eine ganz bestimmte, nämlich auf die priesterliche und sakramentale Ordnungs- und Leitidee der katholischen Kirche verweisen. Aus kirchenoffizieller Sicht haben deshalb die Kirchengebote nicht nur »für das Glaubensleben des Katholiken zentrale Bedeutung« (Knut Walf). Die Kirchengebote können auch als grundlegende Rollennormen gesehen werden. Sie haben somit beziehungsstiftende, sozietätsfördernde Bedeutung und die Aufgabe, den institutionellen Grundbestand der Kirche und ihr Funktionieren als soziales Ganzes zu sichern. Trotz ausgefeilter Dogmenbildung basiert die historisch gewachsene institutionelle Identität der römisch-katholischen Kirche ganz zentral auf dieser »Ritengemeinschaft«. Für ihre Aufrechterhaltung gilt, daß sie ganz entscheidend »von sozialen Sanktionen abhängt« (Alois Hahn). Anders als in der protestantischen Tradition mit ihrer vorrangig ethischen Kontrolle der Lebensführung, wird in den (katholischen) Kirchengeboten ein spezifisch rituelles Prinzip der Reglementierung zum Ausdruck gebracht. Es wird sozusagen das erlösungsrituelle, eben sakramentale Herzstück dessen definiert, was als zu ihr gehörig gefordert wird: ein Minimalbestand von Handlungen, welche von den ihr Zugehörigen in bestimmten Situationen wechselseitig zu erwarten sind und damit auch die Institution gegenüber Nichtdazugehörigem abgrenzbar macht. Dementsprechend sind die Kirchengebote nicht nur im Weltkatechismus der römischen Kirche aufgeführt, sondern

auch *als Gesetzesnormen* im Codex Iuris Canonici, also im Kirchenrecht.
Überblickt man die zahlreichen statistischen und demoskopischen Erhebungen der letzten Jahre und Jahrzehnte, zeigt sich ein massiver Wandel der kirchenbezogenen Religiosität. Die institutionelle Kraft der römisch-katholischen Kirche ist erschüttert. Und es zeigt sich, daß es immer weniger möglich geworden ist, Religion und Religiosität ohne weiteres mit dem institutionellen Anspruch der Kirche zur Deckung zu bringen.
Bereits in den 70er Jahren verliert die institutionelle und insbesondere im Katholizismus ausgeprägte Leitidee der Kirche als geistliche Herrschaft, als Heils- oder Gnadenanstalt, deutlich an Plausibilität. »Daß die Kirche mich anleitet, das Gute zu tun und das Böse zu lassen«, oder: daß sie »für mein persönliches Heil Sorge trägt« – solche Aussagen geraten sogar bei katholischen Kirchenmitgliedern im ländlichen Raum an das Ende von Ranglisten in entsprechenden Befragungen. Nichtmitgliedschaft in der Kirche wird seit den 70er Jahren auch für bürgerliche Kreise möglich und ist nicht mehr etwas, was einen Nazi- oder Kommunistenmakel trägt. Die persönliche Religiosität wird seitdem zwar weitgehend noch als christliche verstanden, löst sich aber immer stärker aus traditionalen kirchlichen Bindungen. Die persönliche Religiosität wird somit immer weniger als ausdrücklich kirchliche Religiosität praktiziert. Die vorherrschende Form der rituellen Kirchlichkeit wird seitdem die Nutzung des kirchlichen Ritenmonopols zur Begleitung der familialen Lebenswenden, also Taufe, Trauung und – am meisten – der Beerdigung, die gar kein Sakrament ist. Gleichzeitig geht der sonntägliche Gottesdienstbesuch – übrigens auch auf evangelischer Seite – zurück. Gingen 1950 im Bundesdurchschnitt noch mehr als die Hälfte aller Katholiken sonntags in die Kirche, so sind es 1970 noch 37 %, 1980 etwa 27 % und heute nur noch 17 %.
An Sonntagen versammeln sich also knapp 5 Mio. katholische Kirchenmitglieder zum Gottesdienst, das sind etwa eine Mio. weniger als 1990, fast drei Mio. weniger als 1980, 5 Mio. weniger als 1970 und fast 7 Mio. weniger als 1960.

Mehr als 20 Mio. Katholiken verstoßen damit hierzulande Sonntag für Sonntag gegen ein zentrales Kirchengebot, gegen eine Norm, die sie selbst subjektiv möglicherweise gar nicht mehr als eine solche interpretieren. Damit verliert diese Norm an Verbindlichkeit, aus einer Muß- oder Soll-Norm wird eine Kann-Norm, ein bloßes Postulat. Die Kirchenbesucher-Frequenz der katholischen Kirchenmitglieder nähert sich somit deutlich derjenigen auf evangelischer Seite an, die derzeit bei 4–5 % liegt. Angesichts der Altersstruktur der Gottesdienstbesucherschaft wird diese Annäherung wohl in den nächsten zehn bis fünfzehn Jahren in den meisten Bistümern vollzogen sein. Eine Umkehrung der Entwicklung ist nicht zu erwarten, zeigen doch die unter 40jährigen nach wie vor eine unterdurchschnittliche Kirchgangsfrequenz.

Massiv rückläufig, ja regelrecht kollabiert, ist auch die Teilnahme an der Ohrenbeichte, also das persönliche Sündenbekenntnis im Beichtstuhl. Dies ist vielleicht der härteste Indikator dafür, daß die Kirche die institutionelle Kontrolle über die Lebensführung und die Herrschaft über die Gewissen ihrer Mitglieder verloren hat. Die Ohrenbeichte mit ihrer stabilisierten Spannung, mit ihrem »doppelten Gesicht« (Max Weber) von ›Führung‹ und ›Entlastung‹, von Sprechgebot und Sprechverbot, ist ein Institut, dessen Nutzung – neben der Taufe – von kirchenoffizieller Seite als heilsnotwendig definiert wurde und wird. Sie ist Voraussetzung dafür, bei der Eucharistiefeier ›würdig‹ am Abendmahl teilzunehmen, vor allem: die ›heiligmachende Gnade‹, die ›Rechtfertigungsgnade‹ wiederzuerlangen (oder zu vermehren), und um überhaupt Zugang zu den ewigen Heilsgütern, zur ›ewigen Seligkeit‹, dem ›Erbe des Himmels‹, zu erhalten oder den ›Armen Seelen‹ im Fegefeuer solidarisch ›Verdienste‹ zukommen zu lassen. *Die Beichte war ein ›Eckstein‹ des katholischen Gefüges der ›Gnadenanstalt‹* und ihres Systems der »Anstaltsgnade« (Max Weber). Daß die traditionell forensisch, ›als Gericht‹ verstandene Ohrenbeichte nicht mehr so häufig praktiziert wird, verweist damit wie kaum ein anderes Beispiel auf einen Prozeß der Entinstitutionalisierung der überkommenen Sozialform der römisch-katholischen

Kirche. Im massiven Niedergang der Ohrenbeichtpraxis, die niemand mehr als ›Zwischentief‹ einschätzt, zeigt sich brennpunktartig die Auflösung der grundlegenden Voraussetzung des institutionellen Gesamtgefüges der katholischen Kirche, nämlich des »Anstaltsgehorsams« (Max Weber). Die verbreitete Gleichgültigkeit auch und gerade der Mitglieder der Kirche gegenüber ihrer Anstaltsgnade zeigt also auch das Desinteresse an ihr als Gnadenanstalt. Indem sie die mit der Kirchenmitgliedschaft verbundenen Normanweisungen unterläuft, zeigt die deutliche Mehrheit der katholischen Kirchenmitglieder, daß sie immer weniger willens ist, sich eine bestimmte Rolle im Beziehungsgeflecht der Kirche zuweisen zu lassen und das für ›Sünde‹ zu halten, was in ihr als Sünde deklariert wird.
Beobachtbar ist jedoch nicht nur ein Wachstum von ritueller Abweichung der Kirchenmitglieder in als zentral definierten Glaubenshandlungen. Auch die Abweichung im Hinblick auf kirchlich definierte Glaubensvorstellungen nimmt zu. Während die ostdeutsche Bevölkerung z.B. den Gottesglauben mehrheitlich ablehnt, bekennt sich – ähnlich wie in unseren Nachbarländern (z. B. Frankreich) – die große Mehrheit der Westdeutschen zum Glauben an Gott (64 %). Aber dieser Anteil ist in den letzten Jahren (1981: 72 %) rückläufig, und die Gottesvorstellungen haben immer weniger eine christliche – etwa personale – Prägung. An ein Leben nach dem Tod, an die Auferstehung der Toten, an den Himmel glaubt nur noch ein Drittel der Westdeutschen. In Ostdeutschland, wo die Mehrheit zäh konfessionslos ist, sind es nicht einmal 20 %. An den Teufel glauben genauso wenig wie an die Hölle – nicht einmal jeder Zehnte in Ostdeutschland, jeder Sechste in Westdeutschland.
Auch Kirchenmitglieder gehören somit zu den ›Ungläubigen‹. Und dies gilt sogar für Personen, die sich selbst als ›religiös‹ beschreiben. Von diesen ›Religiösen‹ glauben nicht alle an Gott, nicht alle an die Seele, nicht alle an die Sünde. Nur noch eine knappe Mehrheit von diesen ›Religiösen‹ glaubt an ein Leben nach dem Tod (57 %), und nur noch Minderheiten der ›Religiösen‹ sind es inzwischen, die an die Auferstehung der Toten (49 %), an den Himmel (49 %), an

die Hölle (20 %) oder an den Teufel (23 %) glauben. Und umgekehrt gilt: Auch unter denjenigen, die sich selbst als ›nicht religiös‹ beschreiben, können Anhänger solcher Glaubensinhalte sein. Typisch wird für immer mehr Menschen das unauflösbare Hinter- und »Ineinander von Glauben und Zweifel, Sicherheit und Unsicherheit« (Ulrich Ruh) in religiösen Angelegenheiten. Der individuelle Glaube verliert seinen Halt in und an den kirchlichen Institutionen. Der *institutionelle Sinn* der Glaubensvorstellungen und übrigens auch der Glaubenshandlungen, wie der Taufe, die zum Familienfest mit religiösem Touch mutiert, findet immer weniger Resonanz in der Bevölkerung, noch weniger in den nachwachsenden Generationen, selbst unter Kirchenmitgliedern, ja sogar unter den rituell Kirchentreuen.

Menschen, die rituell der Kirche nahestehen, also regelmäßige Kirchgänger, können auf der Glaubens- oder Überzeugungsebene kirchenfern sein. Viele von diesen rituell Kirchentreuen ›gehen religiös fremd‹. Damit ist nicht nur gemeint, daß sie auf Wallfahrt gehen, auf Exerzitien fahren, nach Taizé, auf Katholiken- und Kirchentage. Sie, die rituell Kirchentreuen, stellen vielmehr auch einen großen Teil der Teilnehmer an New-Age-Seminaren, gehen auf Schnuppertour in die esoterischen Läden. Insbesondere die Katholiken unter ihnen, sind es, die auch – synkretistisch – Anleihen im Gottesbild und Anleihen von Glaubensvorstellungen bei anderen religiösen Traditionen vornehmen. So ist ein Drittel der rituell kirchentreuen Katholiken reinkarnationsgläubig, glaubt also an eine Wiedergeburt im diesseitigen Leben.

Die – auch unter Kirchenmitgliedern – wachsende Distanz gegenüber kirchenoffiziellen Glaubensvorstellungen und -praktiken führt allerdings weder dazu, daß die Sekten boomen, noch, daß dem Leben kein Sinn unterstellt wird. Die Sinnstruktur von Wirklichkeit und menschlichem Leben wird nicht geleugnet, weder in West- noch in Ostdeutschland. Aussagen über die Sinnlosigkeit des Lebens stoßen auf die höchste Ablehnung in Ost und West. Den Sinn des Lebens glaubt man jedoch immer weniger in den vorfindlichen religiösen Gemeinschaften konserviert und normiert zu sehen. Er wird vielmehr als eine *individuelle* Leistungs- und subjektive Gestaltungsaufgabe verstanden, kaum mehr als institutionelle Vorgabe. Ein solcher Wandel von der institutionellen Nomozentrik zur Autozentrik in der Sinngebung des Lebens drückt sich auch darin aus, daß die absolute Mehrheit der Bevölkerung in Ost wie West den Satz unterschreibt, daß das Leben nur einen Sinn hat, »wenn man ihm selber einen Sinn gibt«. Bei dieser individuellen Sinnstiftung dürfen die Kirchen, so hat es den Anschein, allenfalls assistieren, wenn sie als hilfreich empfunden werden, etwa mit ihrem sozialkirchlichen und rituellen Leistungsspektrum, ohne daß man sich damit schon den kirchlichen Normen unterwirft.

Es spricht vieles für die These, daß die Mehrheit der Kirchenmitglieder die Kirchen aus einer Art Kundenperspektive betrachtet und in ihr eine Dienstleistungsorganisation sieht für die rituelle Begleitung der Lebenswenden – Taufe, Hochzeit, Beerdigung, auch Weihnachten; eine soziale Service-Organisation für die Alten, Kranken, Armen und Kindergartenkinder. Hierfür wird Kirchliches ›nachgefragt‹. Die Kirche als Caritas oder Diakonie erlebte in den vergangenen Jahren und Jahrzehnten ein ungeahntes Wachstum. Die kirchlichen Wohlfahrtsverbände stellen mit ihren derzeit 830 000 hauptamtlichen Mitarbeiterinnen und Mitarbeitern die größten nicht-staatlichen Arbeitgeber nicht nur in Deutschland, sondern in ganz Europa dar.

Während die Kirche als Institution geschwächt wurde, gewann sie immer mehr den Charakter einer Organisation: einer passagenrituellen und sozialen Dienstleistungsorganisation. Nicht mehr Befehl und Gehorsam – religiöser Anstaltsgehorsam –, sondern religiöse Selbstbestimmung sind gefragt. Das Kirchenverhältnis der Mehrheit hat sich von einer vertikalen Über- und Unterordnung zu einem horizontalen Tauschsystem gewandelt. Ein selbstbestimmtes Tauschverhältnis, d. h. eine Logik von Leistung und Gegenleistung, beherrscht die Beziehung des Kirchen-›Kunden‹ zur Kirche, vergleichbar der Klientel von sozialen Dienstleistungsorganisationen. Dieser ›Kunde‹ läßt sich also seine Kirchenmitgliedschaft im wahrsten Sinne des Worts etwas kosten, wahrt jedoch im übrigen Distanz zum kirchlichen

Leben, insbesondere zum kontinuierlichen Gemeindeleben. Vor allem anderen sind ihm an der Kirche die rituellen Begleitungen der persönlichen Lebenswenden, also Taufe, Hochzeit und Beerdigung, aber auch die Feier kollektiver Lebenswenden (wie Weihnachten) wichtig, abgesehen davon, daß man ja »nie sagen kann, ob man die Kirche nicht einmal nötig haben wird«. Immer mehr Kirchenmitglieder scheinen sich auf einer Position zu wissen, »die es ermöglicht, den Kontakt zu verstärken, wenn die eigene *Lebenslage den Wunsch danach weckt«* (Niklas Luhmann).
Kirche und Kirchengemeinden sind nicht mehr die einzigen Quellen für ›religiöse Lebensmittel‹. Viele Menschen scheinen zwar ›unheilbar religiös‹ zu sein, aber nicht unheilbar christlich oder kirchlich. Die meisten sind religiöse Selbstversorger geworden, d.h. sie leben aus den ›Konserven‹ ihrer religiösen Kindheit, oder sie stellen sich ihr religiöses Menü selbst zusammen, wann und wo es ihnen paßt.
Nicht wenige Zeitgenossen scheinen ihre ›religiöse Nahrung‹ an Quellen zu finden, wo kein Schild ›Religion – hier zu haben!‹ steht, wo aber dennoch Religiöses – Trost und ›Erlösung‹ – zu haben ist. Das Spektrum dieser Orte ›impliziter Religion‹ dürfte größer sein, als man auf den ersten Blick denkt. Die *Dispersion des Religiösen*, wie ich es nenne, also seine ›feinstoffliche Verteilung‹ auf ganz unterschiedliche Orte, Anbieter und Sozialformen außerhalb der Kirchen und anderen Religionsgemeinschaften ist ein wachsender und durchaus lukrativer Trend. Religiöses ist heute in Volkshochschulen ebenso zu haben wie in Seminaren von Beerdigungsunternehmen, im Fernsehen, in Zeitschriften, in Heftromanen, in Literatur, Film, Theater, Musik, bildender Kunst und Sportarenen und in der Disko oder auf dem Rockkonzert. Religiöses wird heute von Lebensberatern ebenso angeboten wie von anderen ›Geistlichen‹ neuen Schlags: von Sozialarbeitern, Ärzten und Heilpraktikern, Lehrern für Gymnastik, Ausdruckstanz und fernöstliche Sportarten, Fußballspielern, Philosophen, Psychologen und Psychotherapeuten, Fernsehstars und -produzenten sowie Künstlern und freigewerblichen Ritendesignern. Weniger sind es die Antworten, die von der kirchlichen Tradition und

Institution übernommen wurden, sondern die Fragen, nicht die Lösungen, sondern die Problemdefinition, nicht die Sinnstiftung selbst, sondern das Bedürfnis danach. Die Antworten hat sich heute jeder und jede selbst zu geben. Denn die zahlreichen Anbieter auf dem Markt der Sinngebungsalternativen relativieren nicht nur die Geltung kirchlicher Werte und Normen. Sie relativieren sich auch wechselseitig selbst und verbreitern und steigern die Erfahrung, daß man alles immer auch anders sehen kann – übrigens auch innerhalb der Kirchen. Es ist nicht abzusehen, wie diese Dauerrelativierung an ein Ende gelangen wird. Die Last der Befreiung von diesem ›Sinngebungsstreß‹ wird nicht mehr von einer religiösen Institution getragen, sondern liegt auf den Schultern von jedermann und jeder Frau. Die Last der Entlastung von dem ›Sinnstiftungsstreß‹ ist privatisiert und individualisiert. Jede und jeder hat sie für sich selbst zu tragen. Das ist ein, wenn nicht sogar *das religiöse Schicksal unserer Zeit* – diesseits und jenseits der Jahrtausendwende.

Lutz Lemhöfer

Feier der Lebenswende

Kirchliche Rituale für Kirchenfremde

2. Mai 1998 im altehrwürdigen Erfurter Dom: die Orgel dröhnt, der Pfarrer zieht ein, angetan mit Chorrock und Stola, und mit ihm zwölf Jugendliche. Aber die Gemeinde in den Kirchenbänken ist keine gläubige, und die Jugendlichen im Altarraum gehören keiner Kirche an. Was hier stattfindet, ist keine Firmung, sondern etwas ganz Neues: eine Feier der Lebenswende. »Junge Menschen wollen ein Zeichen setzen, daß sich mit ihnen etwas verändert hat, daß sie gewachsen sind und an der Schwelle zum Erwachsensein stehen«, erläutert Pfarrer Dr. Reinhard Hauke zur Begrüßung. »Sie haben sich dazu entschlossen, es im Raum einer Kirche zu tun.« Der Pfarrer erinnert an die ›Lebenswenden‹, die sonst im Dom stattfinden: Taufe, Hochzeit, Priesterweihe: »Die Jugendlichen sollen durch das Beispiel anderer Lebenswenden dazu ermutigt werden, selbst den Schritt auf den neuen Lebensabschnitt zu wagen.«

Zehn Jahre zuvor hätten sie dazu sicher keinen kirchlichen Beistand erbeten. Denn in Erfurt wie überall in der früheren DDR war die ›Feier der Lebenswende‹ vom Staat okkupiert. Seit der flächendeckenden Einführung der ›Jugendweihe‹ 1955 stieg die Zahl der teilnehmenden Jugendlichen ständig an; 97,7% waren es im letzten Jahr der DDR, 1988. Kein Wunder, denn wer sich verweigerte, riskierte Nachteile in Schule und Ausbildung. Die vorgebliche weltanschauliche Offenheit wird bereits durch den Text des Gelöbnisses widerlegt, das die jungen Leute ablegen mußten. Dort hieß es unter anderem: »Seid ihr bereit, als junge Bürger (...) für die große und edle Sache des Sozialismus zu arbeiten und zu kämpfen und das revolutionäre Erbe des Volkes in Ehren zu halten, so antwortet: Ja, das geloben wir! (...) – Feierlich nehmen wir euch auf in die große Gemeinschaft des werktätigen Volkes, das unter Führung der Arbeiterklasse und ihrer revolutionären Partei, einig im Willen und im Handeln, die entwickelte sozialistische Gesellschaft in der Deutschen Demokratischen Republik errichtet.«

Neu an dieser Jugendweihe war der Zwang, nicht der Bezug zum Sozialismus. Seit Ende des vorigen Jahrhunderts hatte die alte Arbeiterbewegung Jugendweihen in bewußter kämpferischer Konkurrenz zur Firmung oder Konfirmation der christlichen Kirchen veranstaltet. Sie fußte dabei auf der Tradition der Freireligiösen Gemeinden, die sich um 1848 herum als liberale Alternative zum katholischen oder evangelischen Mehrheitsglauben in Deutschland gebildet hatten. »Als die Revolution niedergeschlagen wurde, litten auch die freireligiösen Gemeinden darunter, die verfolgt wurden als Dissidentengemeinden. Was dann übrig blieb, schloß sich zum Bund Freireligiöser Gemeinden Deutschlands zusammen«, erläutert dessen heutiger Jugendreferent, Matthias Pilger-Strohl aus dem hessischen Neu-Isenburg. »Und die haben dann Feiern entwickelt, die nicht mehr einen kirchlich-christlichen Ritus haben.« Diese Jugendfeiern gibt es bis heute; Pilger-Strohl hat sie selber mehr als einmal gestaltet. In der DDR allerdings waren sie verboten – zugunsten der staatlichen Zwangsveranstaltung Jugendweihe.

Die freilich hat ihre sozialistischen Mütter und Väter überlebt; sie ist Familientradition geworden im entkirchlichten Ostdeutschland. Eltern von Achtkläßlern werden unruhig in der Zeit zwischen Ostern und Pfingsten. Die Jungen brauchen ihren ersten Anzug, die Mädchen ein festliches Kleid. Daß sie es im festlichen Rahmen tragen können, dafür sorgen Verbände wie die »Interessengemeinschaft für humanistische Jugendarbeit und Jugendweihe«, der »Deutsche Freidenker-Verband« oder der »Humanistische Verband Deutschlands.« Gastwirte, Anbieter von Party-Service und Fotostudios haben an den Jugendweihe-Wochenenden Hochbetrieb. Die Jugendlichen freuen sich über Geschenke. Über Inhalte wird kaum geredet; Hauptsache der Festredner ist prominent, sei er nun ein bekannter Sportler oder Politiker unterschiedlicher Couleur. Der Jugendweiheverband meint, sie sei ein »unverwechselbarer und nicht mehr wegzudenkender Teil der Feierkultur unseres Landes«, und da-

mit hat er zumindest in den neuen Bundesländern recht. Etwa hunderttausend Jugendliche nahmen in den letzten Jahren an ›Jugendweihen‹ oder ›Jugendfeiern‹ teil, die abseits der Kirchen organisiert werden. Die Popularität dieser Feiern weist auf ein tiefer sitzendes Bedürfnis hin. Offenbar fällt es schwer, den Schritt vom Kind zum Erwachsenen einfach sang- und klanglos vorübergehen zu lassen. Der katholische Bischof von Dresden-Meißen, Joachim Reinelt, sieht darin eine Herausforderung für die Kirchen: »Tausende von Jugendlichen in den neuen Bundesländern nehmen weiterhin an den Jugendweihefeiern teil«, schrieb er 1993 in der Zeitschrift ›Gottesdienst‹. »Freidenkerbewegungen sehen ihre Stunde gekommen. Sie vereinen nichtsahnende, nur an der Feierlichkeit interessierte Jugendliche und Eltern für eine bedenkliche Ideologisierung. Was aber tun wir? Wir können weder behaupten, daß wir für Nichtchristen nicht zuständig wären, noch vermag die Kirche junge Leute in katechumenale Prozesse einzugliedern. (...) Hier sollten wir Wege finden, für die jungen Menschen Fest und Feier zu gestalten, ohne sie vereinnahmen zu wollen. Kirchen hätten ein reiches Instrumentarium dafür.«
Das ist am 2. Mai 1998 in Erfurt zu hören und zu sehen. In sehr persönlichen Worten schildern die Jugendlichen ihren bisherigen Lebensweg, benennen wichtige Erfahrungen und äußern Wünsche für die Zukunft. Für jeden einzelnen wird ein Tuch in seiner Lieblingsfarbe im Altarraum ausgebreitet, auf dem Vater oder Mutter mit symbolischen Gegenständen das darstellen, was Sohn oder Tochter als wichtig oder bewegend empfunden haben: da liegt etwa ein Foto vom ersten Auslandsurlaub, die Siegerurkunde eines wichtigen Sportwettkampfs, das Lieblingsplüschtier oder die Tanzschuhe. Immer mehr Gegenstände füllen die zwölf bunten Tücher auf den Altarstufen, während die Jugendlichen erkennbar aufgeregt ihre persönlichen Wünsche und Sorgen ins Mikrophon sprechen. Später werden sie die Tücher als Schal tragen und mit nach Hause nehmen. Aber erst formulieren sie nun auch ihre Hoffnungen und Ängste für die Zukunft der Gesellschaft und tragen dabei eine brennende Kerze, das Symbol der friedlichen Revolution in der DDR. Die Sehnsucht

nach Frieden betonen auch die jungen Leute 1998 immer wieder, aber auch nach Toleranz im Umgang miteinander, nicht zuletzt mit den Menschen anderer Rassen. Und immer wieder schlägt die Angst vor Arbeitslosigkeit durch und der drängende Wunsch nach einer beruflichen Zukunft für alle. Fürbitten könnte man das nennen, wenn Gott dabei angerufen würde. Aber das wird er nicht; erst am Schluß der Feier gibt es dann doch so etwas wie ein Gebet. Mit ausdrücklicher Einwilligung der Beteiligten bittet der Pfarrer Gott um Segen für die jungen Menschen »und alle, die sie auf ihrem Lebensweg begleitet haben und auch weiter begleiten werden.« Keine ungewohnten Töne im Dom, aber sicherlich für viele in dieser Festgemeinde der erste liturgische Segen ihres Lebens. Wie heißt es doch in dem Lied, das die Jugendlichen für die Feier ausgewählt haben? »Wo Menschen sich vergessen, die Wege verlassen, und neu beginnen, ganz neu: da berühren sich Himmel und Erde, daß Friede werde unter uns.«

Wie war es zu dieser Feier gekommen, die trotz eigentlich bescheidener Teilnehmerzahlen ein großes Echo in den Medien gefunden hatte? Zunächst hatten ungetaufte Schüler an der katholischen Edith-Stein-Schule in Erfurt Interesse an einer kirchlichen, aber nicht bekenntnisgebundenen Feier als Alternative zur Jugendweihe gezeigt; andere wurden durch die Presse aufmerksam. Für die katholische Minderheit in Erfurt (nur 8,3% der Bevölkerung sind katholisch) bot sich die Chance, auf sehr unverkrampfte Weise mit einer unkirchlichen Öffentlichkeit ins Gespräch zu kommen. Das war für Dompfarrer Hauke der Hauptgrund, sich hier zu engagieren. »Warum soll ich als Christ mit den christlichen Werten, die ich habe, nicht auch einmal an die Öffentlichkeit gehen – was ja nun nach der Wende möglich ist – und anbieten, was wir an Werten haben? Und das vor allem auch Jugendlichen anbieten, die in dieser Wendephase vom Kind zum Erwachsenen oder vom Jugendlichen zum Erwachsenen traditionell hier bei uns die Jugendweihe feiern würden oder mitgestalten würden oder mit sich gestalten lassen, so muß man's ja hier sagen. Es sind ja vielfach Feiern, die vorbereitet sind und an denen die Jugendlichen dann lediglich teilnehmen und die mir im wesentlichen jetzt doch sehr sinnleer erscheinen. In der Zeit des Sozialismus war immerhin noch der Gedanke des Marxismus-Leninismus mit dabei, nun ist das nicht mehr da. Deswegen frage ich mich auch, was denn der Inhalt dieser Feier sein soll. Vor allem habe ich vielfach doch den Eindruck gehabt, daß die Jugendlichen sagen: Das ist nicht unsere Form, wie wir gern feiern würden; das ist zwar eine sehr feierliche Form, aber nicht unbedingt jugendgemäß, und das, was dort gesagt wird, ist nur bedingt für Jugendliche ansprechend. Deswegen war das ursprüngliche Konzept auch, daß die Jugendlichen eine Feier im wesentlichen selber gestalten, sei es dadurch, daß sie wirklich selber etwas tun oder daß sie wenigstens auswählen können, was sie gestaltet haben möchten.«

Diese Aussicht reizt auch die zwanzig Jugendlichen, die sich 1999 auf die ›Feier der Lebenswende‹ im Erfurter Dom vorbereiten. »Ich habe darüber nachgedacht, und dann war's eigentlich ganz gut, weil's halt was Individuelles ist, was nicht jeder macht«, meint die vierzehnjährige Kathrin. Dafür beteiligt sie sich von Januar bis Mai an Vorbereitungsstunden und auch an einer sozialen Aktion; im Dompfarramt wird sie mit den anderen zusammen ein Mittagessen für Erfurter Obdachlose bereiten. Auch dem gleichaltrigen Robert Philipp gefällt, »daß man ein Bestandteil dieser ganzen Feier ist. Das finde ich schön, daß man selber mitorganisieren kann, und auch diese Aktion mit den Obdachlosen.« Manchem erscheint die alte Kirche mit ihrer jahrhundertealten Übung im Umgang mit Riten und Symbolen sogar moderner als die historisch so viel jüngeren Veranstalter der Jugendweihe. »Wir hatten uns ein echtes Problem daraus gemacht«, erzählt Robert. »Weil ich einerseits nicht gläubig war und keine Konfirmation machen wollte, und andererseits uns auch das Altmodische mit dieser Jugendweihe nicht so gefallen hat. Da war dieses ein ganz guter Mittelweg.« Und sicher auch ein Schnupperkurs in Sachen Kirche – zumindest für Kathrin: »Ich sage mal ganz ehrlich, ich wäre ganz gern christlich gewesen, aber meine Eltern sind halt nicht gläubig. Zur Kirche habe ich eigentlich eine ganz gute

Beziehung, und daher fand ich es auch ganz schön, daß das mit dem Pfarrer zusammen möglich ist und daß ich mal Kontakt zur Kirche kriege, da ich ja auch keinen Religionsunterricht habe.«

Solche Chancen sind nötig in einem Landstrich, in dem sich drei Viertel der Menschen als konfessionslos bezeichnen. Das meint jedenfalls Pfarrer Hauke: »Ich muß die Leute ernst nehmen, so wie sie sind. Sie sind eben hier bei uns mindestens schon drei Generationen lang nicht christlich geprägt. Da versuche ich zunächst einmal, diese Tatsache ernst zu nehmen, indem ich sage: Ich lade ganz bewußt ungetaufte Jugendliche ein. Und wenn sie sich darauf einlassen, eine solche Feier mit einem Pfarrer im Raum der Kirche zu gestalten, dann rechnen sie schon damit, daß ihnen hier christliche Botschaft in der Form des Angebotes, des Kennenlernens begegnet. Sie merken: Da hat jemand Interesse an uns, an unseren Fragen, aber auch an den Antworten, die wir geben. Das wird besonders deutlich, wenn sie über die Bewältigung der Probleme in unserer Gesellschaft reden, darüber, wie sich diese wirklich konkret auch verändern ließen. Sie spüren einfach: Da hört jemand zu. Und so beschreibe ich das immer in einem Bild: Das ist eine Arbeit an der Schwelle der Kirche oder an der Schwelle des Pfarrhauses, um diese Schwellenangst zu nehmen. Um vielleicht dann in einem zweiten Schritt – der aber in dieser Vorbereitung der Feier der Lebenswende nicht passiert – doch auch noch genauer nachzufragen, wenn ich vielleicht Interesse an der christlichen Botschaft gefunden habe.«

Ungeteilten Beifall findet Hauke mit seinem Projekt nicht. Einige evangelische Kollegen wehrten sich gegen die »Konfirmation light«; es gibt aber auch schon Versuche, ähnliche Feiern selbst auf die Beine zu stellen. Matthias Pilger-Strohl, Bundesjugendreferent der Freireligiösen, die ja die eigentlichen Erfinder der Jugendweihe sind, reagiert mit einer Mischung von Skepsis und Neugier. »Ich denke, das ist ein spannender Versuch, etwas anzubieten, was es sonst vielleicht nicht gibt. Ich neige dazu zu sagen, ein aufgeschlossener Pfarrer ist mir lieber als ein engstirnig denkender Freidenker.« Rituale seien nun einmal wichtig für die Gesellschaft wie für den einzelnen, meint der gelernte Religionswissenschaftler und Sozialpädagoge. »Riten entstehen automatisch. Und wenn sie nicht entstehen als ein Ort oder eine Möglichkeit, Halt zu bieten, Ordnung zu schaffen, Fixpunkte zu bieten, entsteht Irritation und Orientierungslosigkeit und Chaos. Ich sage das vielleicht jetzt ein bißchen übertrieben, aber das ist deutlich zu sehen: Wenn es etwa in der Familie, im Erziehungsbereich keine Rituale gibt, dann sind die Kinder halt-los. Daß Rituale dann auch Grenzen setzen, an denen man sich reiben kann, muß nicht schlecht sein. Auch konfessionslose Menschen brauchen Rituale; und wenn sie keine haben, schaffen sie sich welche. Ich frage mich aber: Was ist das für eine Konstruktion, wenn es Organisationen gibt, die so ein Service-Angebot machen, das man dann auch entsprechend bezahlt: da ist ja *doch* eine ideologische Grundlegung da.« Pilger-Strohls Kritik zielt auf die vorgeblich neutralen Feiern der »Interessenvereinigung Jugendweihe«; aber er warnt auch die Kirchen: Wenn sie sich entschlössen, Riten für Kirchenfremde ins Angebot zu nehmen, dürften sie weder sich noch der Kundschaft etwas vormachen: »Wenn die Kirchen solche Angebote machen, bleibt für mich das gleiche Argument wie bei irgendwelchen Jugendweihe-Organisationen: eine Ideologie steht im Hintergrund. Und diese Ideologie kaufe ich mit ein, wenn ich diese Jugendfeier mache. Und wenn ich die jetzt von einem kirchlichen Träger habe – aber ich muß da nicht Mitglied werden –, dann habe ich sie auf der Basis der jeweiligen Kirche. Die werden jetzt nicht alles plötzlich ganz anders machen, können es auch nicht: dann würden sie sich selbst verraten. Das würde ich ihnen auch gar nicht empfehlen.«

Zweifellos ist es eine Gratwanderung, auf die sich die Kirche in Erfurt mit der ›Feier der Lebenswende‹ eingelassen hat. Kann sie sinnstiftende Riten ebenso unbefangen ohne Ansehen der Person vermitteln wie die Suppe der Bahnhofsmission oder das offene Ohr der Telefonseelsorge? Oder verliert die christliche Botschaft dann eben jenes Profil, das die helfende und lebensfreundliche Kraft ihrer Riten ausmacht? Die Diskussion darüber steht erst am Anfang. Aber sie macht jetzt schon deutlich: Heute ist unübersehbar, was der Jesuit Ivo Zeiger bereits auf dem ersten Nachkriegs-Katholikentag 1948 in Mainz verkündet hatte: Deutschland ist Missionsland geworden. Reinhard Haukes ›Feier der Lebenswende‹ ist ein erster Schritt, darauf zu reagieren. Weitere müssen vielleicht folgen, wie der Erfurter Dompfarrer meint: »Es hat ein bißchen mit der Geschichte hier im Osten zu tun, daß die Notwendigkeit einer solchen Arbeit besteht. Ich denke aber auch auf Zukunft hin. Wenn wir feststellen, daß in den traditionell christlichen Gebieten die Anzahl der Christen zurückgeht, müssen wir uns sicher auch mal fragen: Warum passiert das? Setzen wir vielleicht manchmal zu viel voraus, und stülpen wir den Menschen eine Vollbotschaft des Evangeliums über, ohne zu fragen, in welcher Lebenssituation sie stehen? Haben wir die richtige Sprache, in der wir ihnen begegnen und zu ihnen sprechen? Auf diesem Hintergrund könnte das zumindest ein kleiner Versuch sein, der noch ausbaufähig ist. Ich denke, es gibt Situationen, Krisensituationen, in denen nicht nur Christen stehen, sondern auch andere Leute im Zusammenhang etwa mit dem Verlust der Arbeit oder wenn jemand auch wieder neu eine Arbeit findet; die Bewältigung persönlicher Krisen wie Krankheit, Tod, Ehescheidung, Verlust eines Kindes: das sind Dinge, wo Kirche nicht unbedingt immer gleich ein Sakrament zur Verfügung hat, aber wo sie doch vielleicht ein Heilszeichen setzen sollte, das signalisiert: auch in dieser Situation bist du durchaus von Gott angenommen und geliebt.«

Michael Welker

Das Ende der Volkskirche?

Gestaltwandel der Kirche aus evangelischer Sicht

Immer wieder ist die Rede von der »Volkskirche« und von ihrer Krise, von ihrem Niedergang und von ihrem Ende. Aber was ist das eigentlich: die Volkskirche?

Volkskirche: Kirche der Gemeinden im Aufbruch

Als das Wort »Volkskirche« vor etwa 180 Jahren in Deutschland aufkam, da hatte es einen guten Klang. Ein freier Zusammenschluß lebendiger Gemeinden, eine mündige Kirche, eine Kirche der Gemeinden im Aufbruch, eine Kirche, die die religiöse Erneuerung suchte – all dies wurde mit dem Begriff »Volkskirche« verbunden (zum Begriff ausführlich Wolfgang Huber und Michael Welker). Auch in unserem Jahrhundert haben sich kirchliche Aufbruchbewegungen in manchen Ländern »Kirche des Volkes« oder »Volkskirche« genannt. Heute aber ist in Deutschland eine solche lebendige oder sich im Aufbruch befindende Volkskirche nicht zu erkennen. Wenn eine solche Kirche nicht nur gesucht worden ist vor 180 Jahren, wenn es sie wirklich jemals gegeben hat – so liegt ihr Ende lange zurück. Dieses Ende könnten wir im Rückblick nur beklagen. Denn wer wollte einer solchen lebendigen Kirche im Aufbruch schon ein Ende wünschen?

Volkskirche: Die Kirche nur eines Volkes

Das Wort »Volkskirche« konnte und kann aber auch für eine Nationalkirche, für eine »Volkstumskirche« stehen. Für eine Kirche, die sich nur einem Volk verbunden weiß. Unter solchen Voraussetzungen wird das Wort »Volkskirche« zu einem gefährlichen Wort. Es heizt dann nämlich leicht nationalistische und chauvinistische Einstellungen religiös auf.

Verdunkelt wird, »daß das Wort Gottes nicht nur Menschen *aller* Völker anspricht ..., sondern daß es die Menschen über alle Grenzen hinweg zu dem *einen* Volk Gottes (aus allen Nationen, Völkern und Rassen) verbindet« (Wilfried Härle). Eine solche provinzielle und selbstbezogene Volkskirche hat es in Deutschland tatsächlich gegeben. Im Dritten Reich haben viele »Deutsche Christen« eine solche Kirche bejaht oder sogar bejubelt. Dagegen konstituierte sich damals die Bekennende Kirche. Manche Christen, die zur Bekennenden Kirche gehörten, haben den Kampf gegen *diese* Volkskirche teuer bezahlt. Daß eine *solche* Volkskirche mit dem Zusammenbruch von 1945 an ihr Ende gekommen ist, das können wir nur befreit zur Kenntnis nehmen. Gott sei Dank!

Volkskirche heute: Die Kirche der religiösen Selbstverständlichkeiten

Das Wort »Volkskirche« steht heute weder für die aufbruchfreudige Kirche der Gemeinden noch für die gefährliche ideologische Kirche nur eines Volkes. Volkskirche heute in Deutschland – das ist die Kirche, in der »man« (noch immer) Christ ist. Die Kirche der religiösen Selbstverständlichkeiten. Volkskirche, das ist die Kirche der Passageriten und der entsprechenden pfarramtlichen Versorgung. Volkskirche, das ist die Kultstätte für die großen Feste des Lebens: Taufe, Einschulung, Konfirmation, Trauung, Goldene Konfirmation, Beerdigung. Bei den großen Übergängen des Lebens geht »man« in die Kirche. Aber auch der Jahresverlauf wird von der Volkskirche geprägt und begleitet: Ostern, Pfingsten, Erntedank, Weihnachten. Wenn nicht das Wetter, die Freunde und die weitere Familie sie aus dem Haus und auf Reisen locken, dann gehen viele Menschen auch an diesen Tagen des Jahres in die Kirche. Alle Jahre wieder. Die Volkskirche ist die Kirche der religiösen Selbstverständlichkeiten. Nach dem Motto: Ganz ohne Religion geht es nicht.

Volkskirche heute: Die Kirche der religiös-kulturellen Betreuung

Die Volkskirche als »Kirche für das Volk« ist aber auch die Kirche, die den kulturellen und karitativen Anliegen der ganzen Gesellschaft und des ganzen Volkes Rechnung zu tragen sucht – über den Kreis der Kirchenmitglieder hinaus. Die abendländische Kultur ist ohne die christliche Religion nicht denkbar. Und die christliche Religion ist ohne die Kirche nicht denkbar. Viele Menschen, auch wenn sie der Kirche gegenüber gleichgültig oder sogar feindlich eingestellt sind, wollen doch »das kulturelle Erbe« bewahrt wissen. Aus Tradition in die Zukunft. Dafür aber ist das Engagement der Kirchen unverzichtbar – von der theologischen Bildung über die Pflege geistlicher Musik bis hin zur sachgerechten Denkmalpflege, um nur wenige Beispiele zu nennen. Und die Nachfrage nach diesem Engagement steigt.

Wir sind in den letzten dreißig Jahren zunehmend sensibel geworden für die Zerstörung der natürlichen Umwelt. Langsam werden wir nun auch sensibel für die Gefahren kultureller Umweltzerstörung. Die Mediengesellschaft lädiert systematisch das »kulturelle Gedächtnis«. Mit dem »kulturellen Gedächtnis« (Jan Assmann) bewahrt eine Gemeinschaft nicht nur die gemeinsame Vergangenheit, sondern prägt auch die Gegenwart und die erwartete Zukunft. Es werden kulturelle Räume geschaffen, die das menschliche Leben und das Zusammenleben der Menschen ebenso prägen wie die natürlichen Umgebungen. In einer kurzlebigen Mediengesellschaft aber kommt die gemeinsame »Arbeit am kulturellen Gedächtnis« zu kurz. Denn Tag für Tag sollen die Menschen sich auf das »Heute und Morgen« konzentrieren. Ständig sollen sie neugierig und neu begeistert sein. Lange und intensive Erinnerungen und geduldige Erwartungen geraten unter Druck oder werden erst gar nicht mehr aufgebaut und gepflegt. Schlechte Zeiten für die gemeinsame Pflege der Geschichte und der Normativität brechen an.

Die Volkskirche, das spüren zunehmend mehr Menschen, sucht dem entgegenzuwirken. Die Volkskirche ist – zumindest ihrem Anspruch nach – eine der »kulturtragenden«

Säulen der ganzen Gesellschaft. Ihr Wirken kommt auch den Menschen zugute, die heute ihre Dienste in Anspruch nehmen, ohne sie dafür zu unterstützen.

Deutlicher noch als in der Arbeit am kulturellen Gedächtnis ist das Engagement der Volkskirche in der »Kultur des Helfens«. Mehr als 400 000 Menschen sind heute hauptberuflich im evangelischen Diakonischen Werk beschäftigt. Etwa ebenso viele bei der katholischen Caritas. Hinzu kommt eine ähnlich große Zahl ehrenamtlicher Mitarbeiterinnen und Mitarbeiter auf beiden Seiten, also noch einmal 800 000 Menschen. Diese stark ausgebaute Kultur des Helfens ist ohne den kirchlichen Hintergrund und ohne ein anhaltendes kirchliches Engagement in der Diakonie völlig undenkbar. Viele Menschen – selbst wenn sie zu den religiös wenig Aufgeschlossenen gehören – bejahen die Volkskirche wegen ihres diakonischen Engagements. »Wenn Gott nicht existierte, müßte man ihn erfinden«, hat der französische Philosoph Voltaire einmal bemerkt. Viele kirchenkritische Menschen nehmen die Volkskirche zumindest als notwendiges Übel zur Erhaltung der Diakonie hin. Wenn es die Kirche nicht gäbe, müßten wir versuchen, sie zu erfinden, um eine stabile Kultur des Helfens aufzubauen.

Schließlich schätzen viele Menschen das Engagement der Volkskirche in der Bildung und in der Pflege der allgemeinen Moral. Auch wenn sie in Einzelfällen über einen schlechten Religionsunterricht oder abgehobene kirchliche Verlautbarungen klagen, so wollen doch viele Menschen den allgemeinen Religionsunterricht und eine abgewogene und orientierende kirchliche Stimme in sozialen und moralischen Fragen nicht missen. Damit folgen sie einem guten Gespür. Denn Moralen und Weltanschauungen sind nicht von sich aus gut. Wir haben im Faschismus völlig korrumpierte Moralen erlebt. Aber auch der Rassismus der Apartheid und die ökologische Rücksichtslosigkeit zeigen uns, daß ganze Gesellschaften moralisch vergiftet sein können. Zwar ist auch die Religion, wie gerade die deutsche Geschichte lehrt, gegen die Pervertierung ihrer Moralvorstellungen nicht gefeit. Aber die Konzentration der biblischen Überlieferungen auf die Suche und das Verwirklichen von Gerechtigkeit, Erbar-

men und Gotteserkenntnis bzw. Wahrheitserkenntnis ist ein Rückgrat unserer Moral. Diese dreifache biblische Orientierung wirkt der Pervertierung der Moral immer wieder entgegen.
Daß es keine wahre Gerechtigkeit gibt ohne Erbarmen, d.h. ohne den Schutz der Schwachen, und daß wir immer wieder neu unsere moralischen und weltanschaulichen Gewißheiten in der Suche nach Wahrheit überprüfen müssen – dies sind unverzichtbare Beiträge der christlichen Religion für unser Ethos, für unser Wertbewußtsein. Es reicht nicht aus, sich diese Punkte einmal zu merken. Es reicht nicht aus, sie ins Tagebuch zu schreiben oder in einem Spruch über das Bett zu hängen. Sie müssen immer wieder neu vermittelt werden. Deshalb brauchen wir religiöse Erziehung. Deshalb brauchen wir kirchliche Stellungnahmen in den verschiedensten Lebens- und Krisenlagen der Gesellschaft. Deshalb brauchen wir das fortgesetzte Gespräch zwischen theologischen Experten und Experten anderer Wissensgebiete, aber auch das Gespräch zwischen Fachleuten und einer größeren Öffentlichkeit. Auch dies organisiert und pflegt die Volkskirche im Religionsunterricht, in Akademien, Tagungs- und Bildungsstätten und in vielen Veröffentlichungen.
Haben wir uns diese Bilanz der »Volkskirche heute« verdeutlicht, so wird die Rede vom »Ende« der Volkskirche erst einmal problematisch. Wer würde dieser Kirche das Ende wünschen? Wer wollte es herbeireden? Ich kann verstehen, warum nicht wenige um die gute alte Volkskirche bangen. Sie sehen mit dem Absterben der Volkskirche alle genannten kulturellen Errungenschaften bedroht. Sie erwarten Visionen und Handlungen, die der Volkskirche wieder auf die Beine helfen. Doch während sich die einen um die Volkskirche sorgen, stöhnen die anderen darüber, daß sie so zählebig ist.

Das Ende der Volkskirche? Schön wär's!

Seit Jahren wird in Deutschland das »Ende der Volkskirche« ausgerufen. Doch wenn sie tatsächlich im Sterben läge, so wäre dies ein sehr langsames Sterben. Auch nach der Wiedervereinigung gehören noch immer über 70% der Deutschen einer christlichen Kirche an. Die Rede von der »Minderheitenkirche« verschleiert dies. In einigen Teilen der neuen Bundesländer haben wir eine echte Minderheitenkirche. In den alten Bundesländern aber gehören noch immer über 80% der christlichen Kirche an. In den alten Bundesländern können sich darüber hinaus 90% der evangelischen Christen vorstellen, ihre Kinder taufen zu lassen. Religiöse Traditionen werden hochgehalten. In den neuen Bundesländern nehmen die Kindertaufen und die Erwachsenentaufen zu. Die Gegenden, die von der SED-Politik besonders massiv entkirchlicht worden sind, gehören nicht gerade zu den sozial und kulturell »blühendsten« Landschaften des Landes. Das bestärkt in dem Eindruck: Ohne eine seriöse Religion geht es den Menschen nicht besser, sondern schlechter. Warum sehen nicht wenige Menschen das langsame Abbröckeln der Volkskirche, den langsamen, aber doch stetigen Schwund ihrer Mitglieder und ihrer Finanzen mit einer gewissen ungeduldigen Befriedigung? Da gibt es einmal die antikirchlich eingestellten Menschen, die die von der Kirche – tatsächlich oder vermeintlich – ausgehenden Schädigungen höher veranschlagen als die von ihr ausgehenden positiven Impulse und Kräfte. Obwohl gerade in Teilen der deutschen Presse etliche solcher antikirchlichen Meinungsträger sitzen, ist ihr Anteil an der Gesamtbevölkerung eher gering. Natürlich gibt es nicht wenige »religiös Sozialisationsgeschädigte«, die bei »Kirche« primär an Intoleranz und Neurose denken. Natürlich gibt es diejenigen, denen beim Stichwort »Christliche Religion« zuerst oder nur Kreuzzüge und Scheiterhaufen einfallen. Aber die meisten Menschen haben von Religion und Kirche ein subtileres und gerechteres Bild. Gewichtiger als die antikirchlichen Kritiker sind die engagierten Christinnen und Christen, die mit ungeduldiger Befriedigung vom Ende der Volkskirche sprechen und zugleich beklagen, daß sie so zählebig ist. Gerade viele Menschen, denen der christliche Glaube am Herzen liegt, haben größte Schwierigkeiten mit der Volkskirche. Die weitverbreitete Grundhaltung lautet: christlicher Glaube: ja! Kirche: nein!; christliche Werte: ja! Kirche: nein! Die weitverbreitete Antikirchlichkeit außerhalb und innerhalb der Kirche ist nur die grobere Spielart dieser Einstellung. Die Kirche, so wie sie gegenwärtig in Deutschland besteht, sollte abgelöst werden, sie sollte an ein Ende kommen, sie sollte Platz machen für – ... ja, wofür eigentlich?

Die Weltchristenheit wächst – doch die klassischen Großkirchen im Westen stehen in der Krise

Die klassischen Großkirchen der westlichen Industrienationen stecken in einer Krise. Die Lutheraner, die römischen Katholiken, die Reformierten, die Anglikaner und die Methodisten – sie alle klagen über schwindende Mitgliederzahlen und damit verbundene finanzielle Einbrüche. Die klassischen Großkirchen verlieren stetig Mitglieder. Die christliche Verkündigung erbaut nur noch Minderheiten. An vielen Orten ist sie unter das Niveau des gesunden Menschenverstands gesunken. Sie ist nicht fähig, die Jugend zu gewinnen. Verkündigung und Lehre strahlen nicht kreativ auf das öffentliche Leben aus. Die kulturelle und gesellschaftliche Bedeutung der Kirchen und der christlichen Religiosität nimmt stetig ab. Der christliche Glaube wirkt auf viele Menschen leer und banal.

Diese Krise wird von manchen gern als weltweite Krise des Christentums ausgegeben. Aber das ist nicht richtig. Weltweit wächst das Christentum stetig. Auch im zwanzigsten Jahrhundert. Auch heute. Die charismatische Bewegung ist mit 300 bis 400 Millionen Mitgliedern die größte Frömmigkeitsbewegung der Geschichte. In Afrika und Asien breitet sich die Christenheit heute zum Teil mit großer Geschwindigkeit aus. Nachdem sich in Korea die Eliten und große Teile der Bevölkerung dem christlichen Glauben zugewendet haben, erwarten viele auf Dauer ähnliche Entwicklungen in China. Osteuropa erlebt gegenwärtig starke Rechristianisierungsbewegungen. Viele Menschen kehren zum christlichen Glauben zurück oder entdecken ihn neu. In nur einem Jahrzehnt z.B. sind ein Drittel der jungen Russen zwischen 18 und 25 Jahren der christlichen Kirche beigetreten.

Weltweit gesehen, zeichnen sich folgende Entwicklungen ab: In hinduistischen Kontexten ist eine Bewegung der Eliten in den Buddhismus erkennbar. In buddhistisch geprägten Ländern drängen die Eliten ins Christentum. Im christlich geprägten Nordamerika und Westeuropa aber setzen sich entweder regional charismatische, baptistische und evangelikale Glaubensbewegungen durch – oder es kommt zu den beschriebenen Schwunderscheinungen. Die Volkskirche hat keine Wege gefunden, sich diesem Verfallstrend zu entziehen. Deshalb suchen gerade kirchlich engagierte Menschen nach einer Kirche jenseits der Volkskirche. Da der Verfallstrend die klassischen Großkirchen aller westlichen Industrienationen erfaßt hat, warnen aber auch viele davor, der Volkskirche die Schuld am Schwund zuzuschreiben. Wer könnte es schon besser machen als die Kirche der religiösen Selbstverständlichkeiten und der religiös-kulturellen Betreuung?

Leerer Glaube, bloßer Gottesgedanke, tristes Gemeindeleben: welche Kirche suchen wir?

An den Klagen und Fragen, die die Krise der Volkskirche begleiten, können wir die Richtung erkennen, in der ihre Erneuerung gesucht wird. Die Volkskirche macht es schwer, den Glauben an den lebendigen Gott zu entwickeln und ihn in lebendigen Gemeinden zu leben. Das volkskirchliche Interesse an der religiösen Routine und an der religiös-kulturellen Betreuung aller wirkt eher lähmend als belebend und befreiend. Die Kritik äußert sich nicht selten in Vorwürfen:
– Erkennt ihr denn nicht, daß die Kirche sich selbst zerstört?
– Erkennt ihr denn nicht, daß sie sich selbst trivialisiert und banalisiert?
– Erkennt ihr denn nicht, daß es uns an Gottesdiensten mit Stil und mit Spannung fehlt?
– Erkennt ihr nicht, daß der Glaube für viele Menschen leer und langweilig geworden ist?
– Was tut ihr dagegen, daß viele Menschen der Kirche überdrüssig werden?
Solche Fragen werden den Kirchenleitenden und den Pfarrern und Pfarrerinnen seit Jahren gestellt. Sie werden an die Professoren der Theologie und an die Religionslehrerinnen

und Religionslehrer herangetragen. Die kirchlichen Mitarbeiter bekommen diese Fragen ebenso zu hören wie die an der Kirche interessierten und in ihr engagierten Gemeindeglieder.
Der Berliner Bischof Wolfgang Huber hat von einer »Selbstsäkularisierung« der Volkskirche gesprochen. Im Interesse an den religiösen Selbstverständlichkeiten entleert sie ihre Inhalte immer mehr. Immer stärker paßt sie sich dem Zeitgeist und den gängigen Moralvorstellungen an. In der Verkündigung und im Schulunterricht verstärkt die Kirche einen allgemeinen Moralismus bzw. die moralischen Trends, die gerade »in« sind. Der Glaube wird immer leerer und immer sprachloser. Gott wird zu einem bloßen »letzten Bezugspunkt«, zu einem Punkt letzter Abhängigkeit. Dabei kommt der Kirche eine Entwicklung des modernen Denkens entgegen, die Gott ganz in das Innere des Menschen hineinverlegt hat. Gott: das ist das Ganz Andere in mir, in meinem tiefsten Selbst. Wenn ich in die Tiefe meines Selbst hineinspüre, dann stoße ich auf das Ganz Andere in mir, etwas, was mir tief vertraut und doch unerreichbar ist. Religiöse Gewißheit verbindet sich mit abgründiger Selbstgewißheit. Dieser Gott und diese religiöse Gewißheit im innersten Selbst haben der Religion einerseits eine starke Position in der Kultur verschafft. Andererseits zersetzen sie die Religion.
Die Position dieser entleerten Religion ist stark, weil niemand diesem »Glauben« entgehen zu können scheint. Zumindest nicht in Kulturen, für die die Selbstbeziehung des Menschen ganz wichtig und zentral ist. Gemeint sind die Kulturen, die sich der typisch modernen »Welt-Gesellschaft« zurechnen. Die beschriebene religiöse Gewißheit, »Glaube« genannt, kann als außerordentlich wertvoll erscheinen. Sie scheint es nämlich zu ermöglichen, das Religiöse an praktisch jedem Punkt einzuführen. Niemand kann dieser religiösen Gewißheit ausweichen. Sobald ein Mensch sein »innerstes Selbst« zu erfassen versucht, stößt er oder sie auf diese religiöse Gewißheit. Was ist das Element des »Anderen«, dem ich begegne, wenn ich die äußerste Tiefe meines inneren Selbst zu erreichen versuche? Ist das etwa nicht

Gott? In einer Form, die dem modernen Denken entgegenkommt, scheinen wir vor uns zu haben, was der Reformator Calvin das »natürliche Gewahrwerden«, das »natürliche Ahnvermögen« oder die »Empfindung des Göttlichen« nannte. Allerdings handelt es sich um eine kulturell gezähmte natürliche Gewißheit. Wo Calvin eine vage Ehrfurcht angesichts ästhetischer Kräfte, kosmischer Gesetze und sozialer Ordnungen sah, bezieht sich die moderne religiöse Variante nur auf die Armut des leeren Selbstbewußtseins.

Viele der Theologen und Pfarrer, die die Volkskirche schätzen, haben gerade diese Form des abstrakten und leeren »Glaubens« sehr hochgehalten. Sie haben die Möglichkeit, vom religiösen zum säkularen Selbstbewußtsein zu wechseln, geradezu als Stein der Weisen angesehen. Signalisiert uns dieser Glaube etwa nicht laufend die Botschaft: »Auf verborgene Weise kann eine nachdenkliche und vernünftige Person nichts als religiös sein!«

Doch die selbstverständliche, immer und überall abrufbare religiöse Gewißheit bedeutete, wie wir zunehmend klarer sehen, den Tod des Glaubens. Der Glaube wurde leer, langweilig und sprachlos. Es wurde irgendwie unanständig, über Gott und den Glauben zu sprechen. Glauben und Wissen wurden einander entgegengesetzt. Das Glaubenswissen wurde entbehrlich. Die biblischen Überlieferungen, in denen Erfahrungen mit Gott aus anderthalbtausend Jahren gespeichert sind – sie schienen alle nicht an das Eigentliche der religiösen Gewißheit heranzukommen: Ich und mein Gott. Was dieser Glaube noch mit dem Schöpfer der Welt, der sich in Jesus Christus offenbart hat, zu tun haben soll – das war allerdings nicht mehr einsichtig. Konsequent zogen sich immer mehr Menschen aus der religiösen Kommunikation zurück. Denn für die innere Gewißheit und für den bloßen Gottesgedanken in mir brauche ich keine Kirche, keine Verkündigung, keine Gemeinde.

Die Volkskirche hat diesem Trend jedenfalls nicht energisch entgegengearbeitet. Sie hat den starken religiösen Bildungsverfall hingenommen, solange die Menschen nur nominell der Kirche treu blieben und die Kirchensteuern zahlten. Sie hat sich auf »die praktische Seite« des religiösen Lebens konzentriert und die beschriebene leere religiöse Gewißheit gern als Grund der religiösen Selbstverständlichkeiten und als Anschlußpunkt der kulturell-religiösen Betreuung hingenommen. Heute wird uns die Problematik dieser Haltung offenbar. Heute wird uns deutlich, daß viele Menschen um einen lebendigen, inhaltlichen, gesprächsfähigen Glauben betrogen worden sind. Heute wird uns deutlich, daß mit dem entleerten Gottesverhältnis auch ein entleertes Persönlichkeitsverständnis verbunden war. Wo keine Entwicklung im Gottesverhältnis möglich wird, weil es immer wieder nur um den »einen Punkt« geht, da kann sich auch keine geistliche Persönlichkeit entwickeln. Was läßt sich dagegen tun?

Die Kirche der Zukunft braucht spirituelle Bildung und Glaubenswissen

Verkündigung und Seelsorge sind die großen Aufgaben der Kirche. Verkündigung und Seelsorge – das klingt heute für viele ganz fremd und abgehoben. In Wahrheit aber geht es darum, Menschen dabei zu helfen, ein Verhältnis zum lebendigen Gott zu entwickeln, und ihnen zu helfen, ein erfülltes Leben im Verhältnis zu diesem Gott leben zu können. Beides ist mit der systematischen Entleerung des Glaubens nicht zu vereinbaren. Deshalb muß die Kirche der Zukunft wieder erkennen lassen: Der Glaube hat etwas mit Erfahrung und Wissen zu tun. Sie muß erkennen lassen: Das Glaubenswissen ist interessant und spannend, es ist überraschend und erhellend zugleich. Sie muß erkennen lassen: Dieses Wissen ist für die Lebensqualität des einzelnen und für die Qualität menschlichen Zusammenlebens unverzichtbar. Viele Themen, die wir ohne religiöse Sprache und religiöse Erkenntnis verdrängen müssen, könnten wieder zur Sprache gebracht werden: Die interessanten Spannungen zwischen Natur und Kultur, die fruchtbaren Spannungen zwischen der Gottesebenbildlichkeit des Menschen und dem Auftrag an ihn, über die Natur zu herrschen, die Spannungen zwischen Recht und Barmherzigkeit, die Konflikte zwischen Gewißheit und Wahrheit, die Grenzen unserer Moral und das Phänomen der Sünde, die tragischen Verstrickungen des Lebens, die Frage von Schuld, die Probleme von Opfer und Sühne, die Annahme der Endlichkeit unseres Lebens. Dies würde keineswegs die Religion intellektualisieren und ihre emotionalen Dimensionen untergraben. Im Gegenteil. Gottesdienste mit Stil und mit Spannung wären möglich, wenn das Inhaltliche wieder stimmen würde.

Nun gibt es Positionen in der Kirche, die behaupten: Die Sprache der christlichen Religion ist verlorengegangen. Die großen schweren Wörter versteht sowieso niemand mehr. Sünde, Sühne, Opfer, Versöhnung, Rechtfertigung, Heiligung – wer kann mit solchen Begriffen schon noch etwas anfangen? Selbst der Pfarrer und Fernsehmoderator Fliege, der in seinem Buch »150 Schritte aus der Kirchenkrise« gute Vorschläge zur Verbesserung der Gottesdienste zusammengetragen hat, haut genau in diese Kerbe. Nicht nur Sünde und Sühne – sondern auch Glaube und Evangelium sollen seiner Meinung nach auf dem Müllhaufen des Unverständlichen landen.

Die Kirche der Zukunft muß dieser Unterschätzung der Menschen und der religiösen Verdummung der Menschen entgegenarbeiten. Die Pfarrer und Pfarrerinnen müssen sich wieder stärker auf die Inhalte des Glaubens konzentrieren. Sie müssen wieder ihre theologische Kompetenz ernst nehmen. Sie müssen allerdings stärker als früher das Gespräch mit dem gesunden Menschenverstand und mit dem professionellen Common sense suchen. Auch öffentlich. Auch in den Gottesdiensten. Wenigstens eines der großen Wörter des Glaubens sollte pro Jahr wieder aus dem Morast des Unverständlichen geborgen werden.

Aber auch »von unten«, von den Kindern und Jugendlichen her muß die Kirche der Zukunft das Thema »Glaubenswissen« ernst nehmen. Sie muß ihr Kindergottesdienstangebot gründlich renovieren. Sie muß auf den religiösen Bildungsverfall reagieren mit einer Teilung des Konfirmandenunterrichts in eine Phase für Achtjährige und eine Phase für die Dreizehn- bis Vierzehnjährigen. Und sie muß die Lehrpläne des Religionsunterrichts von der Verweltlichung und Verflachung der religiösen Inhalte und Formen befreien, die in der Volkskirche eingerissen ist.

Bildung muß ein Mega-Thema werden! Das hat Roman Herzog als Bundespräsident den Deutschen immer wieder ans Herz gelegt. Das gilt auch und ganz besonders für die Volkskirche. Dabei darf sie sich nicht einreden lassen, daß Bildung der emotionalen Seite des Glaubens schaden würde. Sie darf sich nicht auf falsche Alternativen festlegen lassen: entweder mehr Kirchenmusik – oder mehr Verkündigung; entweder mehr religiöses Erkennen – oder mehr religiöses Erleben; entweder mehr diakonisches Engagement – oder mehr Glaubenswissen usw. Es gibt Hunderte solcher falschen Alternativen. Eine Kirche, die sich und ihre Glieder wieder auf den lebendigen Gott und auf einen lebendigen Glauben konzentrieren will, wird diese falschen Alternativen aufdecken. Sie wird alles daransetzen, daß Menschen wieder zu einem erfüllten und geformten Glauben kommen können, der voller Freude eine immer tiefere Gotteserkenntnis, Selbsterkenntnis und Welterkenntnis sucht.

Diesen Glauben zu wecken – das ist wohl Gottes Werk. Den Glauben zu wecken – das liegt außerhalb aller volkskirchlichen Betreuungsversuche. Die Kirche kann diesem Wirken Gottes nur zuarbeiten – oder ihm im Wege stehen. Die Volkskirche mit ihrem starken Interesse an den religiösen Selbstverständlichkeiten sollte in sich gehen und über sich hinauswachsen: Sie sollte erkennen, daß der lebendige Glaube an den lebendigen Gott keine Sache der religiösen Routine ist und nie eine Sache der religiösen Selbstverständlichkeit werden kann. Deshalb braucht die Volkskirche, die an den religiösen Selbstverständlichkeiten hängt und die am liebsten alle Menschen umfassend religiös-kulturell betreute, eine radikale Erneuerung. In der verschütteten biblischen Sprache hieß das: Umkehr!

Christian Friesl/Regina Polak

Der Zwang zur Reform

Gestaltwandel der Kirche aus katholischer Sicht

Sozial- und Trendforscher orten hinsichtlich der Lage von Religion in Europa zur Jahrtausendwende zwei radikal gegenläufige Tendenzen: 1. Religion ist ein »Megatrend«, gerade in der westlichen, oft als säkularisiert und materialistisch etikettierten Welt. 2. Das Christentum verliert an Bedeutung, und seine Kirchen befinden sich überhaupt in einer tiefgreifenden Krise. Beiden Thesen will dieser Beitrag nachgehen und aus ihnen für die Weiterentwicklung der katholischen Kirche lernen.

I. Die Kirchenkrise und ihre Hintergründe

Westeuropa ist ein »kirchliches Katastrophengebiet«, stellte der Religionssoziologe Peter L. Berger vor kurzem fest. Doch nicht nur seine Diagnose, sondern nahezu alle sozioreligiösen Analysen zeichnen ein düsteres Bild für die Zukunft der Kirchen; und das gerade in jenem Kontinent, der jahrhundertelang vom Christentum dominiert war. Da nützen auch die Appelle jener Kirchenoberen wenig, die fordern, man möge doch auf das Positive achten und den dramatischen Bedeutungsverlust als »Gesundschrumpfen« interpretieren. Tatsache ist, daß immer mehr Menschen die Kirchen verlassen und das Christentum im konkreten Alltagsleben der meisten Menschen kaum eine Rolle spielt. Sonntags geht man ins Einkaufs- und Vergnügungscenter – und kann entgegen aller kirchlichen Unkenrufe ein glücklicher Mensch sein.
Allerorten spricht man deshalb von der Kirchen-»Krise«. Die katholische Kirche im deutschsprachigen Raum scheint davon besonders betroffen zu sein. Mindestens drei Krisenursachen lassen sich ausmachen.

Glaubens(vermittlungs)krise

Die kritische pastorale Lage in der katholischen Kirche Europas läßt sich mit wenigen Fakten umschreiben: die Zahlen der Gottesdienstbesucher sind seit dreißig Jahren im Sinkflug; immer weniger Menschen beteiligen sich aktiv und engagiert in den Gemeinden; gerade jungen Menschen wird christliche Lebenskunst kaum mehr vermittelt. Die klassischen Überlieferungskanäle (Gemeinde, Schule, Jugendarbeit) scheinen verstopft, vor allem die Familie ist als Ort der Glaubensvermittlung ausgefallen. Der Stellenwert religiöser Erziehung im Elternhaus ist dramatisch gesunken, die Intensität der religiösen Praxis liegt bei der Elterngeneration kaum über jener ihrer Kinder. Offenbar ist das christliche Modell den Erwachsenen schon so bedeutungslos geworden, daß es kaum mehr weitergegeben wird.

Versucht man, an die Wurzeln dieser Krise der Glaubensvermittlung zu gelangen, stößt man auf ein weit fundamentaleres Problem: auf eine tiefe Glaubenskrise. Man weiß nicht mehr, was das Frohe an der Frohen Botschaft ist, reduziert Religion auf Moral und Glauben auf Weltanschauung. Man kann oder will Gott nicht erfahren und in Jesus nicht den Sohn Gottes erkennen. Man findet in den Dogmen keine Erfahrung mehr, erfährt Gnade als Willkür der Kirchenleitung und Wahrheit als Gesetz, Gebot und Lehramt. So verkünden die einen eine starre Gesetzesreligion, andere streiten, was überhaupt verkündet werden soll, und die dritten schweigen ganz über ihren Glauben. Die Krise der Kirche ist eine Orientierungskrise: Christinnen und Christen wissen vielfach nicht, wen und was sie verkünden sollen. Und weil sie auch nicht wissen, wie sie verkünden sollen, ist die Krise der Kirche auch der Ausdruck einer noch ausstehenden Antwort auf die Moderne und Postmoderne, die neue Wege der Verkündigung verlangen.

Plausibilitätskrise

Die Menschen von heute haben moderne und postmoderne Fragen. Ehe sie fragen, woher sie kommen und wohin sie gehen, wollen sie wissen: Soll ich die Beatmungsmaschine meiner schwerkranken Mutter abstellen lassen? Soll ich mir meine kranke Niere klonen lassen? Soll ich Gentomaten essen? Wem soll ich glauben, wenn doch alle Religionen und Weltanschauungen behaupten, sie seien wahr? Wie kann man miteinander trotz aller Verschiedenheiten friedlich leben – vor allem mit meinem Mann? Und: Wie gelingt mein Leben?

Die Antwort der Kirche auf diese Fragen bleibt oft aus; was sie verlangt, ist häufig lebensfern und undurchführbar; wie sie selbst lebt, unglaubwürdig. Ihre unglückliche Verbindung mit der bürgerlich-kapitalistischen Ethik und Lebensweise, ihre wenig partizipatorischen Strukturen, ihr häufig autoritärer Stil – all das macht sie zu einem schlechten Vorbild. So orientieren sich immer weniger Menschen an der Kirche – und damit auch an Gott. Was die Christinnen und Christen dabei irritiert, ist: Immer mehr Menschen kommen dennoch gut über die Runden – auch ohne christliche Religion.

Auch innerkirchlich scheint es so, als würden wir in unseren Breiten dem christlichen Gott, seinen Botschaften und seinen irdischen Stellvertretern nichts mehr zutrauen. Die kirchliche Praxis zeigt, daß das Christentum in anderen Kulturen – etwa in Afrika oder Lateinamerika – den Menschen in ihren Freuden und Sorgen wesentlich mehr zu bieten hat als bei uns. Der Pastoraltheologe Ottmar Fuchs meint dazu, daß für die europäischen Christen in Abwandlung eines Satzes des Evangeliums (Mt 27, 42) gelten könnte: »Andere haben sie missioniert, sich selbst aber konnten sie nicht helfen.«

Organisationskrise

Über diese grundsätzlichen Schwierigkeiten hinaus trudelt die Kirche in Europa immer wieder in Krisen der Organisation. Der »Fall Haas« in der Schweiz und in Liechtenstein, die herben Maßnahmen der römischen Kurie im Zusammenhang mit den Beratungsstellen in Deutschland, die »Causa Groer« in Österreich, die jährlich stärker werdende Flut an »Instruktionen« aus Rom irritieren Kirchenleitungen, kirchliche Mitarbeiter und die Öffentlichkeit.

An diesen Fällen wird immer wieder deutlich, daß die Kirchenkrise auch eine Leitungskrise ist. Es gibt in der katholischen Kirche wenig Kompetenz und Erfahrung im Umgang mit Medien und der Öffentlichkeit; im Krisenfall ist sie nicht in der Lage, aktuelle Schwierigkeiten transparent, kompetent und vor allem schnell zu lösen. Dabei gibt es für all diese Probleme seit Jahren zahllose Lösungsvorschläge vorausdenkender Katholiken, die nur ausgeführt werden müßten. Doch Veränderungen gehen wenn überhaupt langsam, und der seit Jahren bestehende Reformstau führt zu weiteren Kirchenaustritten, damit zu weniger Geld und in der Folge zu weiteren innerkirchlichen Problemen.
Besonders bedauerlich ist, daß die innerkirchliche Lähmung zu einem Bedeutungsverlust in gesellschaftspolitischen und religiösen Fragen führt: Solange die Kirche nur um sich selbst kreist, ist sie als gesellschaftspolitischer Dialogpartner wenig gefragt. Ungelöste innerkirchliche Konflikte verstärken aber auch den Trend einer Glaubenskrise. Vor lauter Selbstbeschäftigung bleibt kaum Zeit für die Hauptaufgabe: Die Kirche lebt schließlich dafür, den Menschen von Christus zu erzählen und engagiert christliche Antworten auf die Fragen der Menschen zu finden.

II. Der neuentdeckte Zauber des Religiösen

Dabei scheint endlich wieder die Stunde der Religion gekommen. Sozial- und Trendforscher sprechen vom »Megatrend Religion« und orten gerade in Europa wachsenden religiösen Bedarf. Die Hoffnung der Aufklärung, die Religion abzuschaffen, hat sich ebensowenig durchgesetzt wie der marxistische, freudianische Atheismus oder der eines Nietzsche. Religion ist wieder »in«, manche sprechen sogar von einer »neuen Religiosität«, die hier entstünde.

Der Megatrend und seine Kennzeichen

Die neuen religiösen Moden und ihre Anhänger orientieren sich nicht an dogmatischen oder religionswissenschaftlichen Erkenntnissen: Es geht nicht um die Frage, was wahr ist,

sondern darum, was subjektiv hilft. Auf dieser Suche nach Sinn und Halt kommt psychologischen und therapeutischen Richtungen mit dem gewissen religiösen Pepp große Bedeutung zu. Referate, Seminare und Bücher über »transpersonale Psychotherapie«, psychologische Typologien, fernöstliche Meditationstechniken, Graphologie, Animismus und Astrologie »halten dem staunenden Ich einen Spiegel vor« (Mitscha-Eibl). Die neue Religiosität dreht sich vor allem um Emotionen, einer Dimension der Religiosität, die den europäischen Kopf- und Denk-Christen über weite Strecken abhanden gekommen ist. Sie ist eine »Sehnsuchtsreligion« (Widl), eine »Glücksreligion« und eine »Erlebnisreligion« (Höhn). Inmitten einer völlig säkularisierten Welt, in der politisch und ökonomisch nicht eben alles zum Besten steht, sucht man in religiösen Betätigungen sein Seelenheil.
Die »neue Religiosität« ist individualisiert und privatisiert: persönliche Themen werden zu Themen von letzter Bedeutung; sie ist wissenschaftsgläubig und säkular, hat gnostische und apokalyptische Merkmale, setzt auf Selbsterlösung und sucht ihr Glück im Hier und Jetzt. Auf dem Markt der religiösen Angebote bastelt man sich seine eigene Religion. Dabei kann jede/r die Intensität und Dauer seines »religiösen Engagements« selbst bestimmen, sich seinen »religiösen Cocktail« selbst mixen und jederzeit wieder ändern. Das Resultat ist ein Patchwork aus Religiösem und Magischem, ein Glaubens-Supermarkt mit schnellen Wechseln und unzähligen Kombinationen.
Im Gegensatz zum Christentum zählt in der ›Religion light‹-Kultur weder die Verwurzelung in der Kirche noch die Weitergabe von Schriften und Ritualen von Generation zu Generation. Vielmehr ist Auswahl angesagt. »Der Glaube ist los...«, meint der Trendforscher Matthias Horx: »Glaubenssysteme, religiöse Mythen und Bilder sind zu allseitiger beliebiger Nutzung freigegeben.« Dabei entstehen komplexe Weltanschauungen und Lebensweisen, die auf einer logischen Ebene mitunter unvereinbar sind und eher einem Kunstwerk gleichen als einer stringenten Überzeugung.

Markt und Medien: die neuen Erscheinungs-Orte des Religiösen?

Ein nicht zu vernachlässigender Aspekt der »neuen Religiosität« ist deren Finanzkraft. Glaube versetzt bekanntlich Berge – die »neue Religiosität« auch Bilanzen. Seminare, Kurse und vor allem die Flut der spirituellen, abergläubischen, mystisch-ratgebenden Literatur machen den Trend zum Riesengeschäft: Der Markt für okkulte Produkte wird in Deutschland auf rund 20 Mrd. Mark jährlich geschätzt.
Die Zweckehe Glaube & Geld bestimmt aber nicht nur die neuen religiösen Gruppierungen, auch die Wirtschaft selbst bedient sich immer stärker religiöser Elemente. Das kommerzielle Marketing, die Werbung setzt auf die magische Kraft des Kultischen, auf Strategien der ästhetischen Wiederverzauberung und wird so für viele Erscheinungsort des Religiösen. Der Wirtschaftwissenschaftler Bolz diagnostiziert: »Die Wissenschaften können uns ja schon lange keine Antwort auf unsere Lebensfragen mehr geben. Und das gerade deshalb angewachsene religiöse Bedürfnis nach Bindung und Verbindlichkeit können die großen Religionen des Westens offenbar auch nicht mehr befriedigen. Nun tauchen die Götter, die aus dem Himmel der Religion verschwunden sind, als Idole des Marktes wieder auf. Werbung und Marketing besetzen die vakant gewordenen Stellen des Ideenhimmels.« Resultat dieser Entwicklung ist nicht zuletzt der quasi- und pseudoreligiöse Stellenwert von Marken und Moden, vor allem bei Jugendlichen.
Ein weiterer Ersatz für die leerstehenden Gotteshäuser sind die Medien, die den Religiositätsboom im Kampf um die Quoten nutzen. In den deutschsprachigen Fernsehsendern liegen Mystery-Serien voll im Trend. »Akte-X« ist bereits ein erfolgreicher Klassiker. Was hierzulande Massen in den Bann zieht, gehört jenseits des Atlantik zum religiösen Alltag: In den USA haben sich die wortgewaltigen Fernsehprediger das Medium Nr. 1 längst zunutze gemacht. Der »Faith und Values Channel« sendet rund um die Uhr und erreicht mindestens 20 Millionen Haushalte.

Und 2010?

Es ist zu erwarten, daß die Suche nach Sinn und Halt auch im kommenden Jahrtausend anhalten wird. Die Chancen dafür stehen gut, nicht zuletzt aufgrund der ökonomischen und gesellschaftlichen Entwicklungen. Wenn eintritt, was die Prognostiker skizzieren – steigende Arbeitslosigkeit, sinkende Chancen für weniger Gebildete, neue Formen der Armut und Ausgrenzung aufgrund der wirtschaftlichen Situation – wird Religion weiter boomen, und ihre Erscheinungsformen werden sich stark polarisieren: Die Sieger der Entwicklung werden Religion brauchen, um den Streß des Berufsalltags und die Leere der Freizeit mit Sinn zu füllen. (Ein Trend, der sich ja derzeit bei den typischen Konsumenten der diversen Psychokulte abzeichnet, die meist in Städten, im Alter zwischen 30 und 50 und im oberen Einkommenssegment zu finden sind.) Die Modernisierungsverlierer werden sich an jene wenden, die ihnen Halt geben und Raum für Protest einräumen. Damit ist auch eine Stärkung fundamentalistischer Gruppen in den Kirchen wie außerhalb des Christentums zu erwarten.

III. Katholische Kirche: Neue Horizonte

Die »neue Religiosität« wird von Theologen und Kirchenverantwortlichen mit großer Skepsis beobachtet. Zu Recht, denn setzt sich der Trend zur individualistischen Sinnsuche fort, wird Religion nicht nur »Privatsache«, sondern ein Baustein unter vielen in der Patchwork-Identität egozentrierter Persönlichkeiten. Die Stärke der »neuen Religiosität«, ihre Flexibilität und synkretistische Kombinierbarkeit für den einzelnen, ist zugleich ihre Schwäche: Gemeinschafts-lose Respiritualisierung wird kaum in der Lage sein, jenen Solidaritätsvorrat zu produzieren, den wir zur Bewältigung der Herausforderungen des 21. Jahrhunderts brauchen werden; bei der Frage nach ihrer Bedeutung für die Gesellschaft wird sie nicht bestehen können.
Die christlichen Kirchen sind also gut beraten, nicht opportunistisch auf den neuen religiösen Trend aufzuspringen, ihn

aber als massive Herausforderung anzunehmen. Inmitten dieser gigantischen religiösen Suchbewegung könnten sie mit der prophetischen Kraft des Evangeliums gegenwärtig sein. Die Konsequenz für die katholische Kirche bedeutet dreierlei: a) die Lage und die spezifischen Probleme der Menschen hier in Europa endlich wahrzunehmen; b) sich auf die zentralen Botschaften des christlichen Glaubens zu besinnen und c) sie den Menschen des dritten Jahrtausends verständlich zu machen. Die große Kunst der Kirche in unserer Zeit wäre es, die frohe Botschaft des Evangeliums in eine freiheitsverliebte Gesellschaft einzubringen.

Denkhilfen zur Horizonterweiterung

Neue Horizonte sieht allerdings nur, wer beseitigt, was ihm die Sicht versperrt. Reformen sind überfällig.

- Charakteristisch für die katholische Kirche ist ihre Kunst, christliche Erfahrung mit Tradition zu verknüpfen. Dabei könnte gelten: Nicht die Asche der Tradition, sondern ihre Glut weitergeben – also das Evangelium. Die Distanz der Menschen zum Christentum stellt nicht das Evangelium, sondern den obrigkeitlichen Stil der kirchlichen Institutionen in Frage. Dies verlangt nach Strukturreformen. Neue Formen der Zuwendung zwischen den Menschen und der Kirche wird es dann geben, wenn Transparenz, Teilhabe und Partnerschaftlichkeit als Grundhaltungen in kirchlichen Strukturen erkennbar werden.
- In jüngerer Zeit ist aus Rom wie in den deutschsprachigen Kirchen häufig die Rede von der »kleinen Herde« und der »bekennenden Kirche«. Sie sei »Kontrastgesellschaft« zur modernen Welt und zur Beliebigkeit ihrer Religiosität. Sie arrangiere sich nicht mit der Gesellschaft und suche nicht den Kompromiß mit »zeitgeistigen« Trends. Möglicherweise gehört es aber zur Idee vom »Reich Gottes«, daß sich eine Institution wie die Kirche immer mehr in die Welt hinein begibt und gerade nicht zur spirituellen Elite wird. Der Auftrag Jesu ist nicht, sich selbst möglichst geistvoll aneinander zu wärmen. Vielmehr geht es darum,

die Gesellschaft mit dem Evangelium zu durchdringen: kritisch und konstruktiv, spirituell und aktiv.

- Bei allem Engagement in der Gesellschaft können Christen niemals ganz in der Welt aufgehen, kann auch die Kirche nicht zur Gänze in der Welt aufgehen. Die Kirche ist ein Stachel im Fleisch der Welt, denn sie erinnert auch daran, daß der liebende Gott größer und anders ist, als wir denken, und die vollkommene Erlösung der Menschen noch aussteht, erst am Ende der Zeiten kommt und letztlich allein in Gottes Hand liegt. Alle menschliche Kultur wird von daher vom Evangelium in Frage gestellt.

Schlüsselthemen

Sollte es dann einmal gelungen sein, Behinderndes zu beseitigen, könnte man sich an mehrere Schlüsselthemen wagen:

- Von der Herausforderung der »neuen Religiosität« war schon die Rede. Diese subjektiven religiösen Erfahrungen der Menschen kirchlich-christlich zu kultivieren ist eine zentrale Aufgabe. Dazu gehört die konstruktive Kritik an den verschiedenen neuen religiösen Formen ebenso, wie es dazugehört, ihre Anhänger ernst zu nehmen. Ein offener Umgang mit modernen Menschen ist nötig und die Kompetenz, sich auf die Spuren Gottes in ihrem Leben einzulassen. In der Arbeit mit den »Neureligiösen« braucht es vor allem authentische BegleiterInnen. Gemeint sind Personen zum Anfassen, Menschen, die sich befragen lassen, die Kritik vertragen, an denen man sich reiben kann, die nachdenklich sind. Gefragt sind Begleiter, die selber vielleicht nicht alles wissen und ab und zu stolpern, aber darüber reden können.
- Es ginge dann darum, die Schatzkiste christlicher Spiritualität zu öffnen: nicht, um besser anzukommen, mit der »neuen Religiosität« erfolgreich zu konkurrieren und die Kirchenbeitragszahler bei der Stange zu halten. Vielmehr geht es darum, christliche Spiritualität als Liebe zu Gott, als unbedingtes, aber keinesfalls naives Gottvertrauen erfahrbar zu machen. Christliche Spiritualität zielt nicht auf das Einswerden oder gar Verschmelzen mit Gott: Sie be-

deutet vielmehr, Gott und die Menschen zu lieben und in dieser konkreten Welt zu lieben. Eine solche Spiritualität könnte Folgen haben: Aus Individuen werden reife Menschen, aus einer Gesetzesmoral wird eine Moral, die hilft. Statt Gewißheiten und Meinungen erfährt man Wahrheit, statt Erlebnis Sinn, statt Glück und Harmonie Gnade und Heil; Schuld, Leid und Tod können im Vertrauen auf Gott besser ausgehalten werden.

- Um christliche Spiritualität zu verwirklichen, bedarf es der »Einwurzelung«, der Inkulturation des Evangeliums in diese Welt. Inkulturation verlangt aber nach einer authentischen Sprache, hat zu tun mit den Themen, die die Menschen unserer Zeit bewegen. Das betrifft die Rede von Gott ebenso wie den Menschen als fühlendes und denkendes Wesen. Dazu bedarf es der rigorosen Annahme der Welt und der Aufmerksamkeit für die differenzierte Lage moderner Menschen hinsichtlich ihrer spezifischen Biographie, ihres Alters und Geschlechtes, ihrer sozialen Situation und der persönlichen religiösen Vorerfahrungen. Die Vorbedingung für Inkulturation ist: Ausgehen von dem, was der Fall ist. Nachhaltig verändern wird nur können, wer die Welt und die Menschen zuerst so liebt, wie sie sind.
- Gefragt ist eine Kirche, die sich einmischt und deren Präsenz und Engagement in der Welt von einer tiefen solidarischen Liebe getragen wird. Eine zeitgerechte Seelsorge kann daher nur eine diakonische sein, eine, die nahe bei den Menschen und ihren Anliegen arbeitet und überzeugt. Vom Evangelium her gibt es einen unabweisbaren Auftrag, für all jene einzutreten, die mit den Standards und Rollenerwartungen unserer Gesellschaft nicht mithalten können oder wollen. Gerade die in der jüngeren Zeit wieder virulent werdenden Probleme von Armut und Arbeitslosigkeit verlangen nach konsequenter diakonischer Arbeit.
- Es gehört zum innersten Wesen der Kirche, Christus zu verkünden. Mission ist aber ein heikles Thema mit Geschichte. Unter modernen Bedingungen wird Mission anders aussehen müssen: Sie muß wirklich dialogisch sein –

also auch eigene Veränderung erlauben; sie muß wirklich tolerant sein – also die unüberbrückbaren Unterschiede wahrnehmen, erleiden und ertragen; sie muß wirklich wahrhaftig sein – also nicht Weltanschauungen verkünden, sondern sich dem Wahrheitsgeschehen der Welt aussetzen und zugeben, daß auch sie noch unterwegs ist zu einer größeren Wahrheit, als sie das Lehramt verkündet.

Alte und neue Aufgaben

- Zeitgemäße Seelsorge ist anspruchsvoll und personalintensiv. Noch weniger als bisher wird sie von der sogenannten »Amtskirche« bewältigt werden können. Herausgefordert sind in dieser Situation vor allem die »Laien«. Gerade sie haben die Chance und Kompetenz, vor Ort mit jenen ins Gespräch zu kommen, die der Kirche kritisch gegenüberstehen. Sie können dabei offen und authentisch von jenem Glauben Zeugnis geben, der moderne Christinnen und Christen heute trägt (1 Petr 3,15). Mündige und gebildete Frauen, Männer und Jugendliche können somit in Schlüsselpositionen der Glaubensvermittlung eintreten und zum Sauerteig werden.
- Neu zu bestimmen sind die Orte der seelsorglichen Begegnung. Moderne und mobile Menschen halten sich nicht an das Territorialprinzip der herkömmlichen Ortsgemeinden. Gefragt sind Räume kommunikativer Seelsorge abseits der ausgetretenen Pfade. »Kommunikationspastoral« meint den Aus- und Aufbau pastoraler Orte vor, neben und jenseits der Kirchengemeinden, unter anderem der Schüler-, Kranken-, Soldaten-, Touristen- oder Medienpastoral.
- Besondere Aufmerksamkeit ist den Städten zu widmen, den Brennpunkten modernen Lebens und der neuen religiösen Suchbewegungen. »Neue Versuche, das Christliche im Urbanen zu behaupten, können nur gelingen, wenn sie eine Innovation im Verhältnis von Kirche und Stadt darstellen ...« (Höhn). Gerade in den Städten wird die pastorale Begegnung in einem Ambiente gelingen, das die Flaneure in Sachen Religion anspricht: »Gelassenheit,

Diskretion, voraussetzungslose Zuwendung und absichtslose Gastfreundschaft.«

- Neue Zielgruppen zu erschließen und ernst zu nehmen ist eine weitere Herausforderung an die katholische Kirche hierzulande. Dazu gehören vor allem junge Erwachsene zwischen Zwanzig und Vierzig, die in der Kirche kaum noch auftauchen. Gelungene Arbeit mit jungen Erwachsenen setzt Orte voraus, wo zentrale Lebensthemen in offener Atmosphäre besprochen werden können. Solche Lebensthemen junger Menschen sind: Berufsalltag, Partnerschaft oder Single-Sein, Ablösung von den Eltern und neue Verwurzelung, Mannsein und Frausein, als Erwachsener an Gott glauben und sein Verhältnis zur Kirche klären, Lebensstil und gesellschaftliches Engagement.
- Ein wesentliches Kapital der Kirche ist die Kompetenz ihrer Mitarbeiterinnen und Mitarbeiter. Die vielfältigen Herausforderungen verlangen aber mehr. Will die Kirche nicht an der Realität vorbeireden und -handeln, braucht sie gerade in der hochdifferenzierten Welt von heute Menschen, die in den unterschiedlichen Teilbereichen der Gesellschaft fachliche Kompetenz besitzen. Dazu haben wir neben theologischem Wissen wirtschafts-, sozial-, und gesellschaftspolitisches Know-how nötig. Innovative Ideen und kompetente Mitarbeiter zu fördern ist daher eine wesentliche Investition in die Zukunft der Kirche.

Um sich auf all diese Themen und Aufgaben einzulassen, bedarf es jenen Mutes, von dem in der jüdisch-christlichen Tradition immer wieder erzählt wird: Mut zum Exodus, zum Aufbruch in eine unbekannte Zukunft im Vertrauen auf Gottes Begleitung und Hilfe. Heute wie damals bedeutet dieser Exodus den Zwang, neue Wege einzuschlagen, deren Ende nicht immer absehbar ist.

MICHAEL NÜCHTERN

Dauerwelle Esoterik

Erkundungen im religiösen Zeitgeist

Das Wort Esoterik stammt aus dem Griechischen. Esoterikos heißt dort: zum inneren Kreis gehörig. Esoterik meint ursprünglich das Geheimwissen von Eingeweihten. Orden oder Logen nennen sich diejenigen Kreise, die das esoterische Wissen für die Eingeweihten hüten. Seit es aber Esoterikmessen, Esoterikbuchhandlungen und esoterische Zeitschriften am Bahnhofskiosk gibt, hat sich in den letzten Jahrzehnten der Sinn des Begriffs der Esoterik merklich verändert. Ehemals geheimes und elitäres Wissen ist jetzt öffentlich und frei zugänglich geworden. Es wird marktförmig für die breite Masse angeboten. Der Begriff Esoterik wird dabei zunehmend unscharf. Er dehnt sich aus auf fernöstliche Heilungspraktiken, Feuerlauf- und Schwitzhüttenseminare sowie Erlebnisreisen zu Orten der Kraft auf Teneriffa oder in Frankreich. Esoterik wird zu einem Geschäft. Über 18 Mrd. DM soll im Jahr 1995 der Umsatz der Esoterikbranche betragen haben.
Eine »Fachakademie für ganzheitliche Gesundheitskultur« z. B. bietet Kurse und Ausbildungsangebote etwa zum astrologischen Gesundheits- und Lebensberater oder in Yoga und Mantik, also Feng-Shui, an. Hier findet man auch den 5-Tage-Block einer Diplompsychologin »Enlightenment intensive«. Dort sollen – so heißt es – spirituell Suchende zu Erleuchteten werden: »Das Enlightenment intensive bietet den Menschen, die sich suchen und die die Wahrheit über sich wissen wollen, eine ausgesprochen wirksame Methode, die uns westlichen Suchern und Sucherinnen sehr entgegenkommt, ob wir Erfahrung in Meditation haben oder nicht. Die Offenheit wächst durch den urteilsfreien Kontakt ganz natürlich und führt unweigerlich zu einer intensiven Reinigung unseres Bewußtseins von Vorstellungen darüber, wer wir sind. Dadurch bereiten wir uns auf eine

direkte Erfahrung von Wahrheit vor. Diese Erleuchtungserfahrung geschieht in einem Moment totaler Loslösung von unseren Vorstellungen, Sinneseindrücken, Gedanken und Bedingtheiten von Raum und Zeit. In diesem Eins-Sein steht nichts mehr zwischen uns und dem, wie die Dinge sind. Das ist das Ziel des Enlightenment intensive.«

An diesem Angebot mag erstaunen, daß ein mit großen Worten und als mystisch zu bezeichnendes Erlebnis in einem 5-Tage-Seminar verheißen wird. Aber auch zwei Grundzüge von Esoterik sind erkennbar:

1) Im Mittelpunkt steht die Erfahrung einer Erleuchtung, in der Wahrheit nicht als Lehre begegnet, sondern als individuelles Erlebnis.

2) Esoterik will eine Einheitsschau. Was in der Wissenschaft und in der Alltagswelt auseinanderfällt, soll als Einheit, etwa als ein einziges energetisches Kraftfeld, angesehen werden. In einer Zeit, in der Wissenschaft und Rationalität für manche Bevölkerungsgruppen an Überzeugungskraft eingebüßt haben, entfalten diese Grundelemente der Esoterik einen starken Reiz.

Esoterik ist nicht Religion. Sie redet nicht von Gott. Aber esoterisches Gedankengut und Angebote des Esoterikmarktes können für viele Menschen eine religiöse Funktion haben. Sie orientieren in der Welt, vergewissern über den Sinn des eigenen Lebens und zeigen eine Wirklichkeit hinter der Alltagswelt. Im Boom der bunten Esoterikbranche spiegelt sich eine Veränderung der religiösen Landschaft: In Spannung zum öffentlichen Verschwinden von Religion steht nämlich die Tatsache, daß sich so etwas wie ein Markt entwickelt hat, der auch religiöse Bedürfnisse zu befriedigen sucht. Religiöses hat dadurch in neuartiger Weise wieder eine Öffentlichkeit bekommen, ohne daß von allen die religiösen Elemente als solche erkannt würden. Denn das altbekannte kirchliche Gesicht hat diese Religiosität nicht mehr. Interessanterweise haben also nicht einfach aufgeklärte Gesinnung und rationale Wissenschaft die Kirchen beerbt, obwohl die Macht säkularer Orientierungen stark zu spüren ist und es durchaus ein seliges Genügen im Diesseits gibt. Wer die Hitliste der meistbesuchten Filme in Deutschland anschaut, entdeckt immer wieder, wie das Kino übersinnliche Geschichten erzählt: Akte X, Armaggedon, Stadt der Engel, Hinter dem Horizont u. a. m. In der nachmittäglichen Fernsehtalkshow mit Menschen, die das Schicksal hart getroffen hat, sitzen als Fachleute die karmagläubige Handleserin und der Lebensberater vom »Positiven Denken«. Religion ist nicht mehr gesammelt bei Kirchen, Kulturen oder sogenannten Sekten vorhanden. Religion ist nicht zerstört, Religiöses ist verstreut erkennbar in Konsumtempeln, Kultkinos und Konzertsälen. Splitter der Traditionen der klassischen Religionen vermischen sich in der Seele und im Herzen der Menschen.

Der Sänger Marius Müller-Westernhagen sagte kürzlich in einem Interview mit dem Magazin FOCUS: »Ich bin ein gläubiger Mensch. Ich glaube zwar nicht an Gott als Person mit einem langen weißen Bart, aber ich glaube an Gott als universelle Energie. Gott ist allgegenwärtig. Jeder kann Jesus sein ... Ich bete jeden Abend. Als Resümee des Tages und aus dem Bedürfnis, sich an jemanden zu wenden ... Ich habe keine hohe Meinung von den meisten Religionslehren und schon gar nicht von der katholischen Kirche ... Ich hätte große Lust, einmal in ein buddhistisches Kloster zu gehen.«

Formationen in der Landschaft sind durch bestimmte Kräfte verursacht. Das ist bei der religiösen Landschaft nicht anders. Die Hauptkraft, die hier umschichtend wirkte, war und ist der Individualisierungsprozeß. Die religiöse Individualisierung ist Teil einer Entwicklung der Gesamtkultur. Wie Menschen generell und zunehmend in der Moderne die Bedingungen des Lebens nicht mehr als »Schicksal« hinnehmen, sondern zu Produkten der freien Entscheidung machen und machen wollen und müssen, so auch das religiöse Leben. Aus Vor- und Mitgegebenem wird das Selbst-Ergriffene und -Modellierte, aus traditioneller Verwurzelung Auszug in neue Zusammenhänge. Kirche ist bei uns in der Regel vorgefundene Religion. Das Vorgefundene lockt nicht mit dem süßen Duft von Freiheit und Abenteuer, sondern nur manchmal mit dem heimeligen Glanz des Vertrauten.

Ein Beispiel: Eine Schülerin der 12. Klasse sagt ihrem Religionslehrer: »Ich such' mir meine Religion selber.« Das

Mädchen möchte keine fertigen Antworten von anderen schlucken, sondern ihren eigenen Weg gehen. Individualisierung beginnt auf der subjektiven Ebene damit, daß ein Ich eine Differenz zwischen bestimmten religiösen Orientierungen und sich selbst empfindet. Das Ich kann die Religion nicht mehr nur leben, sondern sich auch zu ihr verhalten. Gerade das Christentum und insbesondere der Protestantismus haben diese Entwicklung mit auf den Weg gebracht. Beide haben deswegen keinen Grund, diesen Vorgang als Verfallsgeschichte zu deuten. Individualisierung schließt als eine Option die Möglichkeit ein, sich gegen ausdrückliche religiöse Inhalte und Formen zu entscheiden.

Der oder die einzelne kann subjektiv nur auch objektiv schwach gewordene religiöse Orientierungen und Verhaltensweisen entmachten. Daß religiöse Inhalte und Riten nicht mehr allgemein und selbstverständlich akzeptiert sind, sondern in das Belieben des einzelnen gestellt werden, ist also nicht denkbar ohne einen gewissen Säkularisierungsprozeß, der die bestimmende Macht herkömmlicher religiöser Handlungsmuster und Vorstellungen zurückdrängt. Die Prägekraft einer konkreten Ausformung von Religiosität verliert an Wirkung, wo ihre Lebensweise nicht mehr sozial und kulturell abgesichert ist. Kirchlichkeit wird in der säkularen, d. h. nach vielen anderen Normen ablaufenden Welt zu einer Sache anstrengender individueller Entscheidung. Den Sonntag durch Kirchgang zu heiligen verlangt in einer Umgebung, die am Feiertagmorgen joggt, schläft, radelt oder Auto wäscht, eine ganz andere Entschlußkraft als in einer Welt, in der, durch den Klang der Glocke gerufen, sich viele auf den Weg zur Kirche machen und die anderen – mit schlechtem Gewissen – zu Hause bleiben.

Aber der Platz, den der Rückgang kirchlicher Orientierung gelassen hat, bleibt nicht leer. Die Macht der Säkularität löst nicht nur Orientierungen auf, sie schafft selbst auch neue. In der Gesellschaft werden andere Teilbereiche, voran die Ökonomie, dominant und entfalten eine quasi missionarische Kraft. Die Dinge des alltäglichen Lebens, Erlebens und Überlebens können bei manchen zur einzigen und ausschließlichen Orientierung werden. Die Faszination der Warenwelt kann Gewinn und Genuß in den Rang von letzten Wahrheitsfragen befördern.

Wo bisher selbstverständlich akzeptierte Sinnhorizonte geschwunden sind, fügt sich der einzelne Moden und Trends oder steht vor der Aufgabe, für sich selbst einen über den oft banalen Alltag hinausgehenden Sinnzusammenhang zu suchen und zu finden – sei es einen säkularen, sei es einen der Religion der Wahl. Auch die oben zitierte Schülerin »sucht« bezeichnenderweise Religion, und der Sänger Westernhagen hat Lust auf Kloster, Gebet und Buddhismus. Warum? Mit der Individualisierung entsteht ein neuer Vergewisserungsbedarf. Er bringt mit sich, daß Religion gefragt ist bzw. daß säkulare Inhalte und Lebensformen religiöse Funktionen übernehmen. Die Energien, die einmal kirchlich gebunden waren, verschwinden nicht, sondern haften an neuen Objekten. Wo alte Gewißheiten als brüchig erlebt werden, schaut das Ich nach neuer Gewißheit und Erhebung. Die Veränderungen in der religiösen Landschaft lassen sich mit gleichem Recht als Abkehr von alten Gewißheiten wie als Hinwendung zu neuen Sinnstiftungen in vielerlei Gestalt erklären.

Religion und Glaube beziehen sich allgemein gesprochen auf etwas, was über den Alltag erhebt, auf einen »Überort« (klassisch: Himmel) und eine »Übermacht« (herkömmlich als Gott bezeichnet). Aber der heilige Ort, wo das Sehnen und die Sehnsucht hingehen, kann auch anders heißen: Konsumtempel, Ferienparadies, Schrebergarten, Fankurve und Chefetage. Die Übermacht kann in einem Sonnenaufgang oder in der Musik erfahren werden. Je nach Alter, Geschmack oder Bildung werden es sehr verschiedene Formen der Musik sein: von Beethoven bis Beat, von Telemann bis Techno. Es gibt sehr weltliche Überorte und Übermächte – Erfolg, Arbeit, Geld. Für viele Menschen ist der Überort das eigene Selbst, ein Ideal-Ich, das man als etwas Allerheiligstes schützen möchte, vielleicht gerade weil es als so bedroht erlebt wird. Die Übermacht ist vielleicht etwas so Irdisches und Säkulares wie die Vitalität, die man durch Fitneß und Diät erhalten, aber auch durch Genuß und Rausch erleben möchte.

Was jeweils Überort und Übermacht für die einzelnen ist, vermittelt ein Selbstwertgefühl, gibt Teilhabe an einer Lebenswahrheit und Lebensmacht. Es liefert die Formel für eine persönliche Bedeutungshierarchie der Dinge des Lebens und hilft so auch, mit Lebenskrisen umzugehen. Daß der jeweilige Überort und die jeweilige Übermacht gerade an dieser Aufgabe auch scheitern können, steht auf einem anderen Blatt.

Nähe, lebensgeschichtliche Vertrautheit, Plausibilität und öffentliche Akzeptanz der Angebote spielen eine entscheidende Rolle bei der Auswahl. Der individuelle Charakter der neuen Religiosität zeigt sich darin, daß sich jede und jeder aus den vorhandenen religiösen Sinnangeboten und Systemen selbst seine Glaubenswelt zusammensucht. Der Maßstab ist dabei der persönliche Geschmack und der lebensgeschichtliche Nutzen, den das religiöse Sinnangebot verspricht. Man übernimmt nicht einen buddhistischen oder hinduistischen Kosmos als Lebensform, sondern nur die Teile, die gefallen und die es ermöglichen, mit individuellen Problemen – Leid, Krankheit, Versagen – besser umzugehen, oder die besondere Erlebnisse und spirituelle Erfahrungen versprechen. Religionspraxis gleicht nicht mehr einem Standardgericht, sondern dem Büfett mit Menüwahl. So wie die Küche international geworden ist, so auch der spirituelle Geschmack. Religiöse Orientierungen verlieren damit zum Teil einen in der Gesellschaft über Klassenschranken verbindenden Charakter, in ihnen spiegeln und verstärken sich vielmehr die Differenzen der Milieus in einer Gesellschaft.

Es wäre unzureichend, wollte man die Veränderungen der religiösen Landschaft vor allem aus der individueller gewordenen Suchbewegung des einzelnen, autonomer gewordenen Ich erklären. Die neue Suche nach religiöser oder religionsartiger Vergewisserung, von der gerade auch der Esoterikmarkt profitiert, läßt sich als Folge gesellschaftlicher Entwicklungen plausibel machen.

Der Abbruch von Traditionen, die rasante Beschleunigung gesellschaftlicher Veränderungsprozesse auf allen Ebenen, der Verlust lebensweltlicher Selbstverständlichkeiten, was

Verhalten, Lebensorientierungen, private und berufliche Ziele betrifft, verunsichern und erfordern hohe Anpassungsleistungen der Menschen. So sehr die Bewegung von der »Tradition zur Option« mit einem Freiheitsgewinn verbunden ist, so sehr ist sie eben auch mit neuartigen Belastungen und Unsicherheiten verknüpft. Es kommt zu einem »Optionsstreß« in Biographie und Alltag in vierfacher Hinsicht:

- Die Nötigung zum Auswählen unter verschiedenen Optionen,
- eine Unsicherheit beim Erreichen von Optionen (durch Konkurrenz, persönliches Versagen, Arbeitslosigkeit u. a.),
- die Suche nach Entlastung, wenn Ziele nicht erreichbar sind oder sich als falsch herausstellten,
- die Notwendigkeit, neu Motivationen und Energien zu gewinnen, um besser, effektiver auswählen und handeln zu können.

In dem Maße, in dem das eigene Leben zum Projekt geworden ist, wächst also das Selbstvergewisserungsbedürfnis, falls das Projekt scheitert oder bedroht ist. Letzteres aber ist stets der Fall. Mit neuen Möglichkeiten individuellen Lebens haben die Möglichkeiten des Scheiterns zugenommen. Je mehr das Ich oder das »eigene Leben« zu einem Höchstwert wird, desto bedrohlicher wird alles empfunden, was die Integrität dieses Ich angreift, und desto mehr wird nach allem gesucht, was das Ich sichert. Das Ich im Optionsstreß ist empfänglich für Angebote von Selbstvergewisserung, Stärkung, Anerkennung und Trost, d. h. es sucht, findet und erfindet religiöse oder religionsartige Orientierungen.

Noch einmal: Dieselben gesellschaftlichen Prozesse, die traditionelle religiöse Orientierungen bedrohen und zerstören, verstärken andererseits die Suche nach religiösem oder religionsartigem Halt. Der Optionsstreß kann einmal zu Lehren und Gruppen führen, die die Welt der Optionen beseitigen, indem sie sich als Gegensatz zur Gesellschaft darstellen, also als Entlastung durch Regression. Er kann aber auch in Gruppen führen, die die einzig wahre Fitneß und Fähigkeit versprechen, die Anforderungen der Gesellschaft optimal

»handhaben« zu können; das wäre gleichsam spirituelles Doping.
Die Begegnung mit neuen religiösen/weltanschaulichen Ideen oder Gruppen aktualisiert sich in der Regel in lebensgeschichtlichen Umbruchsituationen: Berufsanfang, Arbeitslosigkeit, Partnerverlust, Tod. Solange der Alltag planmäßig verläuft, besteht kein Vergewisserungsbedarf, wird die Frage nach dem Sinn des Lebens nicht gestellt. Diese Frage meldet sich erst, wenn eine nachhaltige Erschütterung der Alltagswelt erfahren wird. Situationen, wo der Alltag bedroht ist, erleben wir heute, wenn nicht häufiger, so doch nachhaltiger als unsere Vorfahren. Wo früher die Gemeinschaft angesichts von Verlust oder Neuanfang feste Formen bereitstellte, Nachbarschaft, Riten, die man vorfand und selbstverständlich akzeptierte, besteht heute für die einzelnen die Aufgabe, ihren eigenen Umgang mit diesen Erfahrungen zu suchen und zu (er-)finden. Dieser neuen Nachfrage nach Lebensbewältigung und Krisenbewältigung bietet sich ein breites Angebot der Hilfen und Helfer an – religiös wie pseudoreligiös. Solche neuen religiösen Orientierungen sind der manchmal unglückliche und mißglückte Versuch, lebensgeschichtliche Probleme zu kompensieren bzw. zu bewältigen.
Zusammengefaßt kann man von vier religionsproduktiven Sehnsüchten sprechen, die aus der gegenwärtigen kulturellen Situation ableitbar sind:
1. die Sehnsucht nach der heilen Gemeinschaft anstelle der anonymen Gesellschaft,
2. die Sehnsucht nach Erhebung und Ermächtigung angesichts alltäglicher Ohnmachtserfahrungen,
3. die Sehnsucht nach dem Meister, der Mutter oder dem Magier im gleich-gültigen Alltag,
4. die Sehnsucht nach der einen erklärenden Lebenssicht oder -anschauung in der unübersichtlichen Welt.
Wo Bedürfnisse sind, entstehen Angebote. An diese verständlichen Bedürfnisse knüpfen die Esoterikszene und auch neue religiöse Bewegungen an und verheißen verschiedenartige Lösungen für alle, die unter den Belastungen der Zeit leiden. Die Suche nach eigener Religiosität ist Hunger

nach besonderen Erlebnissen und Erfahrungen. Sie geschieht aus Sehnsucht nach »anderem«, danach, daß es doch noch mehr, noch anderes als den Alltag mit seinen vielfältigen Außensteuerungen geben müsse. Solche neuen, vergewissernden Orte, Mächte, Gemeinschaften und inneren Erfahrungen bieten neue religiöse Szenen und Gruppen an, aber auch Anbieter aus dem esoterischen Therapie-, Freizeit- und Lebensbewältigungsbereich, die dann zumindest funktional zum Anbieter von Religion werden. Der Zauber des Religiösen besteht darin, daß die Menschen von etwas berührt werden, was »unbedingt angeht«. Wo Vieldeutiges, Widersprüchliches, Gleich-Gültiges und rascher Gültigkeitsverlust in Fülle erfahren werden, zeigt die Religion Wege zum Eindeutigen und bleibend Gültigen. Religion stillt die Sehnsucht danach, daß der Alltag nicht alles ist, daß Grenzen überschritten werden können und daß es eine Lebensgewißheit gibt, von der sich unsere Schulweisheit nichts träumen läßt. Doch wie alles, was Menschen in Kopf und Bauch tief bewegt, ist auch Religiosität perversionsfähig. Wo sie nicht kultiviert wird, wird sie wild.

Der Preis, den Mitglieder mancher Gruppen und Anhänger mancher Lehren für die außerordentlichen und außeralltäglichen Erlebnisse zahlen müssen, besteht darin, daß sie aus ihrem bisherigen Alltag und Lebenszusammenhang herausgelöst werden. Gruppenprozesse mit ihren Suggestionen, Autosuggestionen und ihren sich intern selbst bestätigenden, einfachen Lebensrezepten versetzen in eine Sonderwelt.

Aus der Erfüllung der obengenannten Bedürfnisse folgen also im Extremfall:

aus der Sehnsucht nach Gemeinschaft die Gefahr der Vereinnahmung,

aus der Sehnsucht nach Erhebung die Gefahr illusionärer Sonderwelten,

aus der Sehnsucht nach einem Meister die Gefahr der Abhängigkeit,

aus der Sehnsucht nach einer erklärenden Weltsicht die Gefahr des aggressiven Fundamentalismus.

Diese »Schatten« der Sehnsüchte, die nach Religiösem suchen lassen, beschreiben Merkmale »gefährlicher Religiosität«. Sie ist die Kehrseite der durchaus verständlichen, ja notwendigen Suche nach Vergewisserung. Manche fundamentalistische Orientierung besitzt Attraktivität, weil sie die genannten Sehnsüchte beantwortet. Sogenannte Sekten passen in die Zeit: Sie entlasten vom Optionsstreß in einer Gesellschaft, in der nichts bleibt, wie es ist, oder sie rüsten den einzelnen zu jenem Supermenschen auf, der im Optionskampf – angeblich – siegreich besteht.

Aber unterscheidet sich Esoterik denn vom christlichen Glauben? Die Unterschiede kommen schnell in den Blick, auch wenn man Schnittmengen und Verträglichkeiten sieht. Gegenüber allen Tendenzen, den Sinn des Lebens daran zu knüpfen, was eine Person erlebt, tut, denkt, fühlt oder glaubt, wird in den christlichen Kirchen auf vielerlei Weise die Behauptung zu entfalten und darzustellen sein: Das Leben ist mehr, als ein Mensch selbst daraus macht. Jedem Leben eignet eine spezifische Tiefe und ein spezifisches Geheimnis, das nicht oder noch nicht offenbar ist. »Euer Leben ist mit Christus in Gott verborgen«, heißt es im Kolosserbrief des Neuen Testaments.

Gehen wir in die Abteilung Lebenshilfe/Esoterik einer größeren Buchhandlung und blättern in einigen Büchern oder Zeitschriften, so stellen wir fest: Es ist von geistigen Kraftquellen die Rede, von spirituellen Akkus und Energieströmen, mit denen ich mich verbinden kann und soll. Es scheint unerschöpfliche Energieressourcen für das Ich zu geben. Wir werden aufgefordert, das zu erkennen und uns positiv zu entwickeln. Das klingt hilfreich und schön.

Im Horizont des christlichen Glaubens dagegen werde ich stets auf eine verborgene Beziehung, auf eine verborgene Teilhabe angesprochen und damit der Vereinzelung entnommen. Menschen sind mehr und anders, als sie selbst denken, erleben, fühlen oder glauben, weil sie nicht nur ein »Es« haben, sondern ihnen gegenüber ein »Du«. Christliche Vergewisserung ist »beziehungsorientiert«, nicht primär »entwicklungsorientiert«. Trost und Sinnvergewisserung ereignen sich deswegen in Texten der christlichen Traditionen, indem nicht ausschließlich, aber vor allem eine Beziehung ins Spiel gebracht wird. Kein Satz kommt in der Bibel so oft

vor wie der Zuspruch: »Fürchte dich nicht!« Als Begründung wird in der Regel auf das Mitsein und die Begleitung Gottes verwiesen.
Man versuche einmal, in der Sprache der Psalmen die beziehungsbegründeten Vertrauens- und Hoffnungssätze durch entwicklungsorientierte auszutauschen, und man wird spüren, daß sich nicht nur der Gehalt ändert, sondern gleichzeitig auch neue Mythen entstehen. Der bekannte Psalm 23 lautet dann etwa so: »Und ob ich schon wanderte im finsteren Tal, fürchte ich kein Unglück, denn Kraft wächst mir zu.« – Wirklich? Und wenn nicht? Liegt es dann an mir, daß ich mich nicht genug für die Kraftquellen geöffnet habe oder mir eine Erleuchtung fehlt?
Wo Spiritualität sich ausschließlich in entwicklungsorientierten Mustern ausdrückt, besteht die Gefahr, daß durch die Hintertür heimlich Formen von Beschuldigungen hereinkommen. Wer schwer an seinem Geschick trägt oder sich unvollendet und beschädigt erlebt, ist dann irgendwie selber »schuld«, weil er sich nicht in Richtung Ganzheit und Positivem weiterentwickelt. Oft ist allerdings kein Sinn in einem Schicksal zu finden. Zwischen einem realistischen, Scheitern und Schuld nicht verdrängenden Menschenbild und beziehungsbegründeten Aussagen der Hoffnung und des Trostes besteht ein enger Zusammenhang. Das Unfertige und Fragmentarische des Lebens, Leid und Behinderung werden eben nicht mit einem Makel versehen. Es dürfen, wenn es Gott und sein vollendendes Tun gibt, Dinge für Menschen uneinsichtig und Lebensgeschichten fragmentarisch bleiben. Trauer über die Verlustgeschichte des Lebens kann zugelassen und muß nicht unter dem Zwang zu positivem Denken verdrängt werden, wenn ein Leben dem Geheimnis Gottes anbefohlen wird. Das läßt die Vielfalt der Wirklichkeit und die Offenheit der Zukunft vertrauensvoll bestehen.

Uwe Birnstein

»... so wahr mir Gott helfe«

Religion und Politik

Ein Schreck durchfuhr die Republik – zumindest die christliche Landschaft: Acht von fünfzehn neu bestallten Bundesministerinnen und Bundesministern, dazu der Bundeskanzler selbst, verzichteten bei ihrer Vereidigung auf den sogenannten »religiösen Zusatz«. Der 27. Oktober 1998 schien für einige den Untergang des christlichen Abendlandes einzuläuten. Für andere, nicht ganz so apokalyptisch orientierte Gemüter, war er zumindest ein deutliches Zeichen für die zunehmende Säkularisierung der deutschen Gesellschaft. Für sie gerieten die Grundwerte der Verfassung ins Wanken. Christliche Fundamentalisten zogen gar eine Verbindung zwischen der vermeintlichen religiösen Abwendung und den direkt danach auftretenden Überschwemmungskatastrophen in Süddeutschland. Deren düstere Botschaft: Weil Gott nicht helfen durfte, strafte er. Vor allem wegen des Bundesumweltministers Jürgen Trittin, der auf die Frage, weshalb er auf die religiöse Zusatzformel verzichtete habe, in entwaffnender Weise antwortete: »Warum soll Gott mir helfen? – Der hat mir doch die ganzen Jahre über nicht geholfen.« Im Gegensatz dazu wirkte das Kabinett der christdemokratisch-liberalen Bundesregierung unter dem katholischen Kanzler Helmut Kohl wie ein Bollwerk traditioneller Kirchlichkeit: allesamt hatten sie 1994 Gottes Beistand für die Regierungsarbeit erbeten.

So eindeutig die Sachlage angesichts des Eid-Unmutes auch sein mag, zeigt sie doch höchstens eines: daß sich in der Riege der politisch Verantwortlichen die Glaubensverhältnisse der Bevölkerung in etwa spiegeln. Weshalb sollten jene Männer und Frauen, die sich bis an die Spitze politischer Ämter durchgekämpft haben, fester im Glauben stehen als der »Durchschnittsbürger«? Wieso sollten Politiker von der

Erfahrung des Glaubenszweifels und der Kirchenferne ausgeklammert bleiben?
Diese Fragen liegen auf der Hand. Doch ins Zentrum der Problematik führen auch sie nicht. Denn sie gehen davon aus, daß sich der Glaube von Menschen zwingend in der Verwendung der religiösen Eidesformel äußern müsse. Jürgen Schmude, engagierter Christ und ehemaliger Bundesminister, entzog dieser Argumentation den Boden: »Für den Staat ist es nicht angemessen, die religiöse Überzeugung eines Politikers zum Instrument seiner Verpflichtung für staatliche Aufgaben zu machen.« Deshalb hatte Schmude bei seinen eigenen Vereidigungen auf die Eidesformel verzichtet. Niemand geringeren als Jesus selbst führte der Christ und Politiker als Kronzeuge an: »Ihr sollt überhaupt nicht schwören. Eure Rede sei: ja, ja, nein, nein. Was darüber ist, das ist von Übel.« »So wahr mir Gott helfe« – für Jürgen Schmude kommt das einer »Selbstverfluchung für den Fall der Eidesverletzung« gleich.

Zivilreligion in »God's own country«

Die von Schmude befürchtete »Instrumentalisierung der religiösen Bindung zu staatlichen Zwecken« ist in den USA bereits gang und gäbe. Gott, Politik und Gesellschaft stellen dort eine unverbrüchliche Einheit dar, deren Infragestellung einer Blasphemie gleichkommt. Selbstverständlich legen die Präsidenten und Politiker ihren Eid »so wahr mir Gott helfe« ab – meistens in theatralischer Pose mit einer Hand auf der Familienbibel. »In God we trust« (»Wir vertrauen auf Gott«) bekunden Geldscheine, und nicht nur Patrioten bezeichnen die Vereinigten Staaten von Amerika als »God's own Country«, »Gottes eigenes Land«.
Dieses göttliche Selbstverständnis fand weltpolitischen Niederschlag unter anderem darin, daß US-Präsident Ronald Reagan Anfang der achtziger Jahre die Sowjetunion als das »Reich des Bösen« bezeichnete und es dem Reich des Guten – dem christlichen Abendland – gegenüberstellte. Mit dieser Wortwahl erreichte der Republikaner Reagan die Gemüter unzähliger Amerikaner. Ob sich mit religiös aufgeladenen

Begriffen eine bessere Politik machen läßt, bleibt jedoch offen. Denn vor Kriegs-Szenarien und Wirtschafts-Kämpfen, vor Todesstrafe und präsidialen außerehelichen Beziehungen vermag auch der US-»Gott« seine Gläubigen nicht zu bewahren.

So nah wie nie: Kirche und Staat in Deutschland

So wenig wie die US-amerikanische Zivilreligion etwas über die Nähe von Religion und Politik besagt, so wenig offenbart der deutsche Streit um die Eidesformel etwas über die Ferne von Kirche und Staat.

Im Gegenteil: Die Nähe von Kirche und Staat ist so stabil wie nie seit Gründung der Bundesrepublik Deutschland im Jahr 1949. Geht es um Loyalität, müssen weder Kirche noch Politik um ihre Partner fürchten. Die Kooperation funktioniert vorzüglich; sämtliche Versuche, sie zu unterminieren, prallen an der Partnerschaft von Kirche und Staat ab. Beide Größen sind dermaßen aneinander gebunden, daß selbst einige Politik- und Kirchenvertreter mehr gesunde Distanz fordern. Beispiele für die gute Partnerschaft gibt es zuhauf. Die augenfälligsten:

Kirchensteuer. Es gibt eigentlich keinen Grund für den Staat, die Steuern für die Kirchen einzutreiben. Wie ein Steinwurf des kleinen David wirken allerdings die regelmäßigen Versuche meist aus dem liberalen oder grünen Parteienlager, die Kirchensteuer abzuschaffen. Nicht nur kirchennahe Politiker wissen, was auf dem Spiel steht: die Haltbarkeit des sozialen Netzes in Deutschland. Denn Diakonie und Caritas, die beiden Wohlfahrtsverbände der Großkirchen, zählen mit 700 000 Mitarbeiterinnen und Mitarbeitern zu den größten Arbeitgebern des Landes. Ihre engagierte Arbeit ist kaum wegzudenken aus dem Sozialgefüge Deutschlands. Die Gemeindearbeit der Kirchen wirkt zudem immer noch wie Gesellschaftskitt, bietet orientierungslosen Menschen Angebote ritueller Selbstvergewisserung.

Als »Staatsleistung« bezeichnet Bundesfinanzminister Hans Eichel die kirchliche Arbeit, als »starke Lobby für Menschlichkeit, auf der allein eine humane, eine Zivilgesellschaft aufbauen kann«. Wie wichtig der Politik das Wirken der Kirchen ist, zeigt auch die neuerliche Diskussion um die Kirchensteuer. Da im Zuge geplanter Steuerreformen die Einnahmen der Kirchen schrumpfen würden, schlagen Politiker bemerkenswert konstruktiv Neuberechnungsmodelle vor: Voraussetzung für ungeminderte Kirchen-Aktivitäten. Der Staat funktionalisiert hier sehr wohl die Kirchen, und sie lassen sich funktionalisieren. Denn diese Rolle steht ihnen gut und entspricht ihrem religiösen Auftrag.

Militärseelsorge. Der Schulterschluß ist auf dem Gebiet der seelsorgerlichen Versorgung von Soldaten noch offenbarer. Der Staat bezahlt die Militärseelsorge; die wiederum leistet unter kirchlichem Mantel Arbeit unter einer Klientel, die ansonsten unerreicht bliebe.

Die Militärseelsorge-Lobby behielt Oberhand, auch als das in der Bundesrepublik eingespielte Modell im Zuge der Wiedervereinigung zur Disposition stand. Weniger theologische als finanzielle Gründe führten dazu, daß die Militärseelsorger weiterhin ihr Gehalt aus den Kassen des Bundesverteidigungsministerium erhalten statt aus dem Kirchensteuertopf. Seit die Bundeswehr im Rahmen der NATO auch in Kampfhandlungen verwickelt ist, zahlt sich die Kirchen-Unterstützung sichtbar aus. Pfarrer und Pfarrerinnen leisten vor Ort seelsorgerliche Arbeit an den Soldaten, die sonst in dieser Qualität wohl niemand leisten könnte. Die Einwände kirchlicher Friedensgruppen, vor allem aus den fünf neuen Bundesländern, lassen die Kirchenverantwortlichen kalt.

Theologische Fakultäten. Kirchen können mitbestimmen, geht es um die Besetzung von Lehrstühlen der »freien« Wissenschaft. Wer Theologie lehrt, wird vom Staat bezahlt und von den Kirchen zumindest geduldet. Diese Verklammerung von kirchlich beaufsichtigter Lehre und wissenschaftlichem Freiheitsanspruch wurde durch kirchenkritische Dozenten wie Hans Küng, Eugen Drewermann oder den Göttinger Neutestamentler Gerd Lüdemann offenbar, die allesamt wegen zu gewagter Forschungsergebnisse von ihren Kirchen fallengelassen wurden. Verwunderlich ist, daß selbst seitens der Universitäten diese Loyalitätskonflikte selten problematisiert werden.

Religionsunterricht. Nahezu unangefochten steht kirchlich verantworteter Religionsunterricht auf den Lehrplänen deutscher Schulen. Der Vorstoß des Landes Brandenburg, als Alternative »Lebensgestaltung – Ethik – Religion« (LER) einzuführen, stieß sowohl bei Kirchen als auch in anderen Bundesländern auf wenig Gegenliebe. Der Einwand lautet: Der Staat verlasse den ihm grundgesetzlich verordneten Boden der religiösen Neutralität, wenn er selbst nach vermeintlich objektiven Maßstäben Religionen vorstelle.

Übermäßige Reibungsverluste innerhalb des Staats-Kirchen-Verhältnisses gibt es selbst dort nicht, wo man es vermuten könnte. Am Beispiel des Konfliktes um die Abschaffung des Bußtages als gesetzlichem Feiertag wird dies deutlich.

Überlegungen, wie die Pflegeversicherung finanziert werden könnte, brachten die – christ-liberale! – Bundesregierung zu einem folgenschweren Vorhaben: Damit die von Arbeitgebern als investitionshemmend geschilderten Lohnnebenkosten nicht noch mehr steigen würden, einigten sich Arbeitgeber, Regierung und Gewerkschaften darauf, einen gesetzlichen Feiertag zur Disposition zu stellen. Das Los fiel auf den Buß- und Bettag: ein kirchlicher Feiertag ohne direkte Verbindung zu biblischen Geschehnissen, aber doch mit einer kaum zu unterschätzenden sozialhygienischen Funktion: Gedenken und Glauben, Vergangenheit, Gegenwart und Zukunft gibt dieser Tag eine rituelle Form. Offenbar haben die Kirchen wenig Einspruch geltend gemacht gegen die Streichung dieses Tages – und den auch erst, als die entscheidenden Weichen bereits gestellt waren.

Selbst Politiker wunderten sich darüber, wie schnell die Kirchen ihre Waffen streckten. »Die Kirchen haben sich auf diesen Schacher eingelassen«, moniert SPD-Präsidiumsmitglied Renate Schmidt, und wischt die Argumentation der Arbeitgeber vom Tisch: »Für mich war immer klar: In Jahren, in denen viele Feiertage auf einen Sonntag fallen, so daß kein zusätzlicher freier Tag da ist, ist der Gewinn der Unternehmen kein Jota höher. Die Kirchen waren selber schuld, daß der Bußtag abgeschafft wurde.«

Kirchen als Wert-Lieferanten

Die von Soziologen beobachtete Individualisierung und Privatisierung von gesellschaftlichen Wertorientierungen läßt den Kirchen wenig Spielraum, in der Wertediskussion konkrete Forderungen durchzusetzen. Mühsam versuchen die Kirchen, sich darauf einzustellen, daß sie nur noch eine Stimme unter vielen sind. Als Lobby-Gruppe mit großer Tradition melden sie sich weiterhin zu Wort – die katholische Kirche mit ungebremster Energie vor allem auf den Gebieten der Sexualethik, der Protestantismus in den Bereichen der Sozialethik. Diese Themen bergen Sprengstoff, der bemerkenswerterweise nicht zu Brüchen mit der Politik führt. Sexualmoral im weitesten Sinne ist das Gebiet, auf dem sich immer noch die katholische Kirche mit Verve engagiert und auch die Politik zu beeinflussen versucht. Die deutschen Bischöfe bringt das nicht selten in Loyalitätskonflikte. Zum Beispiel bei der Beratungsarbeit mit schwangeren Frauen. Daß Abtreibungen unter bestimmten Bedingungen nach deutschem Recht straffrei bleiben, ist den Katholiken seit Einführung des Paragraphen 218 ein Ärgernis. Trotzdem haben sie sich eingelassen auf das staatliche System der Schwangerenkonfliktberatung, das bei der Neuberatung des Gesetzes nicht zuletzt von den Kirchen gefordert worden war. Auch katholische Beratungsstellen unterschreiben Scheine, die eine der gesetzlich vorgeschriebenen Voraussetzungen für einen straffreien Schwangerschaftsabbruch sind. Im Januar 1998 forderte der Vatikan den Ausstieg aus diesem System. Eine Mehrheit der deutschen Bischöfe will aber an der bisherigen Praxis festhalten, zumal das Beratungsangebot die einzige Chance ist, mit hilfesuchenden Frauen in Kontakt zu kommen.

Die katholische Kirchenpolitik in Sachen Sexualmoral treibt gelegentlich sogar katholisch engagierte konservative Politiker zu kritischen Worten. »Ich wünsche mir, daß sich die Kirchen mehr einmischen in die Politik«, mahnt CDU-Politiker Heiner Geißler – »und zwar mit den richtigen Themen. Meiner Auffassung nach beschäftigt sich die Kirche viel zu sehr mit Fragen der Sexualmoral – von der Beratung in Schwangerschaftskonflikten angefangen bis zu den Fragen der Frauenordination oder den Zölibat. Das sind aber nicht die zentralen Fragen«, mahnt Geißler – und nennt als wirklich wichtig »das, was der Papst sehr intensiv bei seinem letzten Besuch in Mexiko angesprochen hat: die ethischen Auswirkungen der Globalisierung, die Herrschaft des puren Kapitalismus über Millionen von Menschen – die Frage: Wie kann man erreichen, daß wir in einer globalen Wirtschaft auch eine internationale soziale Marktwirtschaft bekommen? Daß diese High-Tech-Zeit, diese globalisierte Welt, ein menschliches Gesicht erhält? Darauf sollten die Kirche Antworten geben!«

Sie versuchen es bereits. Was als »Sozialwort der Kirchen« bekannt wurde, ist Ergebnis einer jahrelangen »Konsultation« verschiedener evangelischer und katholischer Gruppen und Institutionen zur sozialen Situation in Deutschland. Armut und Arbeitslosigkeit prangern die Kirchen an, sie beklagen die größer werdende Schere zwischen Arm und Reich in der Bundesrepublik und fordern die Politik zur gerechteren Verteilung von Arbeit und Wohlstand auf. Auch müßten die Risse zwischen Ost und West geschlossen werden.

In seiner Analyse legt das »Sozialwort« den Finger in die Wunden der Politik; in seinen Reformvorschlägen bleibt es seltsam verhalten und unkonkret. »Besonnenheit«: mit diesem und ähnlichen Begriffen sei das Sozialwort »totgelobt« worden, beklagte Karl Lehmann, der Vorsitzende der Deutschen Bischofskonferenz. »Das Wort der Kirchen wäre mißverstanden«, erklärte beispielsweise Wolfgang Schäuble, »wenn man es vordergründig als Kritik an der einen oder anderen politischen Richtung einordnen würde. Die aufgeworfenen Fragen gründen viel tiefer.« Was wie ein dickes Kompliment wirkt, entpuppt sich als Retouren-Aufkleber: Empfänger unbekannt.

Den Politikern die Leviten zu lesen ist den Kirchen nicht gelungen. Statt an prophetische Traditionen anzuknüpfen, haben sie sich in politisch korrekten Formulierungs-Künsten verloren, die etwas Richtiges meinen, aber niemandem wehtun. »Man beklagt unterlassene Reformen oder politische

Fehlentwicklungen, spricht aber nicht von denen, die mit ihren Fehlentscheidungen notwendige Veränderungen verhindert oder ungerechte Entwicklungen eingeleitet haben«, kritisiert der katholische Wirtschaftsethiker Friedhelm Hengsbach. Gerade sozial gesonnenen Politikern und Politikerinnen ging das Sozialwort nicht weit genug. Es sei an manchen Stellen verwaschen, moniert SPD-Präsidiumsfrau Renate Schmidt, »trotzdem ist es viel wert, denn es fordert die Politiker zu bestimmten Dingen auf«. Schmidt, vor einigen Jahren »aus Überzeugung« wieder in die evangelische Kirchen eingetreten, steht dem Werte-Monopol der Kirchen kritisch gegenüber. »Es gibt bestimmte Wertvorstellungen. In meine Partei bin ich aus denselben Gründen eingetreten, wie ich in die Kirche wiedereingetreten bin: daß man an Gerechtigkeit glaubt, sie verwirklichen, in konkretes politisches Handeln umsetzen will. Ich würde niemals sagen, daß nur Christen dazu fähig sind. Ich glaube, daß auch atheistische Sozialdemokraten aus vergleichbaren Wertvorstellungen heraus in dieser Partei sind. Und Konservativen würde ich nicht unterstellen, daß sie solche Wertvorstellungen nicht kennen. Vielleicht ist das das Gute an Deutschland, daß bei den demokratischen Parteien die Wertvorstellungen in einem hohen Ausmaß so unvergleichbar nicht sind.«
Kirchen scheinen ihre Wichtigkeit zu überschätzen, geht es um Werte. Sie werden gehört – aber eben nur als eine Stimme unter vielen. Sich auf diesen Wertepluralismus einzulassen erfordert Geduld und Glaubwürdigkeit.
Staat und Kirche gehen trotz formaler Trennung feste Bündnisse ein. Zwischen Strukturen und Inhalten, zwischen Werten und Wichtigkeiten scheinen keine allzu großen Differenzen zu bestehen im Vergleich von Volksparteien und Kirchen. In einer Mischung aus Realismus und Leidenschaftslosigkeit begegnen sich Kirche und Staat, Religion und Politik. Missionsgebaren ist beiden so zuwider wie der Streit um Inhalte. Auch die 1998 angetretene Bundesregierung müht sich, das wohlige Klima zu halten.

Wer die Spuren der vergangenen 50 Jahre in die Zukunft ausziehen will, findet auf einem anderen Gebiet Hinweise: in der »Präambel« der deutschen Verfassung. Das deutsche Grundgesetz beginnt mit Gott – und trotzdem beruft sich fast niemand auf ihn, geht es um die Politik. Ob die Asylgesetzgebung verschärft werden soll oder deutsche Soldaten im Rahmen der NATO-Aktionen in Jugoslawien mitwirken, ob Schwangerschaftsabbruch erlaubt wird oder die »Bioethik« auf der Tagesordnung des politischen Geschäfts steht: in Debatten berufen sich zwar einige Verantwortliche auf ihren persönlichen Glauben, nicht aber auf den Gott, wie er in der Verfassung steht. Als »Präambelgott« fristet er sein Dasein: bekannt, aber nicht in Anspruch genommen. Während Verfassungsrechtler fast jedes Wort des Grundgesetzes umdrehten und abwägten, ist Gottes Position quasi tabu.

Daß Gott in der Präambel des Grundgesetzes steht, hat einen guten Grund. Nach der barbarischen Zeit des Nationalsozialismus genossen die Kirchen großes Vertrauen. Obwohl auch die Nazis im Namen göttlicher Mächte gehandelt hatten, gestanden die Alliierten den Kirchen großen Einfluß bei der Gründung der neuen Bundesrepublik Deutschland zu. Dieser fand unter anderem Niederschlag in der bundesdeutschen Verfassungs-Präambel, die am 23. Mai 1949 verabschiedet wurde. »Im Bewußtsein seiner Verantwortung vor Gott und den Menschen (...) hat das Deutsche Volk (...) dieses Grundgesetz der Bundesrepublik Deutschland beschlossen«, steht da bis heute. Aus damaliger Sicht war das eine große Absage an jede Selbstüberhöhung seitens der Politik. Der Gott im Grundgesetz war ein vielen Menschen verständliches Zeichen der Demut künftiger deutscher Politik.

Doch gab es auch damals Einwände. Der damalige Berliner Landesbischof Otto Dibelius meinte zum Beispiel, die säkulare Aufgabe des Staates und die Religion müsse man fein säuberlich trennen. Theodor Heuss argumentierte, Gott werde »für Unzulänglichkeiten, Torheiten und Mißverständlichkeiten bemüht«, die aufgrund der sehr menschlichen politischen Werke entstehen könnten. Heuss mahnte, die Berufung auf göttliche Wurzeln könnte in einer »quasi Nichtverantwortung« enden: dann nämlich, wenn Politiker ihre eigenen Grenzen vorschnell als gottgegeben hinnähmen.

Die unter dem Eindruck dieser Einwände entstandene Formulierung ist so allgemein, daß sie Interpretationen Tür und Tor öffnet. Jede Deutung zieht folgenreiche Konsequenzen nach sich.

Sollte der christliche Gott gemeint sein, der Vater Jesu Christi, zu dem Christen beten? In diesem Fall könnten sich Anders- und Nichtgläubige kaum mit dem Grundgesetz anfreunden und wäre das Christsein die Voraussetzung zur deutschen Staatsbürgerschaft – ein Rückschritt in kaiserliches Staatskirchentum.

Welcher Gott ist dann in der Verfassungs-Präambel gemeint? Das göttliche Prinzip, eine allgemeine göttliche Macht, die in jeder Religion in Bruchstücken vorhanden ist? Ist gemeint, daß Deutschland mit seiner rechtsstaatlichen Verfassung den göttlichen Geboten besonders nahe stehe? Aus theologischer Sicht ist das unmöglich und würde eine neue Form des Gottesgnadentums beinhalten. Das betonte der SPD-Politiker Carlo Schmid, der die Berufung auf den Willen Gottes als »ein Moment undemokratischer Transzendenz« bezeichnete.

Christliche Politiker legen den »Präambelgott« dennoch gerne als den Gott Jesu Christi aus. Als Halt und Richtschnur für öffentliche Ämter wie für das persönliche Leben sei der christliche Glaube unverzichtbar, beschwor der baden-württembergische Ministerpräsident Erwin Teufel und bezeichnete das im Grundgesetz verankerte »Bewußtsein der Verantwortung vor Gott und den Menschen« als Leitlinie für alles politische Handeln.

Doch den Gott des Grundgesetzes mit dem Gott der christlichen Tradition ineinszusetzen ist nach Meinung vieler Staatsrechtler unangemessen. Sie verweisen darauf, daß sich jedes Staatsgebilde ein Gerüst von Moral und Ethik aufzubauen versuche. Dazu böten sich religiösen Formeln an. Damit werde ein allgemein-religiöses Bedürfnis nach göttlicher Absicherung menschlicher Alltagsgeschäfte auch der Politik deutlich.

In diese Richtung argumentiert auch der oldenburgische evangelische Bischof Peter Krug. Eine Streichung des Gottesbezugs aus dem Grundgesetz würde »der Gefahr Tor und Tür öffnen, daß über kurz oder lang auch andere Grundrechte je nach Mehrheitsverhältnissen verändert werden«. Die Mütter und Väter des Grundgesetzes wollten schließlich ausdrücken, daß es »überstaatliche Bindungen gibt, die allen von Menschen geschaffenen Normen vorausgehen und der Entscheidungsmacht der Menschen Grenzen setzen«.

Die überstaatliche Verpflichtung einer höheren Macht gegenüber garantiert auch die Religionsfreiheit. Denn wer sein eigenes politisches Tun relativiert und selbstkritisch beleuchten kann, wird die Menschenwürde eines jeden Menschen anerkennen – unabhängig von Rasse und Klasse, von Geschlecht und Gesundheit – und eben auch von Glaube und Unglaube. »Der moderne Verfassungsstaat versagt es sich«, kommentierte die Präsidentin des Bundesverfassungsgerichts Jutta Limbach, »innere Pflichten des Gewissens, der Gesinnung und Religion zu erzwingen.« Die höchste Richterin Deutschlands erteilt mit ihrer Auslegung all jenen Tendenzen eine Abfuhr, die den »Präambel-Gott« zu einem moralischen oder gar religiösen Wächter verkürzen. »Das mag auf den ersten Blick für die Kirche enttäuschend sein«, meinte Richterin Limbach 1999 in der Münchener Erlöserkirche. Während ihrer »Kanzelrede« entschädigte sie das kirchliche Publikum mit einer Lebensweisheit von Blaise Pascal: »Gott wünscht, daß wir freundlich zueinander sind. Und er wünscht, daß wir mit süßen und natürlichen Argumenten Religion in das Gemüt der anderen träufeln, indem wir ihre Herzen seiner Gnade öffnen. Aber wenn wir danach trachten, ihnen Religion durch Gewalt und Drohung einzutrichtern, ob physisch oder moralisch, dann ist es nicht Religion, die sie erwerben, sondern Terror.« »Obgleich die Verfassung in ihrem Grundrechtskatalog vom Christentum und vom Humanismus geprägt ist«, resümierte die Bundesverfassungsgerichts-Präsidentin, »vermag sie nicht als Quelle moralischer Gebote zu dienen.« Folgerichtig ist im Grundgesetz die Trennung von Staat und Kirche festgelegt. Trotzdem fordern auch christliche Politiker die Aufnahme des Gottes-Begriffs in die künftige europäische Verfassung. Außer Deutschland haben in den Staaten der Europäischen Gemeinschaft nur Irland und Griechenland einen »Präambelgott«. Die Griechen haben sich sogar für eine ausdrückliche »Invocatio Dei«, die Anrufung Gottes, entschieden und eröffnen ihre Verfassung »im Namen der Heiligen, Wesensgleichen und Unteilbaren Dreifaltigkeit«.

Um so gespannter war die Fachwelt Anfang der neunziger Jahre, wie die fünf »neuen« Bundesländer ihre Verfassungs-Präambeln formulieren würden. Immerhin gehören dort etwa zwei Drittel der Bevölkerung keiner Religionsgemeinschaft an. Trotzdem hielt der Gottesbegriff Einzug in die Verfassungen. Doch ganz anders als im Grundgesetz. Das Land Thüringen verwendet zwar auch die Worte »in Verantwortung vor Gott« – doch stehen sie hier ganz am Ende der Präambel, die allgemein beginnt: »In dem Bewußtsein des kulturellen Reichtums und der Schönheit des Landes, seiner wechselvollen Geschichte, der leidvollen Erfahrungen mit überstandenen Diktaturen und des Erfolgs der friedlichen Veränderungen im Herbst 1989, in dem Willen, Freiheit und Würde des einzelnen zu achten, das Gemeinschaftsleben in sozialer Gerechtigkeit zu ordnen, Natur und Umwelt zu bewahren und zu schützen, der Verantwortung für zukünftige Generationen gerecht zu werden, inneren wie äußeren Frieden zu fördern, die demokratisch verfaßte Rechtsordnung zu erhalten und Trennendes in Europa und der Welt zu überwinden, gibt sich das Volk des Freistaates Thüringen in freier Selbstbestimmung und auch in Verantwortung vor Gott diese Verfassung.« Fast wie eine angehängte Pflicht-Floskel wirkt der Gottesbezug hier, wie ein Minderheitenvotum, das nachträglich mit einem »auch« ergänzt wurde. Sachsen-Anhalt ist da direkter und spricht schon im zweiten Satz der Präambel von der »Achtung der Verantwortung vor Gott«. Der Freistaat Sachsen dagegen vermeidet die Vokabel Gott ganz und präsentiert seine Verfassung als »von dem Willen geleitet, der Gerechtigkeit, dem

Frieden und der Bewahrung der Schöpfung zu dienen«. Diese Begriffe, Kirchenkundige merken es sofort, beinhalten die Selbstverpflichtung ökumenischer Versammlungen, die Ende der achtziger Jahre Christen in der Bundesrepublik wie in der DDR zusammenführten. Obwohl Gott nicht genannt wurde, bekennt sich diese Verfassung also viel direkter zu christlicher Ethik als das Grundgesetz.

Vielleicht ist dies ein Wegzeichen für das Verhältnis von Religion und Politik am Beginn des nächsten Jahrtausends: eine Absage an Gott als Namen, eine Hinwendung zu den Werten, die aus der jüdisch-christlichen Tradition in den westlichen Zivilisationen aufgenommen wurden. Auf konstruktive Weise würde hier zusammenfließen, was viele beklagen: Ob Politiker bei ihrer Vereidigung das Wort Gott benutzen, verlöre an Wichtigkeit. Das – gläubige oder nicht – Einstehen für die Werte, die das Christentum verkörpert, wäre ein kleiner säkularer Sieg der Religion über die Politik. Und ein Gegenmittel gegen fundamentalistische Versuche, Religion und Politik in undemokratischer Weise zu vereinen.

GÜNTER ALTNER

Und lasset uns Menschen machen ...

Ethische Vorstellungen der Religionen im Wettlauf mit den neuen Technologien

Als James Watson und Francis Crick in den 60er Jahren den genetischen Code entschlüsselten und als Grundstruktur aller Lebensformen erwiesen, war ein Tor aufgestoßen, das zur technologischen Verfügung über alle Lebensformen führte. In der Folgezeit tat sich ein breites Feld neuer Eingriffsmöglichkeiten auf: Gendiagnostik, Gentechnik in der Anwendung auf Körper- und Keimbahnzellen, Laborbefruchtung und in Kombination damit Embryonenexperimente, schließlich Klontechnik als Möglichkeit zur Herstellung von genetisch identischen Lebewesen. Und in enger Verbindung mit diesen Entwicklungen wurde das Patentrecht so fortgeschrieben, daß es heute möglich ist, gewinnträchtige Claims im Erbgut von allen Lebewesen abzustecken und unter Patentrecht zu stellen.
Viele Menschen waren angesichts dieser Entwicklung geschockt und ratlos. Da müßten doch die Kirchen, mehr noch die Religionen, warnend ihre Stimme erheben, dachten die einen. Die anderen beschworen die in der Verfassung garantierte Menschenwürde und erinnerten sich daran, daß in der jüdisch-christlichen Tradition der Mensch als der Gottesebenbildliche eine besondere Schutzzusage empfängt.
Solche und andere Erinnerungen haben etwas sehr Problematisches. Sie drängen die Religionen in die Rolle des archaischen Sittenwächters, dessen man sich immer dann erinnert, wenn Erkenntnis- und Technologiedurchbrüche als existentiell bedrohlich empfunden werden. Und die Tatsache, daß die Natur des Menschen in ihrer Vielschichtigkeit heute biotechnisch manipuliert wird, ist wirklich keine Kleinigkeit.
Aber wenn nun die Religionen Halt rufen sollen, so gilt es, daran zu erinnern, daß die christlichen Kirchen im Fall Ga-

lilei und dann später bei Darwin eine höchst fragwürdige und damit auch vergebliche Notbremsung unternommen haben. Sie zogen damit bis heute den Ruch der Wissenschaftsfeindlichkeit auf sich. Obwohl, wenn man es historisch betrachtet, der Geist der Neuzeit mit seinem Herrschaftsanspruch über die Erde zutiefst in den jüdisch-christlichen Traditionen wurzelt, gelten die christlichen Kirchen immer noch als Fortschrittsbremser.

Die Religionen und speziell die jüdisch-christlichen Traditionen können schwerlich gegen den biotechnischen Fortschritt ins Rennen um die ethische Kontrolle geschickt werden. Sie haben diesen Fortschritt indirekt mitverursacht. Jener vieldiskutierte Vers vom Anfang der Bibel »Machet euch die Erde untertan« ist ein nüchterner, besser noch ein ernüchternder Ruf in die Freiheit gestaltender Verantwortung, wohlgemerkt: nicht in die Willkür zerstörender Ausbeutung. Die jüdisch-christliche Tradition kennt keine Vergöttlichung der irdischen Lebenswelt. Die irdische Lebenswelt ist Ergebnis göttlichen Handelns und als solches unendlich wertvolles Geschenk, das dem Menschen zu treuen Händen anvertraut ist. Der Mensch kann und soll die ihm übergebene Lebenswelt in Gebrauch nehmen, aber gleichzeitig auch im Wissen um ihren tieferen Wert bewahren. Das gilt für alle Phasen der menschlichen Kulturentwicklung.

Das Neue Testament mit seiner strikten Ausrichtung auf das kommende Gottesreich hebt den alttestamentlichen Verantwortungsauftrag nicht auf. Aber es macht ihn zu einem Auftrag auf Zeit, bis es soweit ist, bis solches alles durch die Wiederkunft des auferstandenen Herrn in die neue Wirklichkeit des göttlichen Friedens verwandelt sein wird.

Erdherrschaft und zukunftsorientierte Endzeiterwartung – diese beiden Grundkomponenten christlichen Glaubens wurden unter den Voraussetzungen der Neuzeit säkularisiert und degenerierten zu jenem unaufhaltsam voranhechelnden Herrschaftswahn, wie er den wissenschaftlich-technischen Fortschritt seit dem vorigen Jahrhundert mehr und mehr kennzeichnet. Aber auch der Islam des frühen Mittelalters hat an der Entstehung neuzeitlicher Wissenschaft entscheidend mitgewirkt.

Wie also soll die Ethik der Religionen zum Wettlauf mit den Wissenschaften antreten können, wenn sie doch zu den geistesgeschichtlichen Urhebern jener dynamischen Weltbemächtigung gehört, die heute nun, von Europa ausgehend, die ganze irdische Lebenswelt erfaßt hat? Am Anfang einer solchen Ethik der kritischen Einrede kann nur die Bewußtmachung dieses großen historischen Zusammenhangs stehen. Wer sich der Fernwirkungen aus dem Schoß der Religionen nicht bewußt ist, hat nichts verstanden, und er wird auch nichts verstehen, wenn es um die ethische Bewertung des Fortschritts durch die Religionen geht.

Aber noch einmal zurück zum biotechnischen Fortschritt. Die neuesten Auswüchse der geschilderten Entwicklung kommen nicht zuletzt in der Forderung zum Ausdruck, die Evolution der Organismen auf der Erde müsse nun durch Biotechnik an den neuzeitlichen Menschen und seine Bedürfnisse angepaßt werden. Und eben dieser Mensch, so lautet das zweite Postulat, verfüge heute auch über die Möglichkeit, sich durch Gentechnik endlich seinem evolutionären Schicksal durch Selbstvervollkommnung entwinden zu können. In der Tat: Lasset uns Menschen machen!

Gewiß, man darf nicht überzeichnen. Es gibt neben den wissenschaftlichen Ideologien des biotechnischen Fortschritts auch jene große Gruppe von Wissenschaftlern, die unbeirrt an der Erweiterung therapeutischer Möglichkeiten durch Biotechnik arbeiten. Ebenso richten sich viele Forschungsbemühungen auf die weltweite Verbesserung der Ernährungslage, ungeachtet der ökonomischen Interessen, die überall im Spiel sind. Ohne Zweifel sind die Standards neuzeitlicher Zivilisation ohne den wissenschaftlichen Fortschritt in Physik, Chemie und Medizin nicht zu denken.

Aber die hier zu erörternde Ethik wäre blauäugig und ginge in die Irre, wenn sie über die tiefgründige Ambivalenz des wissenschaftlich-technischen und speziell des biotechnischen Fortschritts hinwegsähe. Die Bruchlinien dieses Fortschritts zeigen sich vor allem in den immer raffinierter werdenden Waffensystemen, auch Biowaffensystemen; in der immer tiefer werdenden Kluft zwischen Reich und Arm und vor allem in der unaufhaltsamen Zerstörung der Lebensgleichgewichte auf der Erde, in die der biotechnische Eingriff eine neue Dynamik bringen könnte. Mit der Biotechnik kommt also in dieses Krisenszenario eine Veränderungsgröße, über deren mögliche Folgen bei Mensch und Kreatur keine Illusionen bestehen sollten.

Da es sich um ein weltweites Phänomen handelt, sollten wir bei der ethischen Intervention der Religionen nicht eurozentristisch denken und nicht nur die jüdisch-christlichen Traditionen befragen. Auch der Islam weiß von der Güte und dem Wert des menschlichen Lebens und der irdischen Lebenswelt. Sie ist das Werk und die Gabe des einen Gottes und als solche dem Menschen zur Nutzung anvertraut.

Anders wieder die japanische Tradition. Nach ihr fragen wir nicht zuletzt deshalb, weil uns die Japaner von den deutschen Industriellen immer als die großen Wachstums- und Fortschrittsmeister vorgehalten worden sind. Mit der Krise der japanischen Wirtschaft sind diese Stimmen leiser geworden. Nun heißt die große Parole: Globalisierung, und dies nicht zuletzt auf der Grundlage neuer biotechnischer Produktionen. Verheißungsvoll wird dieses Stichwort von der Globalisierung jedoch erst dann, wenn es nicht als Aufforderung zur Internationalisierung des sogenannten Marktmechanismus verstanden wird, sondern als Aufforderung zum weltweiten ethischen Diskurs zwischen den Religionen.

Sage mir deine Religion, und ich sage dir meine. Stelle mir deine Besorgnisse im Lichte deiner Tradition vor, und ich will, angeregt dadurch, antworten. Was also denken die Fortschrittsmeister in Japan über den Menschen, über die Natur und den Gott? Der Tübinger Professor für theologische Ethik Dietmar Mieth hat zu Recht darauf hingewiesen, »daß das japanische Bewußtsein Menschen und Umwelt zunächst einmal nicht auseinanderhält, sondern den Menschen als einen Teil der Umwelt betrachtet und daher einerseits sehr viel spontaner auf die Schädigungen an Menschen reagiert, aber auf der anderen Seite auch sehr viel spontaner die Umwelt manipuliert.« Ein ganzheitlicher Ansatz also, bei dem der für das europäische Denken typische Dualismus von Gott und Welt, Schöpfer und Schöpfung nicht auftritt.

Diese Konstellation zeigt sich auch im Denken afrikanischer und indianischer Kulturen.
Wenn die Religionen der Welt also in einen ethischen Diskurs über die biotechnische Revolution eintreten wollen, haben sie Bedarf an einer interkulturellen Verständigung. Ob dieser Diskurs dann in einem gemeinsamen Weltethos gipfelt, wie der Theologe Hans Küng hofft, kann hier offenbleiben. Auf jeden Fall, das muß als die erste Voraussetzung genannt werden, ist eine wirksame Beteiligung der Religionen am ethischen Streit über die Entwicklung der Biotechnologien nicht ohne den interkulturellen Diskurs zwischen den Religionen selbst zu haben.
Für die Religionen kann es zum zweiten nicht darum gehen, die durchaus begrenzte Rationalität des biotechnischen Ansatzes prinzipiell zu verwerfen. Diese Rationalität ist ja Teil der spezifischen Natur des Menschen, sie ist eine Variante seines Denken- und Handelnkönnens. Aber sehr wohl ist – um des Menschen und der Schöpfung willen – eine kritische Gewichtung dieser »Kunst« hinsichtlich ihrer Voraussetzung und Folgen erforderlich.
Zum dritten bleiben die Religionen, wenn sie im ethischen Diskurs mit der Biotechnik ihren Traditionen treu bleiben wollen, an bestimmte Grundbegriffe gebunden. Natur ist für sie Schöpfung, gegeben, eröffnet, und ist Grundbedingung aller zeitlichen Existenz. Natur ist also nicht nur Rohstoff, Objekt und Ressource. Jedes Geschöpf hat, ob durch den Menschen verändert oder nicht, in seinem Dasein und Sosein eine unverwechselbare Zeitgestalt und darin auch eine kreatürliche Würde. Dem Menschen, der um diese Zusammenhänge wissen kann, kommt diese Würdegarantie in einer besonders unmittelbaren Weise zu. Deshalb spricht das Alte Testament von der Gottesebenbildlichkeit des Menschen. Alle Varianten menschlicher Existenz stehen unter diesem Vorzeichen.
Zum vierten ist die menschliche Würde nicht nur persönlicher Selbstzweck. Diese Würde hat eine soziale Dimension. Sie schließt alle Varianten menschlicher Existenz mit ein, von der Stunde der Zeugung bis zum Tod. Religiöse Ethik ist so gesehen immer auch Sozialethik.

Die auf religiöse Traditionen bezogene Ethik muß zum fünften den Stellenwert ihrer Argumente philosophisch verständlich machen, so daß diejenigen, die ihre Voraussetzungen nicht teilen, sie dennoch nachvollziehen können. Das betrifft insbesondere den Gottesbezug. Die von den Religionen in Anspruch genommene Voraussetzung, daß sich alles Leben der Zusage und dem Handeln Gottes verdankt, ist so für das säkulare Bewußtsein nicht nachvollziehbar. Das Gewicht dieser Voraussetzung kann aber für das säkulare Empfinden dort verständlich werden, wo es um eine umfassende Sorgfaltspflicht bei der Gestaltung des Lebens geht.

Zum sechsten: Eine auf religiöse Traditionen basierende Ethik kann sich mit der Rolle der kleinen Anwendungsethik, die ihr von Biotechnikern zugewiesen wird, nicht zufrieden geben. Da wäre immer schon Hopfen und Malz verloren, wenn biotechnologische Interessen vorweg definierten, wie weit der menschliche Embryo oder sterbende Menschen als schützenswert gelten. Die fundamentalen Begriffe der Menschenwürde und der Lebensgüte im Sinne von Schöpfung sind in ihrem universalen theologischen Begründungszusammenhang maximalistisch. Sie erschweren – Gott sei Dank – jede Instrumentalisierung des Lebens unter dem Druck von Erkenntnis- und Nutzungsinteressen.

Die ethischen Vorbehalte religiöser Traditionen lassen sich an dem eingangs angesprochenen Beispiel biotechnischer Beeinflussung menschlicher Reproduktion exemplarisch entfalten. Die ethische Frage nach der Menschlichkeit im Zeitalter der biotechnischen Reproduzierbarkeit betrifft die Würde, die spezifische Intimität und die soziale Kompetenz der Familien im Zusammenhang von Zeugung, Empfängnis, Geburt und Elternschaft. Wenn man sich die gängigen Methoden der Reproduktionsmedizin – Samen- und Eispende, Geschlechtsbestimmung, Laborbefruchtung, Embryonenversuche, Gentechnik auch an Keimbahnzellen, Klontechnik – vor Augen führt, so ist der Eindruck einer zunehmenden Fremdbestimmung und Manipulierung nicht von der Hand zu weisen. Der Münchner Philosoph Dietmar von der Pfordten spricht in diesem Zusammenhang von der »Schritt-für Schritt-Zunahme« des Manipulationsanteils:

»Je mehr der Mensch andere Menschen und nichtmenschliche Lebewesen manipuliert und ihre Strebungen in seinem Interesse verändert, desto stärker nähert er sein Tun der Herstellung einer Maschine, desto weiter drückt er andere Lebewesen von ethisch belangvollen Entitäten zu ethisch belanglosen biologischen Maschinen herab. Die Crux liegt in dieser Schritt-für-Schritt-Zunahme der Instrumentalisierung. Auf der einen Seite ist es lebensnotwendig, daß der Mensch andere Lebewesen im Sinne seiner Interessen einsetzt. Auf der anderen Seite degradiert jeder weitere Instrumentalisierungsschritt, der die Strebungen anderer ihres autochthonen Charakters beraubt, sie einen Schritt weiter zu beliebig verfügbaren Maschinen. Der erste Schritt herkömmlicher Züchtung ist noch relativ unproblematisch, weil hier nur der externe Paarungsakt manipuliert wird. Künstliche Insemination, Retortenzeugung und schließlich die Klonierung gehen in der Manipulationskaskade jedoch jeweils einen Schritt weiter. Jeder dieser Schritte unterscheidet sich einzeln betrachtet nicht fundamental von der Züchtung. Aber jeder dieser Schritte ist nicht nur ein singulärer Schritt, sondern ein weiterer Schritt auf dem Weg der Einschränkung autochthoner Strebungen der manipulierten Lebewesen.«

So einleuchtend die von Dietmar von der Pfordten aufgezeigte Steigerung der Manipulationsmöglichkeiten auch ist, so bietet sie doch keine direkte Möglichkeit zur Grenzziehung. Hier muß man vielmehr nach den Kriterien von Wert und Würde des menschlichen und gewiß auch des kreatürlichen Lebens fragen. Je weniger Unklarheit darüber besteht, was unter der Würde des Menschen zu verstehen ist und wie sie als Maßstab veranschlagt werden kann, desto eher lassen sich Vorbehalte und Grenzen gegenüber manipulativen Übergriffen formulieren.

Aber hier bricht nun eine Grundsatzdiskussion auf, denn längst stehen die alten Prinzipien der Menschenwürde und der Heiligkeit des Lebens zur Diskussion. Es geht um die Auseinandersetzung zwischen der Ethik der Menschenwürde und der Ethik der Interessen. Die Vertreter der utilitaristischen Ethik, allen voran der Australier Peter Singer, führen einen Angriff mit der Absicht, die Menschenwürdegarantie aus der Verfassung und aus dem Bewußtsein der Öffentlichkeit als überholtes metaphysisches Leergut zu entfernen. Statt dessen macht die »Ethik der Interessen« die Schutzwürdigkeit des menschlichen Lebens abhängig von der Definition und dem Vorhandensein bestimmter Fähigkeiten, wie zum Beispiel Rationalität, Selbstbewußtsein und Zukunftsfähigkeit. Singer argumentiert in seiner »Praktischen Ethik«, er halte dafür, daß die einzig vertretbare Basis für das Prinzip der Gleichheit die gleiche Interessenerwägung sei. Der Unterschied zwischen den beiden Positionen, der religiös begründeten Ethik der Menschenwürde und der Ethik der Interessen, ist also der, daß im Falle der Ethik der Menschenwürde die Würde als etwas dem Menschen generell Zustehendes gilt, theologisch formuliert: als etwas generell Zugesprochenes. Hingegen ist im Fall der utilitaristischen Ethik der Schutz der Menschlichkeit von der Plausibilität bestimmter Nützlichkeitserwägungen abhängig. Und über die urteilen die sogenannten Entscheidungsfähigen.

Im Falle der Ethik der Menschenwürde hat jeder von einem Vater gezeugte und von einer Mutter geborene Mensch ein uneingeschränktes Lebensrecht. Mehr noch: Der Schutzschirm des Menschlichen gilt hier für den gesamten Zusammenhang menschlicher Existenz von der Zeugung bis zum Tod. Hier werden keine Definitionen über Anfang und Ende des menschlichen Lebens getroffen. Dem Gesamtzusammenhang des menschlichen Lebens eignet eine Würde, die ihm ohne Zutun menschlicher Definitionsversuche zukommt.

Auf dieser Grundlage kann und darf mit menschlichem Leben ohne bewußte Einwilligung nicht experimentiert werden. Auf dieser Grundlage ist es verwerflich, medizinischen Fortschritt um den Preis weitgreifender Embryonenversuche zu gewährleisten. Auf dieser Grundlage ist es auch indiskutabel, die Klontechnik zu dem Zweck einzusetzen, eine nächste Generation – als kleine oder große Gruppe – unter den gezielt herbeigeführten Zwang einer bestimmten genetischen Identität zu stellen.

Die Ethik der Menschenwürde wird also gegenüber jeder Abschneidung menschlicher Existenzrechte klare Vorbehalte aussprechen, so gegenüber jeder eugenischen Tendenz in der Gendiagnostik, gegenüber jeder Automatik des Schwangerschaftsabbruches und gewiß auch gegenüber jedem Ansatz der Embryonenforschung und daraus abgeleiteten gentechnischen Möglichkeiten zur Beeinflussung der Keimbahn. Aber es wäre durchaus im Sinne der Ethik der Menschenwürde, gendiagnostische und gentherapeutische Methoden umsichtig und behutsam vertretbaren Handlungsabsichten im Einzelfall zu- und unterzuordnen.
Durch die bei der Anerkennung der Menschenwürde bedingten Grenzziehungen wird medizinischer Fortschritt nicht einfach gestoppt oder prinzipiell verhindert, er wird vielmehr angeregt, sich sensibel und erfinderisch mit den Grenzen der Schutzwürdigkeit menschlicher Existenz auseinanderzusetzen. Unter Anerkennung dieser Konstellation hat sich medizinischer Fortschritt seit 1945 vollzogen. Die internationalen Ärztedeklarationen von Nürnberg, Helsinki, Tokyo und Venedig gehen alle von dem Grundsatz aus, daß fremdnützige Medizinforschung um den Preis der Belastung und Beschädigung nichtentscheidungsfähiger Dritter nicht sein darf.
Ganz andere Möglichkeiten ergeben sich hingegen aus dem Kalkül der utilitaristischen Ethik. Die Ethik der Selbstbestimmung menschlicher Interessen wird, wenn es entsprechende Überlegungen gebieten, Überlebenschancen begrenzen und menschliches Leben zur Tötung freigeben. So liegt es im Kalkül der Ethik Peter Singers, die Möglichkeit der Kindstötung und der Tötung von Schwerbehinderten prinzipiell nicht auszuschließen. Dadurch rückt der ganze Bereich von Krankheit, Behinderung und Sterben in die Zone des Verhandelbaren und Abschneidbaren. Die utilitaristische Ethik wird aber auch dort, wo es die vom Menschen definierten Interessen gebieten, die biotechnische Perfektionierung des Menschen befürworten und entsprechende Versuche, nicht zuletzt im embryonalen Bereich, als unbedenklich deklarieren. Dazu würde dann auch gehören, die Klontechnik zumindest für den medizinischen Fortschritt,

etwa bei der Herstellung von Geweben und Organen, freizugeben. Das wäre ein spezieller Fall von Embryonenforschung.
Insgesamt laufen heute weltweit drei Tendenzen mit einem entsprechenden Verstärkereffekt zusammen: die utilitaristische Ethik mit ihrem säkularen Nutzenkalkül, der biotechnische Fortschritt allgemein und speziell in der Reproduktionsmedizin und schließlich die Veränderung in der ärztlichen Ethik, die das fremdnützige Experiment an Nichtzustimmungsfähigen nicht mehr prinzipiell ausschließt. Das wird an entsprechenden Stellungnahmen der Bundesärztekammer deutlich, aber ebenso auch an der Bioethik-Konvention des Europarates.
Im vollen Titel der Bioethik-Konvention »Das Übereinkommen zum Schutz der Menschenrechte und der Menschenwürde im Hinblick auf die Anwendung von Biologie und Medizin« wird die Menschenwürde als generelle Grenze medizinisch-technischen Handelns angesprochen. Aber schon in der Präambel wird die Gesamtorientierung des biologisch-medizinischen Fortschritts in die Spannung zwischen Menschenwürde und Nutzengarantie für kommende Generationen gestellt. Und dann werden in den folgenden Paragraphen unter bestimmten Bedingungen Embryonenversuche und Experimente an Nichtzustimmungsfähigen zugestanden. Die Reproduktionsmedizin ist angesichts dieser Gesamtsituation insofern besonders sorgfältig im Auge zu behalten, als sich hier zahlreiche Eingriffsabsichten – Gendiagnostik, Gentherapie, Klontechnik – abzeichnen. Die ethische Sorgfaltspflicht im Zeitalter der Reproduzierbarkeit, wie sie nicht zuletzt von den Weltreligionen wahrgenommen werden muß, hat hier eines ihrer vorrangigen Bewährungsfelder.
Im Zuge der hier dargestellten kritischen Einrede wird sich die von den Religionen geltend gemachte Ethik der Menschenwürde in der Wissenschaft wie in der Öffentlichkeit wenig Zustimmung einhandeln. Die utilitaristische Ethik mit ihrem Grundmotiv der Interessenfeststellung paßt viel eher in den gegenwärtigen Trend einer selbstbestimmten Privatheit, wie er zumindest in den westlichen Industriestaa-

ten wahrgenommen werden kann. Das zeigt sich nicht zuletzt auch in der immer stärker werdenden Forderung nach Freigabe der Euthanasie für Sterbende und Todkranke. Von der Sache her bleibt die Orientierung an der Menschenwürdegarantie unter besonderer Berücksichtigung des religiösen Begründungszusammenhangs jedoch unverzichtbar. Dies nicht nur, weil es das unaufgebbare Anliegen der Mitglieder in den Religionsgemeinschaften wäre. In der Rückbeziehung der Menschenwürde auf Gott als den Geber allen Lebens liegt die einzige Möglichkeit, die Universalität der dem Menschen immer schon vorausgehenden Lebens- und Würdezusage – ohne Ansehen der Person, der Kultur und des Entwicklungsstandes – ungeschmälert zum Ausdruck zu bringen. Eben das kann im Hinblick auf die weltweite Eigendynamik der neuen Technologien und der hinter ihnen stehenden Wirschaftsinteressen nicht hoch genug geschätzt werden.

GESEKO VON LÜPKE

Galileos Erben

Naturwissenschaft und Religion überwinden die Sprachlosigkeit

Religion und Naturwissenschaften sind – so lernen wir in Schulen, Universitäten und Reihen kluger Abhandlungen – gegensätzliche Welten. Was die Kirche als gottgegeben hinnimmt, wollen die Forscher erklären, entmystifizieren. Was die Gläubigen *glauben*, will die Wissenschaft *wissen*. Was aber ist, wenn rationale Forschung den Menschen selbst zum Schöpfer neuen Lebens macht, sich die Kosmologen Bruchteile von Sekunden an die geheimnisvolle Geburt des Kosmos herantasten, Wissenschaftler zu Herren über Leben und Tod werden und die Wissenschaft selbst den Status einer Religion annimmt? Ist dann das alte Schisma nicht nur noch ein Mythos?
Zweifellos: Seit Aristoteles und den mittelalterlichen Scholastikern wird die Kirche von zweiflerischen Geistern geplagt: Immer war es *ratio*, das Rechnen, welches *fides*, den Glauben, erklären wollte und sich *sapientiae*, der Wissenschaft, bediente. Das scharfe Auge der denkenden Zweifler war es, das die alten Weltbilder aus den Angeln hob und sich über das Vertrauen in die Antworten der selbsternannten Stellvertreter Gottes hinwegsetzte. Doch der unbeirrbare Blick des Galilei allein, der Anfang des 17. Jahrhunderts mit seinem Teleskop bewies, daß die Erde nicht der Mittelpunkt des Kosmos war, reichte damals nicht aus, um das alte Weltbild zu kippen. Galileo Galilei, der nur durch den Widerruf der Wahrheit dem Scheiterhaufen entkam, mußte 360 Jahre warten, bis Papst Johannes Paul II. ihn 1996 öffentlich rehabilitierte. Weil das Monopol über die transzendente »Wahrheit« auch die Grundlage für die weltliche Macht der Kirche war, wurde rationales Wissen subversiv und revolutionär. Und weil Forscher verfolgt, bestraft und geächtet wurden, wurde die Wissenschaft zum Synonym für die Freiheit des

Denkens, die Freude der Erkenntnis, die Macht der Rationalität. Doch darf man da tatsächlich von einem Konflikt zwischen Wissenschaft und Religion sprechen, wo es historisch doch eigentlich um die Macht ging?
Wer das Verhältnis von Wissenschaft und Glaube verstehen will, muß tief herabsteigen in die Katakomben der Geschichte des Forschens. Denn beide Zweige der Welterkenntnis, die transzendente wie die rationale, stammen aus der gleichen Wurzel der Neugierde. Die Welt zu begreifen bedeutete immer auch, Gott zu verstehen. Und Gott zu begreifen beinhaltete immer auch den Wunsch, das Weltliche zu beherrschen. Klöster waren die Vorgänger der Universitäten und Denkfabriken der Gegenwart, und die Kirche war es meistens selbst, die sich die kritischsten Geister heranzog. Wissen trug immer einen Januskopf: Einerseits feierte es die göttliche Schöpfung und war doch gleichzeitig zum Mißbrauch verleitendes Machtmittel. Doch was geschah, als die Wissenschaft sich gegen den Mißbrauch wehrte, den reinen Geist betonte und Abschied nehmen wollte vom Aberglauben? Ein Bruch? Mitnichten!
Denn das gesamte wissenschaftlich-rationale Weltbild, das auf unveränderlichen und ewigen Naturgesetzen basiert und in stolzer Überheblichkeit auf jede religiöse und metaphysische Weltsicht herabblickt, ist in seiner Grundannahme selbst zutiefst metaphysisch: Natur-»Gesetze« erfordern zweifellos einen Gesetz*geber*, der sie erläßt. Forscher wie René Descartes und Isaac Newton haben die Existenz eines Schöpfergottes nie in Frage gestellt, ganz im Gegenteil. Die Fragen nach dem letzten Grund haben sie nicht gestellt und nicht beantwortet. Auf ihren Erkenntnissen aber basiert unser modernes wissenschaftliches Weltbild. Nicht ohne Ironie ist deshalb Gott für das Weltbild der Moderne schon mit einem Maschinisten verglichen worden, der die kosmische Maschine entworfen und gezündet hat, sich dann aber mit der Ölkanne in der Hand aus dem mechanistischen Universum zurückgezogen und zur Ruhe gesetzt hat. Alle rationale Weltsicht basiert also eigentlich auf der – meist uneingestandenen – Überzeugung, daß es so etwas wie einen Schöpfergott gibt. Sie braucht ihn oder eine andere meta-

physische Kraft, um sinnvoll zu erklären, wie aus dem kosmischen Nichts alles entstehen konnte. Meistens aber schließt die Naturwissenschaft fundamentale Fragen nach dem Schöpfer der Naturgesetze, nach der Zeit vor dem Urknall, nach dem Sinn der Schöpfung einfach aus. Wissenschaft ist deshalb kaum mehr als ein begrenzter Rahmen, ein rationales Fenster im Ozean des Nichtwissens, der Ahnung und Mystik.

Wer das Verhältnis zwischen Religion und Wissenschaft untersuchen will, trifft auf ein Dickicht aus Mythen und Weltbildern. In den letzten 500 Jahren westlicher Kulturgeschichte ist der europäische Mythos in seiner Funktion als Erklärungsmodell eines rätselhaften Kosmos gleich mehrfach auf den Kopf gestellt worden. Aus einem theologischen geozentrischen Weltbild, das die Erde im Mittelpunkt des Kosmos sah und den Menschen als ausgewähltes Werkzeug Gottes begriff, entstand das wissenschaftliche heliozentrische Weltbild, das die Perspektive erweiterte, die Sonne in den Mittelpunkt des Planetensystems brachte und die Erde auf einen kreiselnden Trabanten reduzierte. Die moderne Sternkunde hat uns zudem gelehrt, daß wir in kosmologischen Maßstäben mikrobische Lebewesen auf einer staubkorngroßen Materieballung in einem Sonnensystem am Rande einer von Millionen Galaxien sind.

Obwohl oder vielleicht auch weil sich der *homo sapiens* hier in Nichtigkeit aufzulösen scheint, hat der moderne Mensch sich einen Mythos geschaffen, mit dem er all dieses Wissen geschickt umschifft. Das alte geozentrische Weltbild mit der Erde im Mittelpunkt hat sich unmerklich auf den Menschen verlagert und zu einem anthropozentrischen Weltbild in einem heliozentrischen Sonnensystem geführt. Statt der Erde wurde der Mensch in den Mittelpunkt gestellt: als höchstentwickeltes Wesen, Ebenbild Gottes, Herrscher über Emotion und Natur. Dieses verbreitete menschliche Selbstbild, das unserem biologischen Wissen eigentlich widerspricht, ist ein Mythos. Die jüngsten Erkenntnisse über den evolutionären, wachsenden und sich ausdehnenden Kosmos haben diesem modernen Mythos nicht geschadet, sondern ihn eher noch verstärkt. Schon Darwins Evolutionstheorie war wie geschaffen, um ihn zu stärken: Da steht der Mensch erfolgreich am Ende einer Milliarden Jahre währenden Evolution, er ist ihr höchstes Produkt, Gipfelpunkt einer hierarchischen Pyramide und hat die Fähigkeiten und Fertigkeiten all seiner Vorgänger vereint. So mancher Naturforscher proklamiert deshalb nicht nur das Ende der Geschichte, sondern auch das Ende der Evolution und ist davon überzeugt, daß der Mensch der Gegenwart das Ziel der Evolution sei. Auch das ist ein Mythos von fast religiöser Kraft.

Die evolutionäre Selbstüberschätzung der Spezies Mensch ist aber nur Ausdruck eines weiteren, noch tieferen Mythos. Ihr tiefster und grundlegendster Aspekt liegt in der Überzeugung, abgespalten zu sein von der umgebenden Natur, getrennt zu sein vom Fluß des Lebens, als dessen Krone sich der Mensch empfindet. Dieser Mythos ist nicht nur in der biblischen Geschichte von der Vertreibung aus dem Paradies symbolisiert, sondern kommt auch in vielen anderen Schöpfungsmythen rund um den Erdball vor. Immer wird dort erinnert an eine mythische Vorzeit, in der Götter, Menschen und Tiere eins waren, immer wird der Verlust dieses »Goldenen Zeitalters« beklagt und die Sehnsucht nach einer Rückanbindung an diese Einheit zu einem Grundmotiv der Religionen (religare, lat. sich rückbinden). Doch gerade im nachchristlichen Europa wurde dieser Mythos der Trennung des Menschen vom Ganzen der Natur zu einem machtvollen kulturprägenden Paradigma. Dieser Mythos, getrennt zu sein, hat trotz aller Leiden, die er hervorbringt, eine enorme Beständigkeit bewiesen, obwohl alle Erkenntnisse der modernsten Physik, Biologie und Ökologie ihn widerlegen und von der grundlegenden Einheit der Natur ausgehen.

Wir leben damit in einer geradezu absurden Situation: Die Wissenschaft, die fest an ihre Rationalität glaubt, baut tatsächlich auf ein metaphysisches Fundament. Der Mensch, der wissenschaftlich geschult eigentlich von seiner minimalen Bedeutung im Kosmos weiß, versteht sich mythologisch aber als ihr eigentlicher Mittelpunkt. Während ihn alle Wissenschaften immer wieder an seine absolute Abhängigkeit von und Eingebundenheit in die Natur erinnern, sieht er sich mythologisch als außerhalb der Schöpfung stehend an.

Zu der Spaltung zwischen Religion und Wissenschaft kommt also noch die Spaltung zwischen Geist und Natur. Während sich in der christlichen Theologie der vergangenen Jahrhunderte die menschliche, spirituelle und geistige Reife traditionell am Himmel, am Göttlichen, am Oben orientierte, galt die Natur und mit ihr alle Emotionen, körperlichen Funktionen und Gefühle als sündig, schlecht, niedrig und erdhaft-schmutzig. Die großen Denker am Beginn der Neuzeit – Galileo, Kopernikus, Isaac Newton, Johannes Kepler, Francis Bacon und René Descartes – bauten auf dieses Fundament eine Weltsicht, nach der die niedere materielle Welt wie ein gigantisches Uhrwerk funktioniert: manipulierbar, kontrollierbar, instrumentalisierbar, geistlos und profan. Wissenschaft und Kirche einigten sich in dieser Situation bewußt oder unbewußt auf ein Geschäft, das der ohnehin gespaltenen Weltsicht am ehesten entsprach: Die Welt des Schöpfers, des Göttlichen, der transzendenten Realitäten und der Moral wurde zum Monopol der Kirchen, in das sich die Wissenschaft nicht mehr einmischte. Die Welt der Materie, der Naturkräfte, die durch Sinne und Instrumente erfahrbar war, wurde dem Bereich der Wissenschaft zugeschlagen, wobei sich die Kirchen – bis auf wenige Ausnahmen – bereit erklärten, keinen Widerstand zu leisten gegen das materialistische Weltbild eines wertfreien, sinnlosen, blinden, seelenlosen und völlig deterministischen Universums. Gott verschwand aus der Natur, Natur wurde – schlimmer noch – verteufelt. Die Entheiligung der Welt lieferte so die Basis für technologisch-industrielle Zerstörung der natürlichen Welt, mit deren ökologischen und sozialen Folgen wir heute konfrontiert sind.
Die religiöse wie wissenschaftliche Argumentationskette, die aus der scheinbaren menschlichen Überlegenheit das Recht ableitete, andere Gattungen zu beherrschen, die Natur zu kontrollieren und auszubeuten, prägte aber gerade auch den zwischenmenschlichen Umgang. So wie der Mensch der Natur überlegen schien und der Geist höherwertig schien als der Körper, so sahen sich auch Männer berechtigt, Frauen zu beherrschen, Weiße sich legitimiert, Farbige zu besitzen, Adlige im Recht, Bauern zu beherrschen

etc. Die Folge waren Jahrhunderte, die von Rassismus, Klassenherrschaft und Sexismus geprägt waren. Gleichzeitig wurden Dominanz, Kontrolle und Ausbeutung zu den tragenden Werten des westlichen Humanismus gegenüber der Natur. Die korrupte, schlechte und brutale Welt aber war getrennt vom reinen Reich Gottes. Die Ideologien menschlicher Überlegenheit und eines transzendenten Gottes paßten ineinander wie Zahnräder einer Maschine. Denn solange der Teufel, manchmal sogar als »Herr der Erde« bezeichnet, aus dem menschlichen Handeln sprach, profitierte die Kirche als Repräsentant des Reinen, Guten und Heiligen. Religion und Wissenschaft waren formal zwar getrennte Welten, brauchten sich gegenseitig aber als Pole der Rationalität und Transzendenz und sicherten auf diese Weise gegenseitig ihre jeweilige Existenz.

Doch die kirchlichen Institutionen verlieren heute – zumindestens in Mitteleuropa – stark an Einfluß. Quasi unter Ausschluß der Öffentlichkeit ist statt dessen an der Basis christlicher Gemeinden eine neue Religiosität entstanden. Das Wiederaufleben mystischer Traditionen, das Interesse an Naturreligionen, die kritische Auseinandersetzung mit dualistischen Denkmodellen auch innerhalb der kirchlichen Institution, die auf der Ebene von Gemeinden längst praktizierte Ökumene sowie eine wachsende Naturspiritualität sind deutliche Zeichen dafür, daß die Spaltung zwischen Geist und Natur ihre Grenzen hat und – trotz jahrhundertelanger massiver Unterdrückung – sich doch auch eine Tradition erhalten hat, die konstant ein anderes, ganzheitliches Bild der Welt gezeichnet hat. Und gerade die Wissenschaft, die sich im 20. Jahrhundert forschend immer mehr an die Grenzen ihres eigenen Denkrahmens herangetastet hat, wird zunehmend zu einem Koalitionspartner dieser neuen Religiosität.

Denn die Trennung zwischen Geist und Natur, Gott und Wissenschaft existierte in den Köpfen der Forscher nie so, wie es der Mythos des Rationalismus verlangte. Johannes Kepler wollte in der Bewegung der Planeten die göttliche »Harmonie des Sphären« nachweisen. Isaac Newton war darauf bedacht, seine Bewegungsgesetze in Einklang mit einem »absoluten Herrscher über die Schöpfung« zu bringen.

Selbst Albert Einstein stritt mit seinem populären Argument »Gott würfelt nicht« gegen die Quantenmechanik. Auch die Visionen der Erfinder und Techniker waren von religiösen Erlösungsphantasien oft nicht weit entfernt, wie Hans Dieter Mutschler in seinem Buch »Die Gottmaschine« nachweist. »Die Technikentwicklung«, so Mutschler, »ist oft untergründig motiviert von dem Wunsch nach totaler Weltbewältigung, nach der Überwindung aller menschlichen Schranken. Auf diesem Niveau ist sie der Religion vergleichbar.«

Gerade die modernste Wissenschaft, angefangen bei der Quantenmechanik in den ersten Jahren des 20. Jahrhunderts, fortgesetzt in der Atomphysik, der Kybernetik, Systemtheorie und Ökologie, schließlich der Chaosforschung, Komplexitätstheorie und Kosmologie bis hin zur modernen Informatik, brachte Erklärungsansätze und Weltbilder hervor, die mit dem reinen Rationalismus von Ursache und Wirkung nicht mehr in Übereinstimmung zu bringen waren. Im Bereich des mikroskopisch Kleinsten konnte Licht – je nach der Position des Betrachters – sowohl Teilchen als auch Welle sein. Der Mythos vom objektiven Wissenschaftler zerfiel, als entdeckt wurde, daß der Beobachter pausenlos die Welt, die er beobachtete, mitprägte. Nicht-lokale Zusammenhänge zwischen weitentfernten Teilchen wurden entdeckt, plötzliche Sprünge zwischen Sein und Nicht-Sein. Auf der subatomaren Ebene waren die Forscher mit einer Welt konfrontiert, in der sich die Materie in Wahrscheinlichkeiten auflöste, aus Quantenfeldern und Energiemustern bestand und nichts mehr wirklich greifbar war. Energiemuster, die Informationen enthielten, kamen aber den theologischen Begriffen von Geist und Bewußtsein gefährlich nahe.

Kybernetik, Systemtheorie und Ökologie leiteten einen Wandel in der gesamten Naturwissenschaft ein, die heute längst nicht mehr die Welt in unzählige Puzzlesteine zerteilt, sondern statt Objekte die Beziehungen erforscht, statt Strukturen die verbindenden Entwicklungs-Prozesse freilegt und statt mechanischen Abläufen organische Netzwerke entdeckt. Statt die Welt als seelenlose Maschine zu betrachten, entstand ein »ganzheitliches Weltbild«, das aus ineinander verschachtelten Systemen besteht, die sich umschließen, beeinflussen, koordinieren, korrigieren und »intelligent« selbst organisieren. Da wird der naturwissenschaftliche »Zufall Mensch« immer mehr zu einem komplexen dynamischen System, das mit seinen Organen, Zellen, Molekülen, Atomen Ganzheiten umschließt und durch Gesellschaften, Ökosysteme, Biosphäre, Planetensystem, Galaxie, Kosmos – oder Gott? – von Ganzheiten umschlossen ist. Der Atomphysiker Fritjof Capra, der schon in den frühen 70er Jahren auf die Parallelen moderner Naturwissenschaft und asiatischer Mystik in Hinduismus, Buddhismus und Taoismus verwiesen hatte, konstatierte Mitte der 90er Jahre: »Die Wissenschaften der heutigen Zeit führen uns zu einem Weltbild, das zutiefst ökologisch ist. Ökologie im tiefsten Sinne beruht auf einem Bewußtsein der wesentlichen Verknüpftheit aller Phänomene, der Zugehörigkeit zum Ganzen, des Eingebettetseins im Ganzen. Und das ist auch religiöses Bewußtsein.« Chaostheorie und Komplexitätsforschung waren die Diszplinen, die dem verborgenen Regelwerk des großen Ganzen nachspürten und dabei einer höchst dynamischen, kreativen, innovativen und organischen Natur begegneten.

Die Parallelen zwischen Religion und Wissenschaft nahmen laufend zu. Und immer mehr Theologen werteten die Erkenntnisse der Naturwissenschaft als Gottesbeweise: Denn wo in der Quantentheorie die »Unschärferelation« regierte, war auch Platz für die Gestaltungskräfte Gottes, wo sich alles auflöste in subatomare Quantenfelder, Platz für den immateriellen Geist Gottes. Wo Subjekt und Objekt miteinander verschwammen, war auch ein Gottessohn als Mensch denkbar. Die neuentdeckte Offenheit der Schöpfung ging Hand in Hand mit dem Dogma der unbegrenzten Freiheit Gottes, und die Entdeckung der Selbstähnlichkeit in der fraktalen Geometrie schien universelle Harmoniegesetze zu bestätigen. War es am Ende nur sprachlich ein Unterschied, die Welt in theologischen und naturwissenschaftlichen Formen und Metaphern zu beschreiben? Wo lag der Unterschied zwischen den informationstragenden immateriellen *Photonen* und den *Engeln*, der erdwärts strebenden Kraft

des *Bösen* und der *Schwerkraft*, der *Hölle* und dem *schwarzen Loch*, dem theologischen Modell der *Dreieinigkeit* und den *drei Naturkonstanten* aus Gravitation, Elektromagnetismus und Atomkräften?
Keine Forschungsrichtung aber hatte sich so sehr auf die Spuren des Göttlichen geheftet wie die moderne Kosmologie. Immer schon galt der Himmel als Sitz der transzendenten Mächte, immer schon war es treibendes Motiv der Astrophysiker, Gott in die Karten zu schauen. Das gilt vor allem für jene akademische Spielwiese, die sich um das sogenannte Urknall-Modell gebildet hat, nach dem alles, was der Kosmos enthält, aus einem einzigen kreativen Lichtblitz entstand. Alle Kulturen und Religionen der menschlichen Geschichte haben sich durch einen verbindlichen Schöpfungsmythos identifiziert. Auch der moderne Mythos vom Urknall macht da keine Ausnahme. Die Neugierde hat die Wissenschaftler entschlüsseln lassen, was unmittelbar nach dem Urknall passierte, und den Spielraum Gottes bei der Schöpfung auf die Zeit von 0,00000000000000000000000000000000000000000000000001 Sekunden reduziert. Was davor war, bleibt möglicherweise für immer ein Geheimnis. Moderne Astrophysiker wie George Smoot glauben, aus dem Nachhall des Urkalls – der kosmischen Hintergrundstrahlung – den »Fingerabdruck Gottes« herauslesen zu können. Ervin Laszlo spricht von informationsgefüllten »Psi-Feldern«, um dem Unfaßbaren ein neues Wort zu geben. Schon Werner Heisenberg vermutete am Anfang eine immaterielle reine Form und sagte: »Am Anfang ist der Sinn«. Für seinen Schüler Hans-Peter Dürr, emeritierter Direktor des Max-Planck-Instituts für Astrophysik, ist der Geist nicht ein Produkt der Materie, sondern Materie geronnener Geist: »Physikalisch ausgedrückt, könnte man die materielle Welt als das Resultat von Potentialwellen bezeichnen, die sich überlagern und dadurch die sichtbare greifbare Realität hervorbringen.« Theologische Metaphern, wohin man schaut. Der Anfang des Anfangs aber ist unverstanden wie eh und je und bleibt ein Wunder für den Astrophysiker ebenso wie für den Flaneur, der fragend in den Nachthimmel schaut.
Auch der Verlauf der kosmischen Evolution, wie er in den

letzten 20 Jahren entschlüsselt wurde, scheint auf Gesetze, Kräfte und Zufälle zu verweisen, die jenseits des Verständnisses klassischer Naturwissenschaft liegen. Der 14 Milliarden Jahre dauernde Prozeß vom Urknall über die Entstehung von Materie, Galaxien, Sonnen, Planeten bis zum Leben und Bewußtsein ist von so zahllosen Wundern gesäumt, die von der Wissenschaft allesamt als »Zufälle« klassifiziert wurden, daß eine wachsende Zahl von Astronomen heute vom »starken athropischen Prinzip« spricht. Es besagt, daß vom Urknall an die Evolution des Universums darauf abzielte, irgendwann organisches Leben und reflektives Bewußtsein hervorzubringen. Und von der Teleologie (der Lehre vom Schöpfungsziel) zur Theologie (der Lehre vom Schöpfer) ist es nicht nur phonetisch nur ein kleiner Schritt. Daß »Gottes Hand« bei der Schöpfung im Spiel war, ist für immer mehr moderne Naturwissenschaftler unausgesprochener Teil ihres Weltbildes. Nach einer 1997 veröffentlichten Umfrage glauben 40 Prozent der Biologen, Physiker und Mathematiker »an einen Gott«. Der amerikanische Kirchenkritiker und Theologe Matthew Fox hat deshalb nicht ohne Sarkasmus festgestellt, daß es »unter den Wissenschaftlern mittlerweile mehr Mystiker gibt als unter den Bischöfen dieser Welt«. Zu dieser Wertung paßt, daß seinerseits der Astronom, Philosoph und Theologe der vatikanischen Sternwarte, Michael Heller, mittlerweile vehement vor einem »Mißbrauch der Kosmologie« warnt und sich darüber lustig macht, daß seine weltlichen Kollegen überall die Spuren des Übernatürlichen sehen. Ein rationalistischer Theologe, der sich über mystische Wissenschaftler beschwert: verkehrte Welt? Der scheinbare Widerspruch löst sich auf, wenn man das Gottesbild betrachtet, das die modernen Wissenschaftler haben. Denn es hat wenig zu tun mit dem alten Mann mit Bart, dem transzendenten Schöpfer auf dem Weltenthron.

»Ich glaube an Spinozas Gott, der sich in der gesetzlichen Harmonie des Seienden offenbart, nicht an einen Gott, der sich mit dem Schicksal und den Handlungen der Menschen abgibt«, telegraphierte Albert Einstein im April 1929 an einen New Yorker Rabbiner, der – verschreckt von der Relativitätstheorie – nach der Existenz Gottes gefragt hatte. Der

christliche, personale Gott war nicht der Gott Einsteins. Sein Gott war ein kosmischer, unpersönlicher Gott, ein tiefgründiges Geheimnis der Welt, an dem sich religiöse Gefühle entzünden konnten. Für den Quantenphysiker Hans-Peter Dürr ist Gott ein Gleichnis für die alles hervorbringende, unteilbare Potentialität, ein »Möglichkeitsfeld«, in das wir Menschen eingebettet sind. Für den Evolutionsbiologen Friedrich Cramer liegt das Göttliche in der innewohnenden Intelligenz der Evolution, er sieht in der Selbstorganisation eine Grundeigenschaft der Materie, die immer auch die Idee ihrer Entfaltung, aller Baupläne und Ausformungen in sich trägt. Der australische Kosmologe Paul Davies, dem traditionelle jüdisch-christliche Gottesvorstellungen fernliegen, behauptet sogar, mit der Physik gäbe es »einen sichereren Weg zu Gott als über die Religion«. Ähnliches gilt für den genialen Stephen Hawkings, der die Suche nach der Weltformel mit der Suche nach dem Plan Gottes verbindet. Allen Naturwissenschaftlern, die mit diesem Dialog zwischen Theologie und Wissenschaft ernst machen, ist gemeinsam, daß sie den Grund unserer Wirklichkeit als immateriell erkennen, als kreatives Potential, als ein geistiges Prinzip, das die Materie erst hervorbringt. Ein solcher Gott unterscheidet sich grundsätzlich vom Gottesbild der Kirchen. Er ist immanent in allem, identisch mit allem Seienden und damit pantheistisch. Der englische Biologe Rupert Sheldrake spricht deshalb unverhohlen von einer »Rückkehr des Animismus auf einer höheren Ebene der Erkenntnisspirale«. Und das ist starker Tobak für den Heiligen Stuhl.
Die Rückkehr der modernen Wissenschaft zur Transzendenz ist aber weit mehr als ein Spleen überdrehter Forscher, die die Bodenhaftung verloren haben. Denn das Auseinanderklaffen von Vernunft und Metaphysik, von Machbarkeit und Moral fordert gerade in der modernen technisierten Welt eine Synthese der beiden Weltbilder. Die Wiederannäherung zwischen Wissenschaft und Religion ist zweifellos Ausdruck der Hoffnung, daß aus dieser Synthese jenseits der Widersprüche neue Werte erwachsen. Sie wären dringend nötig. »Die Wissenschaftsgeschichte der Neuzeit ist eine Geschichte der Entmoralisierung«, sagt der Wissenschaftssoziologe Wolfgang

Lepenies: »Aus den sich spezialisierenden und verengenden Disziplinen verschwindet die Werthaltung, die Moral. Der Wissenschaft als Ganzes kommen die Mores abhanden. Nun haben wir eine Wissenschaft ohne Moral und stehen in der technisch-wissenschaftlichen Zivilisation, die sich ihrer Gottferne rühmt, ohne Wertesystem da.« Die verantwortungsvolle Wissenschaft, die nicht alles tut, was machbar ist, ist noch eine zarte Pflanze. Cyberspace und Biotechnologie werden da schon in der allernächsten Zukunft eine gewaltige Herausforderung bringen.

Doch um der modernen technisierten Welt nicht zu erliegen wie der Jünger seiner Sekte, gilt es, die religiösen Grundlagen der technischen Revolution aufzudecken. Ihre Mythen müssen diskutiert, ihr theologisches Ziel eines irdischen Technikparadieses muß verstanden werden. Die längst allgegenwärtigen Berührungsflächen zwischen Religion und Wissenschaft dürfen nicht länger im kleinen Zirkel und hinter vorgehaltener Hand diskutiert werden, sondern müssen ein zentraler Bestandteil des naturwissenschaftlichen, des philosophischen und des theologischen Diskurses werden. Ebenso muß sich die Theologie befreien von der alten Angst, daß die Naturwissenschaft den Gott schließlich doch demontiert. Die Wissenschaft bietet im Gegenteil die Chance, ein überholtes Gottesbild zeitgemäß zu ergänzen.

Max Planck, der Übervater moderner deutscher Wissenschaft, mag dabei ein Vorbild sein. Forschung bedeutete für ihn Annäherung an das Göttliche, nicht dessen Bedrohung. »Nichts hindert uns also«, schrieb er, »die beiden überall wirksamen und doch geheimnisvollen Mächte, die Weltordnung der Naturwissenschaft und den Gott der Religionen, miteinander zu identifizieren«. Es dürfte die Mühe wert sein, den Mythos der rationalen Wissenschaft ebenso aufzubrechen wie das Gottesbild der Theologen und weiter aufeinander zuzugehen. Erstmals seit gut 500 Jahren besteht zum Beginn des 21. Jahrhunderts damit die reale Möglichkeit, aus einem vielfach gespaltenen Mythos und einem entsprechend gespaltenen Bewußtsein herauszutreten und die beiden Richtungen unseres Denkens und Empfindens wieder zusammenzubringen.

Gotthard Fuchs

Der zahnwehhafte Schmerz, daß Gott fehlt

Kultur und Kirche(n) – ein schwieriges Verhältnis

Am Vormittag des 9. Januar 1945 begann vor dem Volksgerichtshof in Berlin der Prozeß gegen die Kreisauer, gegen jene Widerstandsgruppe, die eine Neuordnung für das befreite Deutschland aus christlichem Geist entworfen hatte. Der Jesuitenpater Alfred Delp war der erste, der den Attacken des Präsidenten des Volksgerichtshofs ausgesetzt war. Folgender Dialog ist überliefert:

Roland Freisler: Jetzt sagen Sie uns mal, was Sie als Priester dazu gebracht hat, die Kanzel zu verlassen und sich mit einem Umstürzler wie dem Moltke und einem Querulanten wie diesem Protestanten Gerstenmaier in die deutsche Politik einzumischen. Los, antworten Sie!

Alfred Delp: ... Ich kann predigen, soviel ich will, und Menschen geschickt oder ungeschickt behandeln oder wieder aufrichten, solange ich will. Solange der Mensch menschenunwürdig und unmenschlich leben muß, solange wird der Durchschnitt den Verhältnissen erliegen und weder beten noch denken. Es braucht die gründliche Änderung der Zustände des Lebens ...

Roland Freisler: Wollen Sie damit sagen, daß der Staat geändert werden soll, damit Sie anfangen können, Zustände zu ändern, die das Volk aus den Kirchen fernhält?

Alfred Delp: ... Ja, das will ich damit sagen.

Soweit diese Momentaufnahme aus der jüngeren deutschen Geschichte, aus den Zeiten kultureller Barbarei. Gewiß haben sich mehr als 50 Jahre danach die Verhältnisse sehr geändert, und doch ist die Formulierung des katholischen Bruders von Dietrich Bonhoeffer, Alfred Delp, programmatisch geblieben: es geht um Überwindung totalitärer, repressiver, manipulativer Zustände, es geht um menschenwürdige Verhältnisse, in denen jeder und jede beten und denken kann. Aber: schließt sich das – Beten und Denken, Glaube und Kritik – für aufgeklärte Menschen nicht gerade aus? Ist es nicht Grundübereinstimmung auch der Gebildeten unter den Verächtern des Christentums, daß beides nicht zusammen geht – Vernunft und Glauben, entschieden Christ sein auf der Höhe der Zeit? Aber hatte nicht jüngst der spannende Briefwechsel zwischen Umberto Eco und dem Mailänder Kardinal Martini die bezeichnende Frage in den Mittelpunkt gestellt: »Woran glaubt, wer nicht glaubt?« Das Verhältnis von Glaube und Vernunft, von Kirche und Kultur ist auch heutzutage kein Sonderthema für Exoten. Es gehört in den größeren Zusammenhang, wie wir mit den Lebens- und Überlebensfragen der Menschheit insgesamt fertig werden. Woher die notwendigen Sinnressourcen nehmen? Wie den allfälligen Ethikbedarf decken, von Transzendenz ganz zu schweigen? Beten und denken als praktischer Widerstand gegen Verhältnisse, die menschenunwürdig sind! Keine narzißtische Selbstbespiegelung der Frommen, vielmehr zeitkritische Wahrnehmung von Verantwortung für eine Kultur des Friedens und der Gerechtigkeit.

Lassen Sie mich mit einer steilen These beginnen, die auf den ersten Blick ziemlich vollmundig und waghalsig klingt, mit der These nämlich, daß es ohne das Christentum auch in Zukunft nicht geht. Dazu ein längeres Zitat: »Es ist in der Tat die westliche Welt, hervorgegangen aus dem biblischen Wort, die das wissenschaftliche, moderne säkularisierte All hervorgebracht hat. Und deshalb ist die Krise dieser Welt eine solche des Glaubens. Der Rationalist ist ein geprüfter Gläubiger, der westliche Atheist ist ein geprüfter Gläubiger (es besteht ein großer Unterschied zwischen einem westlichen Atheisten und den Atheisten des vorchristlichen Altertums oder der verschiedenen Atheismen asiatischer Völker, Buddhisten und anderer, denn die kulturelle Umwelt ist eine ganz andere). Die Krise unseres Jahrhunderts ist, soweit sie vom Triumph des Westens lebt, eine Kollektivkrise des Christentums. Verstehen und Besitz der Welt, die Schlüssel des wissenschaftlich-technischen Unternehmens, entstammen der Gabe, die Gott dem Menschen mit der Welt gemacht hat. Und die Lösung der Frage nach Meistern der Wissenschaft setzt voraus, daß der Mensch sein eigenes Verhältnis zur Welt versteht. Ich bin ernstlich der Meinung, daß die westliche Krise, die wie eine Krankheit die ganze Welt ergriffen hat – keine übrigens einfachhin schlechte Krise – von uns Christen allein gelöst werden kann. Ich sage nicht: ›Wir die Abendländer‹, sondern einzig Glaubende können helfen, die Krise zu bewältigen, weil nur sie verstehen, wo der Ursprung und der Schlüssel liegen. D. h. nicht, wir hätten die persönliche Fähigkeit dazu, wohl aber, daß wir die Frage korrekt stellen können, und das ist die Vorbedingung, um mit ihr fertig zu werden. Erfolgt das nicht, wird die Versuchung zur Selbstzerstörung sehr stark sein: sei es auf Grund einer passivistischen Ablehnung oder gewaltsamer Zerstörung kraft der technischen Exzesse, der Vernunft etc.« Eine kühne These des Judenchristen Jean-Marie Lustiger, derzeit Kardinal in Paris, die es wenigstens kurz zu entfalten gilt.

Demnach nämlich ist es das Geschenk des biblischen Gottesglaubens an die Menschheit, die unhintergehbare Würde der Person, das Profil der Menschenrechte und die Dynamik von Freiheit und Autonomie allererst entdeckt und zur Welt gebracht zu haben. Mit der Entfaltung dieser Freiheitsgeschichte ist natürlich auch das Risiko des Scheiterns zur Entfaltung gekommen: mit der Ausarbeitung von Freiheit, Gleichheit und Geschwisterlichkeit also auch deren ständige Gefährdung durch das radikal Böse, durch die aufgeblähte und ihrer Grenzen nicht mehr bewußte menschliche Vernunft. Auch der Gedanke, daß die Welt in Evolution und Geschichte kein Betriebsunfall ist, kein Schicksalsschlag, sondern Ausdruck einer freigebenden und auf Mitarbeit und gemeinsame Entdeckung angelegten Wahrheitsexpedition von Gottes Gnaden – ist eine ausschließlich biblische und christliche Perspektive. Weder ein Aristoteles noch ein Buddha, weder ein Echnaton noch die Upanischaden haben Welt als Schöpfung und Beziehung, Menschsein als Freiheit und individuelle Personalität wirklich gedacht und zu denken gewagt. Der biblische Gottesglaube hat von Anfang an inkulturierend gewirkt, er war eine lebensgestaltende und lebensbegleitende Macht. Heinrich Böll ist durchaus recht zu geben, wenn er schreibt: »Selbst die allerschlechteste christliche Welt würde ich der besten heidnischen vorziehen, weil es in einer christlichen Welt Raum gibt für die, denen keine heidnische Welt je Raum gab. Für Krüppel und Kranke, Alte und Schwache; und mehr noch als Raum gab es für sie: Liebe, für die, die der heidnischen wie der gottlosen Welt nutzlos erschienen und erscheinen.«

In der Frage nach dem Evangelium geht es also durchaus auch um die Zukunft der Menschheit und um das Gelingen menschlichen Lebens überhaupt. Hier liegen, so wenigstens die These, die Wurzeln der Moderne, ihres Pathos von Frieden und Menschenrechten für alle, hier liegen der Ursprung der Freiheit und ihre Krise, hier Diagnose und Therapie – mindestens für die Frage danach. Für welche Frage? Wie die Bestimmung des Menschen zu denken sei, wie das Wesen und die Wahrheit von Wirklichkeit, wie das universale Gelingen des Experiments Mensch und Welt, wie Gerechtigkeit, Frieden und Bewahrung der Schöpfung?

Sind wir derart also mit der Positionsbestimmung eines christlichen Intellektuellen eingestiegen, der sich aus Gründen nicht nur des Glaubens, sondern der Vernunft für das Evangelium des Alten und Neuen Testaments entschieden hat, so gilt es nun unbedingt, die andere Blickrichtung stark zu machen, um den Spannungsbogen des Gesprächs zu stärken und zu öffnen: Religion im allgemeinen, vor allem aber das Christentum und die Kirchen stehen seit Voltaires Zeiten im Verdacht, denkfaul und hinterwäldlerisch zu sein. Nicht alle christentumskritischen Einwände will ich jetzt wieder aufzählen, aber der von Franz Buggle erneuerte Einwand, das Christentum sei eine gewalttätige Religion und der Monotheismus sei brandgefährlich, verdient Beachtung. Der Glaube an einen Gott, der Blut sehen will und Versöhnung fordert, sei nicht nur unvernünftig, sondern zugleich damit unmenschlich und förmlich widerlich.

Natürlich ist es kaum mehr ein militanter Atheismus, der die Kulturszene bestimmt, schon eher eine Art atheistische Religionsfreundlichkeit, ein agnostisch-skeptisches Desinteresse, »das qualitative und quantitative Wachstum einer elementaren religiösen Bedürfnislosigkeit« (Eberhard Jüngel). Viel wär's, man würde zahnwehhaft den Schmerz noch spüren, daß Gott fehlt (so die Formulierung in Martin Walsers Büchnerpreisrede). Wie also kommen Glaube und Kultur zuhauf, Kirche und Kultur zusammen?

Spätestens hier aber sollten wir genauer klären, was wir überhaupt unter Kultur verstehen wollen. Gemeint sind alle Lebens- und Handlungszusammenhänge in der Gesellschaft, die durch menschliche Zeichenbenutzung bestimmt und durch symbolische Kommunikation vermittelt werden. So wie im Bereich der Wirtschaft das Geld Leitmedium ist oder im Staat die Macht, so gilt für den Bereich, den wir Kultur nennen wollen, die vorrangige Vermittlungsbedeutung von Sprache und Ausdruckshandeln. Entsprechend können wir im weiten Sinne auch von Wirtschaftskultur, von Unternehmenskultur, von Jugendkultur sprechen – im engeren Sinne aber meint es jene gesellschaftlichen Bereiche, in denen Sinn durch Sprache und Symbolhandlung vermittelt wird. Kunst und Literatur gehören dazu, Wissenschaft und Medien. So wird sofort deutlich, daß die Kultur der Gegenwart ohne das bisherige Christentum gar nicht zu verstehen ist, denken wir nur an Sprache und Dichtung, an Kirchbau und bildende Kunst, von Philosophie und Wertbewußtsein ganz zu schweigen. Umgekehrt aber sind Glaube und Kirche zu einem Subsystem neben dem autonomen Bereich der Kultur, ja der Kulturindustrie geworden, und oft genug gibt es Berührungsängste, Abgrenzungen und Widerstände. Berühmt ist das Wort Papst Pauls VI. vom Bruch zwischen Evangelium und Kultur als dem größten Drama dieser Epoche – zum Schaden und Verlust beider Seiten. Kulturlosigkeit in religiösen, kirchlichen Zusammenhängen; Religions- und Gottlosigkeit in literarischen, künstlerischen, kulturellen Kontexten.

Freilich, wie jüngst der Dialog zwischen Umberto Eco und Kardinal Martini zeigte, gibt es im Zusammenbruch des konstantinischen Christentums auch ganz neue Freiräume für überraschende Annäherungen, ja Koalitionen – z. B. in der Beantwortung der ökologischen Herausforderung, im

Blick auf die »Innenweltverschmutzung« und die Neurotisierung bzw. Kolonialisierung der Lebensverhältnisse, im Blick auf die neue Verblödung und das neue Analphabetentum. Was z. B. heißt postmodern kritisch denkende autonome Vernunft, was kommunikative Verantwortung? Wie leben und überleben? Entsprechend sind es gerade Intellektuelle, z. B. bildende Künstler wie Beuys, Literaten wie Saul Bellow, Walker Percy, Martin Walser oder Botho Strauß und andere, die sich neu für Religion interessieren – nicht nur im allgemeinen, sondern auch speziell für das Christentum, für die unverwechselbaren Goldadern im Geröll der Kirchen- und Glaubensgeschichte. Wie denn z. B. Personenwürde unhintergehbar retten, wie Schöpfung bewahren, wie gelingendes Leben für alle und jeden im Sinne der Menschenrechte nicht nur appellativ behaupten, sondern argumentativ begründen, ohne Berücksichtigung des Entdeckungs- und Begründungszusammenhangs, in dem dieses Welt- und Selbstverständnis steht? Wie überhaupt dem Drang, sich zum Tier zurückzüchten zu lassen, widerstehen und die vermeintlich altmodischen Ideale von Selbstbestimmung und Freiheit, von Gleichheit und Geschwisterlichkeit förmlich unerbittlich hochhalten und nicht in einem beschleunigten Virtualisierungsprozeß vernichten und verflüchtigen zu lassen? Die Frage nach Gott, genauer nach dem lebendigen Gott inmitten der Schar der Götzen und Vergötzungen, könnte in der Tat – im Sinne des Eingangszitats – aktueller denn je sein. Noch jüngst hatte Jürgen Habermas die Überzeugung ausgedrückt, »daß die monotheistischen Traditionen über eine Sprache mit einem noch unabgegoltenen semantischen Potential verfügen, das sich in weltaufschließender und identitätsbildender Kraft, in Erneuerungsfähigkeit, Differenzierung und Reichweite als überlegen erweist«. In den religiösen Überlieferungen der Menschheit, in den christlichen Traditionen liegen Sinnressourcen, ohne die die gegenwärtigen kulturellen Standards nicht zu bewahren und zu fördern sind. »Dabei geht es« – um nochmals Jürgen Habermas zu Wort kommen zu lassen – »um die Erfahrung von nicht-nivellierender Gleichheit und individuierender Gemeinsamkeit, um die Erfahrung einer Nähe über die Distanz zu einem in seiner Differenz anerkannten Anderen hinweg, um die Erfahrung einer Verschränkung von Autonomie und Hingabe, einer Versöhnung, die die Differenzen nicht auslöscht, einer zukunftsorientierten Gerechtigkeit, die solidarisch ist mit dem ungesühnten Leid vergangener Generationen, um die Erfahrung der Reziprozität freigebender Anerkennung, eines Verhältnisses, in der ein Subjekt dem anderen assoziiert ist, ohne der entwürdigenden Gewalt des Tausches zu unterliegen.«

Was also wesentlich das Projekt der Moderne bestimmt und unhintergehbar den kulturellen Standard von Menschlichkeit markiert, hat nicht nur religiöse und christliche Wurzeln; es bedarf auch ständig einer argumentativen, dialogischen und gesamtgesellschaftlichen Vergewisserung. Genaues Denken und bewußtes Glauben, Intellektualität und Christlichkeit, Gebet und Reflexion, Kontemplation und Wissenschaft – sie schließen sich gerade nicht aus; wo sie aufeinander hören und in einen wechselseitig kritischen wie kreativen Dialog kommen, profitieren stets alle Beteiligten. Wo der Glaube und die Kirchen kulturlos, wo Kultur transzendenzlos würde, wäre gelingendes Leben für alle gefährdet, wäre das Humanum bedroht.

In einem Buch mit dem bezeichnenden Titel »Sehnsucht nach Sinn. Glauben in einer Zeit der Leichtgläubigkeit« hat der Soziologe Peter L. Berger jüngst vier prinzipielle Möglichkeiten aufgezeigt, wie das Verhältnis von Kirche und Moderne, von Glaube und Kultur bestimmt werden kann. Er nennt sie den Weg des »kognitiven Verhandelns«, den Weg der »kognitiven Kapitulation« und den in eine defensive und offensive Spur sich gabelnden Doppelweg der »kognitiven Verschanzung«. Eine hilfreiche Unterscheidung, die es zu nutzen gilt! Die vermeintlich einfachste Lösung, will man nicht sofort kapitulieren, ist gewiß die der »kognitiven Verschanzung«. Da schotten sich Christinnen und Christen einfach ab von der bösen Welt: »defensiv betrieben, bedeutet dies, daß man sich in eine Festung zurückzieht, innerhalb der sich alle alten Normen, die doktrinären ebenso wie solche des Verhaltens, aufrecht erhalten lassen. Offensiv betrieben, besteht das Ziel darin, die Gesellschaft für die traditionelle Religion zurückzuerobern. Mit anderen Worten, die einen begeben sich in ein Ghetto, die anderen auf einen Kreuzweg«. In dieser Perspektive stünden autonome Kultur und kirchlicher Glaube, säkulare Welt und christliche Religion einander diametral entgegen, förmlich wie feindliche Blöcke, deren Region man jeweils nur unter strategischen Gesichtspunkten betritt, wenn überhaupt. Dann stellt man sich – im Zeichen etwa der Vernunft oder der Aufklärung – in abstrakter Schärfe Religion und Kirche bloß gegenüber; umgekehrt fühlt man sich glaubend im Wahrheitsbesitz und denunziert selbst die Gebildeten unter den Verächtern des Christentums und der Religion als gottlos und eigensüchtig. Solch fundamentalistische Positionen – ob von links oder von rechts, ob im Namen der Vernunft oder des Glaubens – können der Weg in die Zukunft nicht sein. Katholischerseits war es das Zweite Vatikanische Konzil, das ganz entschieden für den anderen Weg plädiert hatte, den Berger den des »kognitiven Verhandelns« nennt; evangelischerseits gibt es seit dem sogenannten Kulturprotestantismus des großen Schleiermacher und vieler anderer gleichfalls intensive Bemühungen zu einem wechselseitig kritischen und kreativen Dialog zwischen Kirche und Kultur, zwischen Glaube und Vernunft. Denken und beten schließen sich demnach gerade nicht aus, sondern erschließen füreinander unterschiedliche Perspektiven und Welten. Kultur kann allemal religionsproduktiv sein und Religion kulturstiftend, auch heute und für die Zukunft. Ganz auf dieser Linie hat Papst Johannes Paul II. in seiner Enzyklika »Glaube und Vernunft« unterstrichen, »daß das derzeitige Verhältnis von Glaube und Vernunft ein sorgfältiges Bemühen um Unterscheidung erfordert, weil sowohl die Vernunft als auch der Glaube verarmt und beide gegenüber dem je anderen schwach geworden sind. Nachdem die Vernunft ohne den Beitrag der Offenbarung geblieben war, hat sie Seitenwege eingeschlagen, die die Gefahr mit sich bringen, daß sie ihr letztes Ziel aus dem Blick verliert. Der Glaube, dem die Vernunft fehlt, hat Empfindung und Erfahrung betont und steht damit in Gefahr, kein universales Angebot mehr zu sein. Es ist illusorisch zu meinen, angesichts einer schwachen Vernunft besitze der Glaube größere Überzeugungskraft; im Gegenteil, er gerät in die ernsthafte Gefahr, auf Mythos bzw. Aberglauben verkürzt zu werden. In demselben Maß wird sich eine Vernunft, die keinen reifen Glauben vor sich hat, niemals veranlaßt sehen, den Blick auf die Neuheit und Radikalität des Seins zu richten.«

Weder also faule Anpassung oder kognitive Kapitulation mit Verlust kritisch-kreativer Widerständigkeit noch Rückzug ins Ghetto mit jeweiliger Denunzierung der anderen Position – statt dessen freudige Anerkennung des Pluralismus mit seinen Chancen und Grenzen. Solche Anerkennung der Vielfalt setzt klare eigene Standpunkte voraus. Ein »Virtuose des Pluralismus« (Peter L. Berger) kann nur sein und werden, wer eigene Überzeugungen hat, die auch argumentativ vermittelbar sind. Im Pluralismus nützt es niemanden, wenn alle und alles zum Verwechseln ähnlich sind – ganz im Gegenteil braucht es den Mut zur spirituellen und geistigen Auseinandersetzung, zum künstlerischen und kognitiven Wettbewerb. Dialogbereitschaft in der Haltung eines Martin Buber, den anderen im Zuhören so groß wie möglich zu machen, argumentative Mitteilungsfähigkeit und kommunikative Kompetenz – solche Haltungen sollten gleichermaßen den Glaubenden wie den Nichtglaubenden auszeichnen und sie zur heiligen Allianz gegen die sanfte Verblödung wie die fundamentalistische Verhärtung im vermeintlich Guten verbünden. In seinen Nachrichten aus dem beschädigten Leben mit dem berühmten Titel »Minima moralia« waren es gerade die unheilbar Gesunden, die Adorno aufs Korn nahm: Entsprechend braucht es Minima christiana durchaus im Sinne jenes geistlichen Selbstbewußtseins, das aus dem Eingangszitat von Kardinal Lustiger sprach. Solch christliche Identität lebt aus der Überzeugung, im biblischen Gottesglauben eine Hoffnungsperspektive und einen Handlungsimpuls gefunden zu haben, die bis heute ohne jede bessere Alternative sind – unterstreicht er doch das Geheimnis der Freiheit und das Wunder der Beziehung. Im Kern also der kritisch-kreativen Wechselbeziehung von Kultur und Kirche steht, christlich gesehen, die Glaubensfrage.

Grundsätzlich notiert Jürgen Habermas: »So glaube ich

nicht, daß wir als Europäer Begriffe wie Moralität und Sittlichkeit, Person und Individualität, Freiheit und Emanzipation – die uns vielleicht noch näher am Herzen liegen als der um die kathartische Anschauung von Ideen kreisende Begriffsschatz des platonischen Ordnungsdenkens – ernstlich verstehen können, ohne uns die Substanz des heilsgeschichtlichen Denkens jüdisch-christlicher Herkunft anzueignen. Andere finden von anderen Traditionen aus den Weg zur Plethora der vollen Bedeutung solcher unser Selbstverständnis strukturierende Begriffe. Aber ohne eine sozialisatorische Vermittlung und ohne eine philosophische Transformation irgendeiner der großen Weltreligionen könnte eines Tages dieses semantische Potential unzugänglich werden; dieses muß sich jede Generation von neuem erschließen, wenn nicht noch der Rest des intersubjektiv geteilten Selbstverständnisses, welches einen humanen Umgang miteinander ermöglicht, zerfallen soll. Jeder muß in allem, was Menschenantlitz trägt, sich wiedererkennen können. Diesen Sinn von Humanität wachzuhalten und zu klären – nicht zwar in direktem Zugriff, aber durch unaufhaltsame, umwegige theoretische Anstrengungen – ist gewiß eine Aufgabe, von der sich Philosophen nicht ganz dispensiert fühlen dürfen, auch nicht auf die Gefahr hin, sich die zweifelhafte Rolle eines ›Sinnvermittlers‹ zuschreiben lassen zu müssen.« Und was für Philosophen in dieser Sache gilt, gilt für Theologen erst recht!

Kultur und Kirchen – sie geraten nur dann in ein schwieriges Verhältnis, wenn sie sich gegeneinander abschotten und der Strategie kognitiver Kapitulation oder kognitiver Verschanzung folgen. Je mehr umgekehrt aber die jeweilige Autonomie der Themenfelder und Sachbereiche gewürdigt und geschätzt wird, desto mehr können beide Seiten voneinander profitieren. In beiden nämlich geht es um das bedrohte Humanum, in beiden geht es um Gerechtigkeit, Frieden und Bewahrung der Schöpfung, in beiden gibt es die Gefahr der Verflachung und Verblödung. So sehr es einen bornierten Kulturbetrieb geben kann, so sehr gibt es auch einen geistlosen Kirchenbetrieb. Je mächtiger Ghettomentalitäten und totalitäre Selbstherrlichkeiten sind, hinter denen ja immer

Angst und mangelndes Selbstbewußtsein stehen, desto schwieriger wird das Verhältnis sein und bleiben; je neugieriger, überraschungsfreudiger und für Humanität gemeinsam verantwortlicher die genannten Lebensbereiche sind, desto besser für beide, desto hilfreicher für alle. Prüfstein eines solch wechselseitig kreativen und kritischen Dialoges ist immer das Vermögen zur Kritik, vor allem zur Selbstkritik.

Hartmut Meesmann

Die göttliche Seele

Psychotherapie als Erbe der Religion?

In Zeiten seelischer Not wenden sich heute viele Menschen in erster Linie an Psychotherapeutinnen und Psychotherapeuten, nicht mehr wie früher an die Seelsorgerinnen und Seelsorger in den Kirchen. Für den Theologen und Psychoanalytiker Dieter Funke ist die Psychotherapie inzwischen regelrecht zum Religions-Ersatz geworden. Denn, so schreibt er in einem Aufsatz: »In der Psychotherapie werden eigentlich keine Patienten behandelt, sondern es wird mit Menschen, die leiden, gesprochen. Diesem Vorgang, der das Heilen an Einsicht in Wahrheit bindet, wohnt durchaus eine religiöse Dimension inne. Das Bewußtwerden der inneren Wirklichkeit, des wahren Selbst, ist oft mit einem tiefen Erschrecken, einem heiligen Schaudern verbunden.«

Die Kirchen selbst hätten zu dieser Entwicklung beigetragen, urteilt Funke zu Recht. Denn mit ihrer Überbetonung rationaler Lehren und Dogmen hätten sie die subjektiven Erfahrungen und die irrationalen Ausdrucksformen des unbewußten Teils der menschlichen Psyche vernachlässigt, ja teilweise sogar bekämpft. »Ein tiefes Unwissen und Mißtrauen vieler Seelsorger im Hinblick auf die Symbole und deren heilende Wirkung« kennzeichne die kirchliche Praxis, beklagt Funke. Deshalb ist für viele suchende Menschen die Psychotherapie zum Ort des Heilens und des Trostes geworden: »Die Psychotherapie kann sagen, unter welchen Bedingungen ein Mensch neu anfangen kann, was er braucht, um fähig zu werden, dem wahren Selbst (religiös: Gott) auf die Spur zu kommen: einen Raum, in dem nichts exkommuniziert wird, einen Raum, der in gewisser Weise vormoralisch ist. Nur in einem solchen Raum bedingungsloser Lebenserlaubnis kann der Mensch er selbst werden, und nur ein wirkliches Selbst kann sich selbst überschreiten und sich auf den Weg machen zum Absoluten.«

Vielleicht erklärt sich vor diesem Hintergrund, daß unter Psychotherapeuten und Psychoanalytikern in den letzten Jahren zum Teil eine neue Offenheit der Religion gegenüber festzustellen ist. Schließlich soll(t)en in der Therapie ja prinzipiell *alle* Fragen und Probleme auf den Tisch kommen. Die Devise aus den 60er und 70er Jahren jedenfalls, daß es sich bei der Religion um eine Ausdrucksform der »selbst verschuldeten Unmündigkeit« handele, ist nicht mehr durchgängig bestimmend für das therapeutische Selbstverständnis und Handeln. Das ist bemerkenswert.
Drei Beispiele sollen das neue Interesse an der Religion – zumindest an der Diskussion über das Phänomen Religion – und den neuen Umgang mit ihr im weiten Feld der Wissenschaft von der Psyche des Menschen verdeutlichen:

1. Akzeptanz

In der von dem Psychiater Stanislav Grof begründeten Richtung der »transpersonalen Psychologie und Therapie« gilt Religion als eine unverzichtbare Ausdrucksform des Menschen. Der Psychiater Joachim Galuska zum Beispiel, Chefarzt der Klinik Heiligenfeld in Bad Kissingen und Mit-Herausgeber der »Zeitschrift für transpersonale Psychologie«, schreibt dazu in einem Aufsatz: »Glaube, Religion, Spiritualität ist ein wesentliches Element des Menschseins. Es zeigt sich im weitesten Sinne in allen Kulturen und Völkern aller Zeiten, soweit wir zurückschauen können. Es scheint ein Ausdruck des geistigen Erwachens zu sein, das die Menschheit von der Tierwelt unterscheidet. Menschen haben nicht nur die Fähigkeit, das hier Gegebene geistig zu überschreiten, bewußtseinsmäßig zu transzendieren, sondern besitzen offenbar auch einen Drang zur Transzendenz, einen Willen zum Sinn, einen Hunger nach Sinn.«
Eingebürgert hat sich vor diesem Hintergrund inzwischen ein Begriff, der oft mit Religiosität gleichgesetzt wird: Man spricht von *Spiritualität* als einer Lebenshaltung, die den Bezug zu einem übergreifenden Ganzen, Gott oder das Absolute genannt, einschließt. Doch Spiritualität muß nicht unbedingt gleichbedeutend sein mit Religiosität. Joachim

Galuska etwa unterscheidet Religiosität im weiteren Sinn von der Spiritualität. Er schreibt: »Unter Religiosität im weiteren Sinn wird jeglicher Bezug auf etwas Jenseitiges verstanden, sei es in Form von Glaubensinhalten, ritueller Praxis wie Gottesdienst oder Gebet, oder sonstigen Erfahrungen, die sich auf Jenseitiges beziehen. Hier ist also jegliche Rückbindung an ein wie auch immer verstandenes Jenseits gemeint.«

Spiritualität dagegen ist für ihn »ganz allgemein bezogen auf subjektive Erfahrungen, die eine rationale Erklärung oder einen weltlichen beziehungsweise diesseitigen Bezug überschreiten«. Es geht um Transzendenzerfahrungen, Momente tiefen Glücks und reiner Freude, um Erfahrungen tiefer Stille und Ruhe, der Freiheit und der Einheit des Seins. Es geht zudem um »energetische Empfindungen«, das Gefühl etwa, immer mal wieder einen großen Energiestrom im Körper zu spüren, es geht um Lichterlebnisse, um motorische Phänomene, also etwa das Auftreten spontaner, rhythmischer Bewegungen im Körper. »Charakteristisch ist das Empfinden, geführt zu werden, bewegt zu werden oder fixiert zu sein und von einer tieferen Kraft, einem anderen Wissen beeinflußt und ergriffen zu sein.« Etwas Transzendentes macht sich hier bemerkbar, ist spürbar.

Während also Religiosität als Ausdruck einer konkreten Beziehung etwa zum jenseitig-diesseitigen Gott, zumindest aber zu einem irgendwie ansprechbaren und benennbaren Jenseits, einschließlich konkreter Rituale und inhaltlich ausgeprägter Glaubenssysteme verstanden wird, meint Spiritualität im engeren Sinn den »erfahrbaren und erfahrenen Bezug zur umfassenden Ganzheit, beispielsweise als Erfahrung des Göttlichen, des Absoluten, des Seinsgrundes«, wie Galuska es formuliert. Im Vordergrund steht die persönliche Erfahrungsebene, das aufnehmende und gewahr-werdende Moment.

Die Psychotherapeuten, die sich der transpersonalen Psychologie verbunden wissen, wollen nun Religion und Spiritualität wissenschaftlich erforschen und zum modernen psychologischen und psychotherapeutischen Wissen in Beziehung setzen. Transpersonal, also über die eigene Person hinausgehend, ist für sie ein Bewußtseinszustand, in dem der eigene »Wesensgrund« zum Beispiel als »überweltliche Seele«, als »göttlich« oder als »absolute Leerheit« verstanden wird. Das Ich-Bewußtsein wird also überschritten, transzendiert. Eine spirituelle Lebenshaltung ist mithin inhaltlich unbestimmter, offener als eine religiöse. Sie umfaßt als Oberbegriff eine Vielzahl von Empfindungen und Erfahrungen, die über das reine Ich-Bewußtsein hinausweisen, ohne in ein konkretes »Bekenntnis« zu einer bestimmten Glaubensgemeinschaft zu münden. Dem einzelnen genügt die rein individuelle Erfahrung des »Sich-verdankt-Wissens«. Dabei bezeichnen die einen die Einsicht in diese Art der Erfahrung des In-der-Welt-Seins bereits als religiös, andere lediglich als spirituell. Und für manch anderen vermengen sich beide Begriffe.

Wichtig und hilfreich ist in diesem Zusammenhang ein Hinweis, den der Münchner Religionspsychologe und Jesuit Bernhard Grom gegeben hat: Grom weist darauf hin, daß es keine *unvermittelten* Erfahrungen gibt. Das heißt: Transzendenzerfahrungen und Ich-Bewußtseinsveränderungen werden bereits in ihrem Erleben – und erst recht in ihrer Deutung – von der Weltanschauung des Betreffenden beeinflußt. Grom: »Insofern wird verständlich, daß es neben religiösen auch nichtreligiöse Einheitserlebnisse gibt«, und eben auch Transzendenzerfahrungen der verschiedensten Art. Grom weiter: »So zeigte sich nach einem Zen-Kurs, daß nur die Teilnehmer, die zuvor religiös aktiv waren und von den Übungen auch eine religiöse Wirkung erwarteten, ihre Versenkung religiös erlebten, während die anderen sie nur therapeutisch als tiefe Ruhe und Erweiterung ihres Selbst beschrieben. Das Umfassende, in dem jemand aufgeht, kann nicht nur Gott oder das Absolute sein, sondern auch die grenzenlose Ruhe und wohltuende Stimmung, die er in der Versenkung erlebt, oder ebenso die bergende Atmosphäre der Natur beim Blick auf eine Landschaft oder das intensive Hoch-, Lust- und Kraftgefühl, das eine ästhetische, orale, sexuelle oder emotionale Erregung auslöst.« Und dann nimmt Grom eine klare Abgrenzung vor: »Man kann solche nichtreligiösen Ich-Entgrenzungen als ozeanisches Gefühl

(Freud) oder als kosmisches Bewußtsein bezeichnen – sofern man diese Begriffe rein phänomenologisch versteht und von den problematischen Deutungen ablöst, mit denen sie ihre Schöpfer verknüpft haben.«

Die transpersonalen Psychotherapeuten jedenfalls nehmen all diese Phänomene ernst. Sie verstehen sich – folgerichtig – als überkonfessionell und akzeptieren den religiösen wie spirituellen Pluralismus. Die Frage nach der Wahrheit der einzelnen Glaubenssysteme interessiert sie weniger. Sie selbst sind allerdings auch religiös oder spirituell verankert. Sie beziehen von daher religiöse und spirituelle Fragen und Ausdrucksformen ihrer Klienten bewußt in die konkrete therapeutische Arbeit mit ein. Sie haben auf diese Weise auch einen Zugang zu religiösen oder spirituellen Krisen, weil sie davon ausgehen, daß »die meisten Störungen in diesem Zusammenhang die gesamte Persönlichkeit betreffen, somit also seelische Störungen im weitesten Sinne darstellen« (Galuska). So sind in der Klinik Heiligenfeld in Bad Kissingen zum Beispiel verschiedene Formen der Meditation – stilles Sitzen, Tanzen oder Gehen – fester Bestandteil des therapeutischen Behandlungskonzepts, insbesondere bei spirituellen und religiösen Krisen. Die Therapeuten dort arbeiten mit den Klienten die krankmachenden Faktoren der eigenen Spiritualität oder auch Religiosität heraus, um diese zum Positiven hin zu verändern; das heißt: Es werden jene »erwachsenen« spirituellen und religiösen Anteile der Persönlichkeit gefördert oder gestärkt, die eine gesunde psychische Entwicklung einleiten oder unterstützen helfen.

Die eigene Position im Blick auf Religion und Spiritualität zusammenfassend, sagt der Psychiater und Meditationslehrer Joachim Galuska: »Religiöse und spirituelle Erfahrungen weisen hin auf eine umfassende und größere Ganzheit, die die Personalität und Rationalität übersteigt hin zu transpersonalen und transrationalen Bewußtseins- und Persönlichkeitsstrukturen. Der Prozeß religiöser und spiritueller Entwicklung kann einen Wandlungsprozeß darstellen von der Zentrierung und Steuerung durch das Ich-Bewußtsein hin zu einer Verankerung in einem umfassenderen oder ›höheren‹ Selbst, in einen transpersonalen Bewußtseinsraum, auf

dessen Grund ›das wahre Selbst‹ oder die ›individuelle Seele‹ wahrgenommen werden kann.«
Damit eröffnet diese Richtung innerhalb der Psychologie all jenen Menschen einen Ort der Annahme und Hilfe, die sich vage oder auch ausdrücklich religiös verstehen, aber mit den Kirchen und deren Seelsorgerinnen und Seelsorgern keinen Kontakt, vor allem aber keine religiöse Belehrung durch Kirchenvertreter wünschen. Die Gründung eines »Spiritual Emergence Network« zur spirituellen Krisenbewältigung zeigt an, wie ernst es diese Therapeuten meinen. Und sie werden auch angefragt. Unter diesem breiten Mantel können viele Suchende Zuflucht finden. Gleichzeitig aber versuchen diese Therapeutinnen und Therapeuten die immer säkularer werdende Gesellschaft darüber aufzuklären, daß eine »Vertröstung auf das Diesseits« (Paul M. Zulehner) der Psyche des Menschen nicht gemäß ist. Die transpersonalen Psychotherapeuten nehmen damit zugleich die Frage nach dem Sinn des Lebens, die in der Postmoderne als erledigt gilt, ernst. Sie bewegen sich dabei zwischen zwei möglichen Sichtweisen und akzeptieren beide: Die eine spricht von der »Transzendenz in der Immanenz« (das höhere Selbst), die andere von der »Transzendenz der Transzendenz« (der jenseitige Gott).

2. Beerbung

Viel entschiedener, weil mit dem Anspruch auf empirisch begründete Wahrheit verbunden, treten einzelne tiefenpsychologisch orientierte Psychotherapeuten auf, die sich auf Carl Gustav Jung berufen. Sie wollen die christliche Religion beerben. Denn das Christentum beruhe noch, wie viele andere Religionen auch, auf einem archaischen Denken, das heute längst überholt sei. So ihre Behauptung. Für sie ist die Vorstellung der »Transzendenz der Transzendenz« altes, vormodernes Denken. Hingegen sei die Wahrnehmung und der Umgang mit der »Transzendenz in der Immanenz« die einzig mögliche Form einer zeitgemäßen Religiosität. So schreibt der Schweizer Natur- und Geisteswissenschaftler Willy Obrist in seinem Buch »Tiefenpsychologie und Theo-

logie«: »Heute versteht man die Inhalte religiöser Mythen anders als früher: nicht mehr als Aussagen über eine jenseitige, das heißt jenseits des gestirnten Himmels befindliche Welt, sondern als wahre Aussagen über die unbewußte Psyche und deren Wechselwirkung mit dem Bewußtsein.«
Die revolutionäre Einsicht, die zu einer grundlegenden Veränderung des Bewußtseins geführt habe, sei, so Obrist, die Entdeckung des Unbewußten durch die Tiefenpsychologie Sigmund Freuds und dann in Weiterführung durch seinen Schüler und späteren Antipoden Carl Gustav Jung. Freud war der Ansicht, daß sich im unbewußten Teil der Psyche jene verdrängten Lebensäußerungen und Gefühle (Komplexe) fänden, die aus der Spannung zwischen dem individuellen Wunsch nach Triebbefriedigung und der kulturellen Aufforderung zum Verzicht erwachsen. Diese verdrängten Inhalte seien dem bewußten Ich nicht zugänglich. Sie könnten aber durch die freie Assoziation von Ideen und Gedanken, durch das Äußern von Phantasien und durch die Deutung von Träumen ins Bewußtsein geholt werden.
Carl Gustav Jung hat dieses Verständnis korrigiert und erweitert. Mit den Worten von Willy Obrist, die sich in seinem neuesten Buch »Die Natur – Quelle von Ethik und Sinn« finden: »Grundlegend war die Erkenntnis Jungs, daß die gleichen Gestalten und Geschehensabläufe, die man in Träumen vorfand, auch in Mythen aller Zeiten und Breiten vorkommen, daß also auch Mythen als Gestaltungen des Unbewußten aufzufassen sind. (...) Jung entdeckte, daß die kaum überblickbare Vielfalt der mythischen Gestalten und Geschehnisse auf einige wenige Muster von Bedeutung zurückgeführt werden kann. Diese Bedeutungsmuster nannte Jung Archetypen.« Das Unbewußte ist mithin auch der Ort, wo die kollektiven, also über-individuellen Urbilder der Menschheit erhalten bleiben. Sie sind damit dem einzelnen zugänglich und bestimmen seine Entwicklung mit.
Willy Obrist macht, gestützt auf C. G. Jung, darauf aufmerksam, daß das Unbewußte »nach Art eines Information verarbeitenden und Information bewertenden Systems funktioniert«. Das heißt: »Unsere unbewußte Psyche nimmt ebenso wie das Bewußtsein wahr, es denkt und fühlt (be-

wertet).« Das Unbewußte müsse man sich »als zentriert im Sinne einer zentralen Information verarbeitenden und Wirkimpulse abgebenden Einheit« vorstellen, erläutert Obrist. Jung hat dieses Zentrum des Unbewußten als »Selbst« bezeichnet. Seine entscheidende Annahme ist, daß das Selbst, auch »innerer Meister« genannt, jene Instanz sei, die die *gesamte* Psyche – einschließlich des bewußten Ich – regele, indem es dem Individuum ein artspezifisches Entwicklungsprogramm zur Verfügung stelle. Das Selbst wird also zu einer Art *transzendenten Führungsinstanz* im Menschen, die Psyche insgesamt als »selbstregulierendes System« verstanden.

Diese Annahme begründet zugleich jenes neue Verständnis von Religiosität, für das Willy Obrist wirbt und das viele Zeitgenossen empfinden und leben: eine Religiosität, die die Transzendenz in der Immanenz festmacht. Denn nun kommt es darauf an, ganz lebenspraktisch auf die vielfältigen Äußerungen des Unbewußten zu achten, sich also führen zu lassen. Bedeutsam wird mithin die *innere Wahrnehmung*. Denn sie wandelt das Ich. Deshalb ist für Willy Obrist die Haltung des Geschehen-lassen-Könnens eine religiöse Haltung. Er schreibt: »Dann ergibt sich jenes Hand-in-Hand-Gehen von Ich und Selbst, das in unserer spirituellen Tradition ›Wandeln unter den Augen Gottes‹ genannt wurde.« Und an anderer Stelle: »War für das *archaische Selbstverständnis* das Begriffspaar Mensch und erfahrbarer Gott konstitutiv, ist es für das *neue* das Begriffspaar Ich und Selbst.« Diese Formulierungen verdeutlichen: Mit der tiefenpsychologischen Sichtweise geht die Auffassung einher, daß das innerlich Wahrgenommene ganz anders verstanden werden müsse als früher: »nicht mehr als Wahrnehmung konkreter ›übernatürlicher‹ Personen und Sachverhalte, sondern als bildhafte Veranschaulichungen unanschaulicher, vorwiegend psychischer Realitäten«, wie Obrist formuliert. »Man könnte sagen, die jenseitige Welt sei durch diese Einsicht ins Innere des Menschen hereingeklappt worden.« Aber natürlich sei nichts hereingeklappt worden, das vorher außen gewesen sei. »Es wurde lediglich erkannt, daß das, was immer schon aus dem Innern kam, früher so wahrgenommen wur-

de, als befände es sich außen.« Gott, der Teufel, die Dämonen, die Menschwerdung einer konkreten Person, deren Auferstehung und Himmelfahrt und andere christliche Lehrinhalte dürfen nach Obrist also nicht gegenständlich-äußerlich, »konkretistisch«, verstanden werden, sondern müßten als Gestaltungen des Unbewußten, als Bilder für (objektive) psychische Vorgänge gesehen werden.
Ist das Selbst nur ein anderes Wort für Gott, wie etwa Dieter Funke annimmt? Ist es der Ort des »Göttlichen« im Menschen, der »göttlichen Seele«, wie es Vertreter des New Age mitunter formulieren? Für nicht wenige Zeitgenossen ist das der Fall. Willy Obrist urteilt differenzierter: »Die Tiefenpsychologie sagt nicht, das Selbst sei Gott. Sie sagt lediglich, dasjenige erfahrbare Etwas, das bei früherer Weltsicht als menschennaher Gott bezeichnet wurde, habe sich – im Zug der Entdeckung des Unbewußten – als das Selbst, das heißt als psychische Macht erwiesen. Die Ausdrücke ›Gott‹ und ›Selbst‹ sind aus zwei völlig verschiedenen Weltbildern hervorgegangen. Sie deckungsgleich zu verwenden ist Unsinn.« Allerdings sagt er auch: »Phänomenologisch ist das Erleben des Selbst – sowohl was das Erscheinungsbild als auch die Erlebnisintensität betrifft – nicht von jenen Ereignissen zu unterscheiden, welche in den Religionen als Gotteserlebnisse bezeichnet wurden.« Und: »Weil die Tiefenpsychologie ihren Blick vor allem auf das innerlich Wahrnehmbare richtet, kann man sagen, ihr Fundament sei – ebenso wie das der Theologie – der Begriff ›Offenbarung‹.« Die Offenbarung komme allerdings nicht »vom Himmel«, sondern aus der »Tiefe der menschlichen Seele«, die – möglicherweise, so Obrist – ein »Schöpfergeist« mit der Evolution in die Welt gesetzt habe. Ob es jedoch dieses weltschöpferische Sein tatsächlich gibt, könne – wegen der Bewußtseinstranszendenz dieses Problems – nicht entschieden werden. Obrist: »Aus diesem Grund ist in bezug auf diese Frage ein Agnostizismus (wir können es nicht wissen) die einzige mit geistiger Redlichkeit vereinbare Haltung.«
Aus all dem folgt: Die Tiefenpsychologie nimmt – jedenfalls in der Sicht von Obrist – den Platz der Theologie ein. »Sie ist die Wissenschaft vom Offenbarungsvorgang, die der heu-

tigen Evolutionsebene des Bewußtseins entspricht«, urteilt Obrist forsch. Eines menschgewordenen Gottes, wie ihn das Christentum verkündet, bedarf es jedoch nicht mehr. Insofern formuliert der Schweizer Wissenschaftler ein Welt- und Menschenverständnis, das in den Augen anderer psychologischer Fachleute zwar »hoch spekulativ« ist – wiewohl Obrist es für empirisch-wissenschaftlich gesichert hält – aber das Lebensgefühl und die spirituelle Praxis vieler Menschen treffend beschreibt. Er widersetzt sich damit zugleich einer eindimensionalen, rein säkularen Sicht der Welt.

Die entscheidende Frage, die dieses tiefenpsychologisch begründete Verständnis von moderner Religiosität aufwirft, lautet: Ist »Gott« wirklich nur *innerhalb* des Menschen zu finden oder nicht doch – auch – *außerhalb* des Menschen?

3. Annäherung

Weit vorsichtiger und zurückhaltender, ja geradezu scheu und weithin immer noch reserviert, geht eine andere zentrale Richtung innerhalb der psychologischen Wissenschaften mit der Religion um: nämlich die Psychoanalyse, die auf den ursprünglichen Lehrer Jungs, den Wiener Seelenarzt Sigmund Freud, zurückgeht. Für Freud war die Religion Ausdruck einer Neurose. Er betrachtete sie als etwas Kindliches und damit als eine zu überwindende Weltanschauung, wenn der Mensch wirklich ein reifer Erwachsener werden und sein wolle. Diese negative Einschätzung der Religion hat das Verhältnis der Psychoanalyse zur Religion entscheidend geprägt und das Gespräch mit religiösen Menschen sehr belastet. Und damit auch das Verhältnis zu den Kirchen. Größtenteils ist das noch heute so.

Doch inzwischen sind die Fronten auch hier in Bewegung geraten. So ist etwa der Mainzer Psychoanalytiker Markus Bassler angetreten, das Tabuthema Religion in den eigenen Reihen bewußt aufzugreifen und neu zu diskutieren.

Während für Freud die Religion Ausdruck frommen Wunschdenkens war, die Projektion unerfüllter Wünsche nach Heimat und Geborgenheit in den Himmel, auf ein jenseitiges Wesen, gehen einzelne Psychoanalytiker heute davon aus, daß es durchaus auch innerhalb einer religiösen Einstellung Reifungsstadien gibt. Markus Bassler etwa sagt, gestützt auf Thesen seines New Yorker Kollegen Otto Kernberg: »Die Psychoanalyse geht meist von einer naiven Form von Religiosität aus. Eine reife, erwachsene Form von Religiosität aber ist in meinen Augen dann gegeben, wenn die Tatsache, daß Gott nicht immer nur gütig und allmächtig ist, in den eigenen Glaubensvollzug einbezogen wird.« Gott ist dann eben gerade nicht so etwas wie ein (mütterlich-väterliches) Idol, das niemals enttäuscht.

Klaus Winkler, zugleich Psychoanalytiker und evangelischer Theologe, geht davon aus, daß der Mensch notwendigerweise Größenphantasien braucht, um die Erfahrung seiner Winzigkeit und seiner Verlorenheit in dieser Welt ausgleichen zu können. »Sozusagen zum Ausgleich muß er sich immer als der Größte darstellen. Diese Größenvorstellung aber fällt dann auf das Selbst des Menschen zurück und läßt ihn letztlich überschnappen, wenn sie nicht auf einen Gott außerhalb von uns geworfen wird. Die Gottesvorstellung wirkt also ausgleichend und heilend.«

Aufgeworfen wird inzwischen auch die Frage, ob Illusionen nicht grundlegend zum Menschsein dazugehören. Sind sie nur und immer negativ zu sehen? Müssen sie gar in der Analyse ausgetrieben werden? Der in Trier lehrende Psychoanalytiker und katholische Theologe Heribert Wahl verweist in diesem Zusammenhang auf Erklärungsansätze seines Kollegen Donald Winnicott. Der geht davon aus, daß Menschen ohne innere Bilder, ohne Illusionen, gar nicht menschlich und schöpferisch leben können. Ein kleines Kind etwa könne überhaupt nicht spielen, ohne sich einen Raum schöpferischer Illusionen zu schaffen. »Solche Phänomene wie das kindliche Spiel aber sind nichts Unwichtiges am Anfang des Lebens, sondern Grundlage für das, was wir dann später Kultur, Philosophie und Religion nennen.« Die Fähigkeit, Illusionen herauszubilden, sei also zentral wichtig und eröffne einen schöpferischen Raum der Freiheit. Illusionen müssen sich allerdings im Laufe des Lebens wandeln, sie durchlaufen Stadien der Entwicklung.

Entwicklungen aber können stocken, fehlgehen, rückwärts

verlaufen. So auch im Religiösen. Deshalb kommt der psychoanalytischen Klärung religiöser Überzeugungen durchaus eine auf-klärende Bedeutung zu: im Sinne einer Überprüfung, ob bestimmte Glaubensvorstellungen und religiöse Bilder einer naiven oder eher erwachsenen Form von Religiosität entsprechen. Diese Aufgabe scheint heute deutlicher ins Blickfeld der Analytiker zu rücken – was natürlich beinhaltet, daß sich der Analytiker über die eigene Position im klaren ist, sich also selbst über seine Haltung zur Religiosität aufklärt.

Selbstkritisch sehen viele Psychoanalytiker heute, daß sie ihr eigenes Lehrgebäude nicht mehr, wie in der Vergangenheit geschehen, als (atheistische) Weltanschauung verkaufen dürfen. Dies sei eine »tragische Verzerrung des eigenen Anspruchs«, so formuliert es Otto Kernberg. Das ist eine wichtige Einsicht, die das Gespräch über Sinn und Unsinn der Religion sehr erleichtert, ja geradezu erst ermöglicht. Denn dadurch kann man sich auf die Deutung und Erklärung der Phänomene selbst konzentrieren. Die Sache selbst steht wieder im Vordergrund, so gut es geht befreit von ideologischen Scheuklappen. In dieser Neuorientierung liegt eine große Chance.

Die entscheidende Frage, die hier zur Debatte steht, allen theoretischen Erklärungsversuchen zugrunde liegt und alle Beteiligten existentiell betrifft, formuliert der Psychoanalytiker und Theologe Klaus Winkler in einfachen Worten so: »Ich halte es für eine bleibend offene Frage, ob der Mensch sich Gott geschaffen hat oder ob Gott den Menschen geschaffen hat. Und immer geht es zwischen diesen beiden Grundpositionen hin und her. Für eine der beiden Positionen aber muß man sich entscheiden.«

Diese Aufgabe und Herausforderung begleitet den Menschen seit jeher. Sie bleibt auch über das Jahr 2000 hinaus bestehen.

Arno Schilson

Das Fernsehen als Hausaltar

Religiöse Entdeckungen in der Medienwelt

Wer heute den Fernseher einschaltet und die verschiedenen Programme anschaut, wird dabei – wenn überhaupt – dem Phänomen der Religion nur äußerst selten begegnen. Sendungen, die sich ausdrücklich mit Fragen und Gestalten, mit Problemen und Wirklichkeiten der Religionen dieser Welt befassen, gehören zu den Ausnahmen. Meist finden sie sich nur an entlegenen Sendeplätzen. Am ehesten noch trifft man auf Gottesdienstübertragungen oder Nachrichten aus dem Bereich der Religionen. Allerdings wirken auch sie geradezu verloren in der Fülle und Vielfalt des sonstigen Programmangebots. Nichts deutet jedenfalls auf den ersten Blick darauf hin, daß Religion im Fernsehen eine bedeutende Rolle spielt; zumindest nicht, wenn man das Phänomen der Religion mit herkömmlichen Begriffen und Zugangsweisen zu entdecken und zu beschreiben versucht. Doch in der wissenschaftlichen Reflexion, und zwar weit über den engeren Bereich der Theologie hinaus, hat sich längst eine neue Sicht von Religion entwickelt, eine veränderte Begrifflichkeit und somit ein neues Instrumentarium. Damit läßt sich Religion gerade dort entdecken, wo auf den ersten Blick rein welthafte und völlig säkularisierte, also scheinbar von allem Einfluß der Religion befreite Wirklichkeit vorherrscht.
Für diese neue Sicht muß man sich zunächst vor Augen halten, wie sich Religion, ihre Gestalt und Bestimmung im Verlauf der jüngeren Geschichte, der sogenannten »Moderne«, verändert hat. Bestimmte Funktionen für die individuelle menschliche Existenz wie für die Gesellschaft insgesamt, die früher maßgeblich die Religion erfüllte, sind inzwischen von anderen Instanzen und Institutionen übernommen worden. Und diese erbringen die gleichen Leistungen wie ehemals die Religionen, ohne sich jedoch als religiös oder gar als Religion zu begreifen. Am Beispiel des Fernsehprogramms läßt

sich das später zeigen. Um aber die Vielfalt des Religiösen heute angemessen zu erfassen, muß man sich von dem herkömmlichen Begriff von Religion verabschieden, der vor allem von seinem Inhalt her, also »substantiell«, bestimmt war. Er erweist sich als zu eng und letztlich ungenügend.

Hinweise zur Bedeutung eines funktionalen Religionsbegriffs

Die herkömmliche Vorstellung von Religion verbindet sich, nicht zuletzt im Gefolge der jüdisch-christlichen Tradition, vor allem mit einem substantiell gedachten Heiligen: also einer jenseitigen, transzendenten, oft als »Gott« bezeichneten Wirklichkeit, der Welt und Mensch gegenüberstehen. Dieses numinose Wesen zu achten und zu ehren wird als wesentlichster Auftrag und grundlegende Bestimmung des Menschen gesehen. Zu einem solchen spezifischen Verständnis von Religion gehört dann auch ein mehr oder weniger ausdrücklich formuliertes Bekenntnis der jeweiligen Glaubens- und Lebensüberzeugung, das zugleich von einer größeren Gemeinschaft getragen ist. Formen des gemeinsamen Kultes, also des Gottesdienstes, aber auch eine verbindliche sittliche Lebensgestaltung sind ebenfalls wichtige Bestandteile der so verstandenen Religion.
Dabei zeigt sich zugleich, daß früher eine auf diese Weise religiös begründete Lebensüberzeugung eine stabile Basis darstellte für die Bewältigung akuter Daseinsprobleme und Sinnkrisen. Anders gesagt: Wer sein Leben in solchem ausdrücklichen Vertrauen auf einen gütigen Gott gründete und wer auf den Rückhalt einer Gemeinschaft setzen durfte, die ihn in dieser Überzeugung bestärkte, konnte sein Leben in ganz anderer Weise bestehen, als dies ohne einen solchen Rückhalt möglich war. Als fundamentale, über Jahrtausende hinweg für exklusiv erachtete Leistung und Funktion sicherten so die historischen Religionen dem einzelnen wie der Gesellschaft insgesamt das Bewußtsein unverwechselbarer Identität. Sie ermöglichten die Bewältigung von Kontingenz, also unabwendbarer Lebensschicksale wie Krankheit, Schuld und Tod. Nicht zuletzt wußten sie die Angst

vor bedrohlichem Chaos und Unordnung in der Welt zu bannen. Und sie eröffneten eine umfassende und übergreifende Sinnperspektive, in der sich die wechselhaften Geschicke der Welt und ihrer Geschichte bündeln und zu einer letzten Einheit formen konnten. Schließlich begründeten sie Werte und Normen und lieferten so für den Zusammenhalt der Gesellschaft ein stabiles Fundament.

Dieses komplexe Bündel vielfältigster Funktionen der herkömmlichen Religion, die von »substantiellen«, also mehr inhaltlich gemeinten Bestimmungen geprägt war, beginnt mit der Moderne auseinanderzufallen. Zu deren Besonderheiten gehört es, daß sie einzelne dieser Momente aus dem ursprünglichen Zusammenhang einer formierten Religion herauslöst und die Erfüllung der genannten Funktionen von anderen Instanzen der Gesellschaft erwartet. Dahinter steht die der Moderne eigene Tendenz zu einer immer größeren Differenzierung, Spezialisierung und Pluralisierung von Wirklichkeiten und Handlungsgestalten. Heute sind deshalb nicht globale Welttheorien gefragt, sondern einzelne, gezielte Problemlösungsstrategien. Nicht der Allgemein-Mediziner steht hoch im Kurs, sondern der immer subtiler auf ein einziges Problemfeld konzentrierte Spezialist und Facharzt verspricht Erfolg. Nicht eine Bündelung von Funktionsleistungen, sondern deren Ausdifferenzierung auf unterschiedliche Instanzen und Institutionen ist im Zuge der Moderne gefragt.

Dieser inneren Tendenz neuzeitlicher Mentalität hat offenbar auch die Religion in ihrer herkömmlichen Gestalt und Bedeutung nicht standhalten können. Was sich hier an Funktionen und Leistungen für das Individuum und die Gesellschaft ausmachen ließ, wurde in wachsendem Maße ebenfalls von anderen, relativ unterschiedlichen Trägern und Instanzen übernommen und dabei auf scheinbar bessere Weise erfüllt. An die Stelle des vorsorglichen Gebetes sowie der Kerze bei Gewitter und Unwetter trat die Vorsorge durch den Blitzableiter. Medizin und Psychologie begannen, auf ihre Weise Lebensschicksale präzise und wirksam zu bewältigen sowie beschädigte Identität zu retten und zu stabilisieren. Weltweite Kommunikation hat das soziale Netz breiter und univer-

saler werden lassen und damit der Perspektive globaler Einheit auf eigene Weise neue Geltung verschafft.
Will man Religion in dieser veränderten Situation der Moderne also zutreffend erfassen und bestimmen, so sollte man weniger auf deren inhaltliche Bestimmungen achten. Wichtiger ist ein Blick auf ihre Funktionen und Leistungen. Wer heute nach Religion fragt, muß einen umgekehrten Weg gehen: Es kommt darauf an, in der säkularen Wirklichkeit jene Instanzen zu entdecken, die im Zuge moderner Spezialisierung und Differenzierung die urtümlich von der Religion erbrachten Leistungen übernommen haben. Das ist die Vorgehensweise eines »funktionalen« Religionsverständnisses.
Wer die gesellschaftliche Wirklichkeit, die sich auf den ersten Blick als völlig profan, säkular und damit religions-los darstellt, vor diesem Hintergrund genauer analysiert, entdeckt in ihr eine symbolisch-verborgene, zweite Dimension mit unverkennbarer religiöser Produktivität. Unter der speziellen Perspektive einer funktionalen Betrachtung erlebt Religion eine erstaunliche Wiederkehr, zwar in weitgehender Unsichtbarkeit und Verborgenheit, jedoch mit unerwarteter Vitalität und Beharrungskraft. Es scheint, als habe sie sich in Nischen gesellschaftlicher Wirklichkeit zurückgezogen, um hier desto wirksamer zu überleben oder zu neuer Blüte zu kommen. Gleich ob es sich um die Bereiche von Kunst und Medien, um Sport oder Unterhaltungsszene, um Tourismus oder das bloße Marktgeschehen handelt – im Blick auf die hier mitlaufenden Leistungen von Daseinsbewältigung und Sinnvermittlung gewinnen diese scheinbar rein säkularen Wirklichkeiten eine religiöse Dimension. Sie erbringen nämlich auf ihre Weise Leistungen auf der Sinnebene, die ursprünglich der Religion zuzuordnen sind und die damit alles Zweckrationale, Technische und Ökonomisch-Merkantile weit überragen. Wo bare Unterhaltung angesagt zu sein scheint, wo Profit und Kommerz sowie handfester Konsum vorzuherrschen scheinen, wo Religion endgültig verabschiedet zu sein scheint – überall dort lassen sich durchaus Spuren von Religion entdecken.
Eine Entdeckungsreise auf den Spuren der Religion in der heutigen säkularen Wirklichkeit bewegt sich demnach rela-

tiv unbefangen in einem Raum, der – anders als die formierten Religionen – eigene Prägungen und Ausgestaltungen kennt. An dem, was weltliche Instanzen und Institutionen unterschwellig erbringen und »leisten«, was sie an Funktionen und Stützmechanismen bieten, läßt sich ihre religiöse Dimension ablesen. Gemeint ist z. B. ihr Beitrag zur Bewältigung von Angst und allgemeinen Lebensrisiken, ihr Mitwirken an einer unverwechselbaren, stabilen Identität, wenn sie etwa einen Entwurf letzter Einheit der Wirklichkeit gegenüber drohendem Chaos und Zersplitterung präsentieren oder wenn sie das Gespür für eine »andere Welt« vermitteln, also einen Hauch von Transzendenz in einer scheinbar völlig eindimensionalen, horizontalistisch-säkular sich gebenden Wirklichkeit. Überall dort, wo sich solche indirekt mitgelieferten Leistungen und Funktionen bei aller Verborgenheit ausmachen lassen, wird man diese mit gutem Grund als Spuren von Religion bezeichnen können.

Spuren von Religion im Fernsehen

Der Zerrissenheit des Lebens wirksam begegnen – Serien

Ein erster Blick auf die überraschende religiöse Leistungsfähigkeit des Fernsehens soll den beliebten Mehrteilern und Endlos-Serien gelten. Jenseits ihrer vielgestaltigen inhaltlichen Themen und Spielwelten zeigen sie eine besondere, gleichsam verborgene Tiefenstruktur. Fernsehserien zeichnen sich dadurch aus, daß ein letztlich ganzheitlicher Geschehenszusammenhang in einzelne Folgen und dort wiederum in einzelne Szenen aufgeteilt wird. Sie bieten also stets nur Fragmente und Splitter, aus denen sich für den Zuschauer in vielen Sequenzen ein Gesamtbild entfaltet. Diese Auflösung einer zusammenhängenden Handlungsfolge in kleinste Segmente bildet nun aber gerade das Fundament für den besonderen Reiz und die erstaunliche Wirkung dieser Sendeform. Ihr geht es nämlich zugleich darum, aus den vielen einzelnen Bruchstücken, den Szenen und Sequenzen, allmählich doch ein relativ geschlossenes Ganzes aufleuchten zu lassen. Die Einheit der Handlung muß und soll auch in der Zer-

splitterung der einzelnen Folgen und der jeweiligen Schnittführung noch sichtbar werden. Deshalb wird der Faden der einzelnen Biographien und Schicksale immer neu aufgenommen und weitergesponnen. Gesetz und Struktur der Serie leben geradezu aus dem Versprechen, wenn nicht sogar aus der Gewißheit, daß alles letztlich seinen Platz, seine Ordnung, seinen Sinn, seinen Ort im Ganzen finden wird. So verworren und zerklüftet sich die einzelnen Partikel aus dem Leben einzelner Figuren auch darstellen mögen – im Fortgang lösen sich scheinbar unentwirrbare Knoten und Problembündel immer wieder auf. Aus einem scheinbaren Chaos des Lebens und des Beziehungsgefüges gestalten sich Ordnung und Einheit. Was immer die einzelnen Personen an Zerrissenheit, an Irrungen und Wirrungen durchleben und durchleiden müssen – sie bewahren in all dieser Gebrochenheit noch ihre Identität, was in der Serie »Erkennbarkeit« auch über große zeitliche Distanzen bedeutet. Über längere Abstände hinweg kann man in den Serien erleben, wie die Geschichte eines Menschen nicht nur in einzelne, zusammenhanglose Bruchstücke zerfällt, die niemand mehr zusammenfügen kann. Dieses Fernsehformat widerspricht in seiner Struktur höchst effektiv der täglichen Erfahrung des Menschen, daß er sein Leben nicht mehr zusammenzuhalten oder zusammenzubringen vermag und dieses ihm in viele Fragmente zerbricht. Serien setzen auf eine sich herstellende Ganzheit und Einheit. So vermitteln sie Hoffnung auf letztes Gelingen. Weniger einzelne inhaltliche Momente als vielmehr die formale Struktur solcher Fernsehserien wirkt demnach stabilisierend für die Behauptung persönlicher Identität und ebenso für die Zuversicht eines letzten Sinnzusammenhangs von Leben und Welt.
Damit aber leistet dieser Sektor des Fernsehprogramms entschieden mehr und vor allem auch anderes, als auf den ersten Blick sichtbar wird. Unbewußt und wohl auch unbeabsichtigt transportieren diese Serien entscheidende Momente der Daseinsbewältigung, nämlich die Stiftung von Identität. Sie vermitteln die Überzeugung von einer letzten, unbeschädigbaren Einheit des eigenen Daseins wie der Weltgeschichte überhaupt. Geschenkt wird damit der Mut, die immer wie-

der erfahrene Zerrissenheit des eigenen Lebens auszuhalten in der Hoffnung auf letztes Gelingen. Nicht als ausdrücklich formulierte »frohe Botschaft« und nicht als eine auf bewußter Ebene vermittelte Hoffnungsgestalt. Allein aus der besonderen Struktur der Fernsehserien und ihrer funktionalen Leistung für Sinndimensionen menschlichen Lebens ergeben sich Spuren von Religion in diesem Segment der Fernsehunterhaltung.
Daß menschliches Leben mehr ist als das endlose und schließlich vergebliche Zusammenfügen eines unendlichen Puzzles einzelner Versatzstücke, daß man das eigene Leben sehr wohl »auf die Reihe bringen« kann, daß die Verzweiflung über die Zerrissenheit des Lebens in der Alltagserfahrung keineswegs die ganze Wahrheit sein muß – all das deuten die Serien behutsam und indirekt, jedoch mit einer erstaunlichen Suggestion und Wirksamkeit an; auf einer Ebene, die nach den einführenden Überlegungen durchaus den tragenden Funktionen von Religion zugeordnet werden kann. Fernseh-Serien setzen dem Alltag eine »andere Welt« entgegen. Dies geschieht so intensiv und überzeugend, daß es keineswegs abwegig erscheint, unter dieser Rücksicht von einer »Sinnstiftung im heutigen Fernsehen« (A. Keppler) zu sprechen – einer Aufgabe also, die entschieden mehr mit Religion zu tun hat, als es zunächst scheinen mag.

Die Hoffnung auf letzte Ordnung und Gerechtigkeit wachhalten – Kriminalfilme

Ähnliches läßt sich auch im Blick auf ein anderes beliebtes Genre von Sendungen im Fernsehen feststellen, den Kriminalfilmen. Allein ihre auffallende Vermehrung, und zwar quer durch alle Fernsehsender, aber auch ihre Plazierung gerade im Umfeld von Wochenende und Sonntag geben Anlaß zum Nachdenken. Die offenkundig wachsende oder bleibend hohe Zustimmung, die solche Filme bei Zuschauerinnen und Zuschauern finden, bedarf einer Erklärung. Wer genauer hinschaut, erkennt in dem charakteristischen Stoff eines Kriminalfilms die beständige Darbietung und Bekräftigung eines uralten Mythos.

Offenbar geht es um ein abgründiges Geheimnis im Menschsein, das Schuld und Sühne, erst recht aber eine letzte Ordnung und Gerechtigkeit dieser Welt betrifft. Das mag kaum jemandem ausdrücklich bewußt werden, doch bringt der Kriminalfilm genau diese Dimensionen zur Geltung. Er lebt von einer möglichst drastischen Darstellung des abgrundtief Bösen in der Welt und von dem schrecklichen Verhängnis menschlicher Schuld. Tragische Verstrickungen und Hintergründe werden deutlich herausgestellt, ohne irgend etwas zu beschönigen. Allerdings bleibt die filmische Präsentation dabei keineswegs stehen. Sie führt über die tragischen Verwicklungen und den Fluch des Bösen hinaus. Das Geheimnis der Wirklichkeit wird in der allmählichen Auflösung des Handlungsknotens und der Bewältigung der Verstrickungen dahingehend bestimmt, daß das Böse gerade keinen Erfolg und Bestand hat. Noch so ausweglos anmutende Situationen entwickeln sich letztlich zum Besten hin, so daß am Ende jene Ordnung zumindest halbwegs wiederhergestellt ist, die im Verlauf der Handlung empfindlich gestört, wenn nicht sogar zerstört zu sein schien.

Diese Zuversicht, die sich keineswegs restlos mit der Erfahrung der harten Realität zur Deckung bringen läßt, wird im Kriminalfilm immer neu vermittelt. Sie stellt eine weit über den Unterhaltungswert einer solchen Fernsehsendung hinausreichende Wirkung dar. Im Zuspruch einer letztlich immer wieder geheilt und geordnet erscheinenden Welt erfüllt sie eine dezidiert funktional religiös bestimmte Leistung – auch wenn die besondere Art der hier stattfindenden Sinnzusage wohl weder denen bewußt ist, die solche Filme produzieren, noch denen, die sie anschauen und damit deren unterschwellige Botschaft aufnehmen.

Die Kontingenz des Lebens bewältigen – Problemfilme

Ähnliche Momente und Dimensionen lassen sich schließlich auch in der geradezu überbordenden Fülle von Filmen und Fernsehspielen entdecken, die die Tragik des menschlichen Lebens und dessen schwierigste Problemfelder aufgreifen und buchstäblich durch-spielen. Was immer im menschlichen Leben Anlaß zu Zweifel und Resignation gibt, was in Verzweiflung und Depression stürzt, wird in der fernsehgerecht aufbereiteten Wirklichkeit aufgegriffen und zugleich konterkariert. Krankheit wird überwunden, Schuld vergeben, Versöhnung und Heilung finden statt, die Liebe und das Leben erhalten eine neue Chance. Die zunächst kräftig gezeichneten Aporien der menschlichen Existenz werden schließlich überwunden, die dem Leben abträglichen Kräfte gebannt. Am Ende sieht alles ganz anders aus, so daß man geradezu von einer »Präsenz des Heils« in vielfältigsten Schattierungen sprechen kann. Natürlich handelt es sich dabei um mediale Fiktionen, um die Darstellung von etwas also, was »in der ›Wirklichkeit‹ außerhalb des Mediensystems höchst unwahrscheinlich ist und in der Lebenswelt der Zuschauerinnen und Zuschauer auch nur in Bruchstücken vorkommt: Die Versöhnung, die im Fernsehfilm oder der Fernsehsendung verwirklicht wird, steht im wirklichen Leben vielfach noch aus. Solange sie noch aussteht, kann sie jedoch zumindest für die Dauer des Films oder der Sendung miterfahren und mitgefühlt werden« (G. Thomas).

Genau darum aber geht es: Für die Dauer der Sendung und durch ihr gefühlsbetontes Miterleben werden Emotionen freigesetzt und Dimensionen eröffnet, die Schicksalsfragen des menschlichen Lebens und damit dessen Sinn berühren und ansprechen. Auf indirekte, keineswegs bewußt gezielte oder auch erfaßte Weise vollzieht sich so in diesem Medium ein Sinnzuspruch eigener Art. Als von der Spielhandlung selbst erzeugter Effekt ergibt sich eine Verheißung, die sich so aus der Wirklichkeit sonst kaum herleiten läßt. Sie kann helfen, das Schicksal in einer durchaus religiös qualifizierten, wenn auch nicht als solche deklarierten Weise zu bewältigen. Auch bei der Frage, ob solche Sendungen dazu beitragen, menschliche Identität zu gewinnen und zu stabilisieren, wird man funktional-religiöse Momente erkennen: »Spielfilme und Fernsehspiele ermöglichen ein zeitweiliges virtuelles Verlassen der eigenen Rolle und spielerische Identitätswechsel. Sie laden dazu ein, die eigenen Erlebnis- und Lebenswünsche in die Fernsehgeschichten hineinzuprojizieren und so eigene Wünsche und Phantasien spielerisch auszuleben« (P. Bubmann). In einer durchaus produktiven Weise bringen solche Programmangebote den Kontrast zur alltäglich erfahrenen Wirklichkeit zur Geltung und vermitteln Dimensionen einer »anderen Welt«. Sie ermöglichen damit Distanz und Abstand, woraus allein sich produktive Veränderungen von Sinngestalten und Lebensformen ergeben können. Die Leistungen des Mediums überragen auch unter dieser Rücksicht bei weitem die Ebene schlichter Unterhaltung. Sie dienen der Gewinnung von Lebenssinn und der Bewältigung von Lebenserfahrungen und übernehmen damit Funktionen herkömmlicher Religion.

Die eigene Identität finden und festigen – Affekt-Talkshows

Aufmerksam zu betrachten sind auch die übel beleumundeten Affekt-Talkshows, die in reicher Zahl nachmittags über die Bildschirme flimmern und kein Tabu-Thema auslassen. Daß sich hier mehr ereignen soll als eine Befriedigung exhibitionistischer Neigungen bei den zum Talk versammelten Gästen oder aber Voyeurismus bei denen, die diesem gnadenlosen Talk zuschauen, will zunächst nur schwer einleuchten. Dem verborgenen Innenleben und der offenkundigen Faszination solcher Shows wird man erst dann auf die Spur kommen, wenn man auch hier nicht allein die unmittelbare inhaltliche Gestaltung bedenkt, also die einzelnen Themen und deren sicherlich meist unbefriedigende, oft peinlich anmutende Behandlung.
Was bewegt Menschen eigentlich in großer (und keineswegs abnehmender) Zahl dazu, sich selbst und intimste Details ihrer Lebensgeschichte vor einem letztlich anonym bleibenden, zugleich unendlich großen Publikum auszubreiten? Überraschend wirkt die aus Umfragen belegte Tatsache, daß nicht wenige Talkgäste zum wiederholten Mal auftreten. Fassungslos vernimmt man, daß es dem einzelnen offenbar »etwas gebracht hat«, daß er sich nach eigenem Bekunden nachher tatsächlich »gut« oder sogar »besser gefühlt« habe. Das verlangt nach einer Erklärung, wobei sich die Berufung auf blanken Exhibitionismus verbietet.

Offenbar wird vielen, die in diesen Talkshows auftreten, hier ein Raum eröffnet, in dem sie glauben, für eine kurze Zeit Auge, Ohr und Herz eines riesigen Publikums für sich zu haben. Bei anderen Aufmerksamkeit, Gehör, tendenziell sogar Verständnis für die eigene Situation zu finden, in seinem Glück und in seinem Leid, bleibt ein hohes Gut. Um Identität zu gewinnen und zu erhalten müssen Menschen ihre Lebensgeschichte mit anderen teilen und buchstäblich mitteilen; nicht zuletzt, um so vieles, vor allem aber Schwieriges integrieren und akzeptieren zu können. Nur so kann das Ich werden und bestehen. Doch offenbar steht es in unserer Gesellschaft um die Möglichkeit eines solchen unbefangenen und hilfreichen Gehörs so schlecht, daß erstaunlich viele Menschen in solche Talkshows drängen, um hier Heil und Heilung für ihr Leben zu finden und Identität zu gewinnen. Die Medienwissenschaftlerin Angela Keppler hat dies ebenso einsichtig wie anschaulich beschrieben: »Sie finden hier eine Gemeinde, die ein offenes – wenn auch für die konkrete Person gleichgültiges – Ohr für ihre Nöte hat. Sie treten ein in einen quasi-sakralen Raum, in dem ein versöhnendes Verständnis (fast) aller für (fast) alle zelebriert werden kann. Es liegt daher nahe, hier von einer religiösen oder angemessener von einer quasi-religiösen Kommunikation zu sprechen: Ihr werdet verstanden, es nimmt jemand an eurem Leben teil: in eurem Elend und eurem Glück. Das ist die religiöse Botschaft, die diese Sendungen vermitteln.«

Was Talkshows, selbst in ihrer abstoßendsten Form, unterschwellig an religiös bedeutsamer Konnotation in sich transportieren, wird hier überaus deutlich. Dabei ist es so, daß offenbar auch die große Zahl derer, die solche Affekt-Talkshows am heimischen Bildschirm verfolgen, damit völlig andere Emotionen und Wirkungen verbinden, als man zunächst ahnen mag. Der Kommunikationsraum, der durch die einzelnen Lebensschicksale eröffnet wird, verheißt dem Zuschauenden Mut und Hoffnung. Auch und gerade für zerbrochene und gescheiterte Existenzen gibt es hier einen Raum öffentlicher Selbstdarstellung; sie werden ja buchstäblich zur Ehre der Fernsehaltäre erhoben und erhalten die Weihen der Fernsehkameras. Selbst die äußerste Düsternis

und Verworfenheit des Lebens kann sich, metaphorisch und doch zugleich äußerst realistisch gesprochen, noch »sehen lassen«. Tatsächlich wird sie ja, und zwar millionenfach, gesehen. Aus Randexistenzen werden Menschen im Scheinwerferlicht, wenn auch nur auf Zeit und in engen Grenzen. Damit aber bringt diese hautnahe biographische Präsentation das eigene Identitätsgefüge der jeweiligen Zuschauer in Bewegung. Versöhnung mit der eigenen Vergeblichkeit und Schuld erscheinen keineswegs mehr unmöglich. Neuer Lebenssinn kann in der Auseinandersetzung mit dem Geschick des anderen erwachen.
Auch auf seiten derer, die vor dem Bildschirm solche Affekt-Talkshows miterleben, ereignet sich entschieden mehr, als ein erster, oberflächlicher Blick offenbart. Es lassen sich Leistungen und Wirkungen für den einzelnen ausmachen, die in der beschriebenen Weise ursprünglich der Religion zuzuordnen und wohl auch heute noch mit deren Grundkategorien adäquat zu erfassen und zu beschreiben sind.

Eine »andere Welt« erfahren – Spiel- und Unterhaltungsshows

Auch die zahlreichen Spiel- und Unterhaltungsshows sind für die Frage nach möglichen Spuren von Religion wichtig. Gerade indem sie nichts anderes beabsichtigen, als den Menschen leichte Unterhaltung, Ablenkung, Zerstreuung zu bieten, ein paar Stunden der Entspannung und Entlastung vom Alltag zu schenken, eröffnen sie eine neue Dimension von Welt und Leben. Nicht im Zeichen von Leistung und nicht mit der bangen Rückfrage, was ich selbst dafür einbringen muß, kommen solche Shows auf die Zuschauerinnen und Zuschauer zu. Sie lassen als Kehrseite des Alltags das Leben von seiner heiteren Seite genießen und schenken damit Wohlbefinden und Freude. Anders gesagt: »In der Show wird der Alltag mit seinen Ansprüchen überholt. Man kann von den Problemen und Unstimmigkeiten des täglichen Lebens abschalten« (E. Bieger).
Was der Mensch aus eigenen Kräften oft nicht zu leisten und zu bewirken imstande ist, wird ihm hier via Bildschirm

möglich. Er erfährt eine andere Seite der Welt und des Lebens und vermag so den Alltag zu erhöhen. Herausragendes Charakteristikum der Shows ist deren Zweckfreiheit, ihr reiner Spiel- und Unterhaltungscharakter. Gerade das macht ihre Attraktivität und ihre Leistungskraft aus. Genau darin werden sie unterschwellig zu Sinnlieferanten für die Bewältigung des Alltags, aus dem auszubrechen sie auf angenehme und leichte Weise ermöglichen.

Da es sich maßgeblich um Spiel-Shows handelt, kommt damit erst recht ein urreligiöses Phänomen zur Geltung. Das menschliche Spiel ist seit Urzeiten »die zur Geste gewordene Hoffnung auf ein anderes Leben. Spiel ist Verzauberung, Darstellung des ganz Anderen, Vorwegnahme des Kommenden, Leugnung des lastend Tatsächlichen« (H. Rahner). Etwas von diesem un-irdischen und über-irdischen Glanz des Spiels bleibt auch in den Spielshows des Fernsehens noch erfahrbar und macht sich so im Leben des Menschen geltend. Sie wirken wie der Einbruch einer anderen Welt, die Distanz zum Gegebenen ermöglicht und es zu überschreiten erlaubt. Damit sind auch in dieser Sparte des Fernsehprogramms Spuren der Religion erkennbar. Sowohl im Sinne von Weltdistanz als auch im Sinne einer neuen und tieferen Weltbejahung übernehmen solche Fernsehsendungen Funktionen, die sich in funktionaler Betrachtung durchaus als religiös bestimmen lassen.

Mühelos ließen sich noch etliche weitere Hinweise auf die verborgene und indirekt religiöse Prägung der Fernsehwelt insgesamt geben, etwa deren ritueller Charakter, aber auch die diesem Medium eigene Strukturierung der Zeit durch die Programmfolge – eine Leistung, die ebenfalls eine der bedeutenden Domänen herkömmlicher Religionen darstellte. Doch an dieser Stelle brechen wir unsere Darstellung ab. Die insgesamt fünf Zugänge haben hinlängliche Einblicke in kaum beachtete Dimensionen des Fernsehens vermittelt und darin deutliche Spuren von Religion entdecken lassen. Nicht nur bezogen auf seltene und herausragende Einzelfälle, sondern in der ganzen Breite und Vielfalt des Programmangebots sind Funktionen und Wirkungen auszumachen, die weit über schlichte Unterhaltung und Zeitvertreib hinausreichen. Oft allein durch ihr besonderes Sendeformat oder durch ihre Struktur, gelegentlich auch im Blick auf ihren charakteristischen Inhalt erscheinen Fernsehsendungen als Lieferanten religiös geprägter Lebens- und Sinndeutungen. Diese ursprünglich den formierten Religionen zugeordneten Funktionen übernehmen sie nicht nur in quantitativ beachtlicher Zahl, sondern auch in qualitativ erstaunlicher Dichte. Aber nochmals: Das Fernsehen beabsichtigt diese weit über seine Bestimmung hinausragende Leistung selbst nicht ausdrücklich und bewußt. Es wäre ebenso falsch wie verwegen, die Produzenten solcher Sendungen gleichsam als geheime TV-Priester oder Missionare einer deklarierten »Medienreligion« zu betrachten. Auch den Zuschauerinnen und Zuschauern dürfte nur selten zu Bewußtsein kommen, welchen unterschwelligen religiösen Momenten sie im Fernsehprogramm immer wieder begegnen. Wie auf zahlreichen anderen Feldern scheinbar rein säkularer Wirklichkeit geht es auch hier um eine weitgehend »unsichtbare Religion«, die sich bei eingehender Bemühung allerdings sehr wohl entdecken und genauer beschreiben läßt.

Das eng begrenzte Ziel dieser Überlegungen ist es, einen viel zu wenig bekannten und daher noch kaum hinreichend bedachten Sachverhalt aufmerksam wahrzunehmen. Daß sich aus dieser Entdeckung einer »zweiten Dimension« der Fernsehwirklichkeit konkrete Herausforderungen und Gefahren, Probleme und wohl auch Verantwortlichkeiten ergeben, liegt auf der Hand. Darüber neu und gründlich nachzudenken bleibt eine der wichtigsten Aufgaben der Gegenwart. Sie gehört zum breiten Bereich einer Medienethik, deren Grenzen sich damit erheblich ausweiten. Sowohl Medienwissenschaften als auch Kulturwissenschaften, Psychologie und Soziologie, Religionswissenschaft und wohl auch Theologie, nicht zuletzt aber die Fernseh-Macher selbst sind gefragt, wie sie mit den unverkennbaren Spuren der Religion in diesem Medium verantwortlich umzugehen gedenken. Einer solchen Medienethik, die sich unbefangen den Herausforderungen dieser »zweiten Dimension« der Bildschirmwirklichkeit stellt, wird es an Problemen und Aufgaben kaum mangeln.

Ernst-Otto Czempiel

Glaubenskriege?

Der Faktor Religion in politischen Auseinandersetzungen

War der Krieg der Serben und Albaner im Kosovo ein Religionskrieg? Kämpften etwa nicht die Angehörigen zweier Völker gegeneinander, sondern Muslime gegen eine christliche Oberherrschaft? Und war es in Bosnien nicht ebenso? Zwar leben in der Föderation Bosnien-Herzegowina Bosniaken, Kroaten und Serben zusammen. Sie lassen sich aber besser nach ihrer Religionszugehörigkeit unterscheiden. Die einen sind Muslime, die anderen orthodoxe Christen; die Kroaten sind römische Katholiken. Haben diese Zugehörigkeiten zu den Religionsgemeinschaften etwas mit dem Krieg zu tun?

Es kommt nicht von ungefähr, daß viele Konfliktlinien der Gegenwart entlang den Religionsgrenzen verlaufen und daß die Zugehörigkeit zur gleichen Konfession Identifikationen stiftet, die es mit denen, die aus einer Volksgemeinschaft stammen, durchaus aufnehmen können. Die arabischen Staaten des Nahen Ostens haben während des Krieges in Bosnien-Herzegowina den Muslimen dort die Waffen geliefert und sie finanziell unterstützt. Sie sahen in der Auseinandersetzung dort vor allem die Unterdrückung des Islam durch die europäische Christenheit. Fördert also die Religion den Krieg? Stecken hinter den zahlreichen Konflikten von heute weniger handfeste politische Interessen, als vielmehr religiöse Überzeugungen, die im Feind vor allem den Andersgläubigen sehen?

Der amerikanische Politikwissenschaftler Samuel P. Huntington ist dadurch berühmt geworden, daß er diese Frage mit einem Ausrufezeichen bejaht. Er spricht vom »Kampf der Kulturen«, der unsere Gegenwart und unsere Zukunft bestimmt. Kultur ist natürlich umfangreicher als Religion, hat sie aber zum Kern. Es gibt drei große solcher Kulturen: die abendländische mit dem Christentum, die orientalische um den Islam und die asiatische mit dem Hinduismus und dem Buddhismus. 70% der Weltbevölkerung lassen sich über ihre Religionszugehörigkeit zu einer dieser Kulturen zuschreiben, nur Schwarzafrika südlich der Sahara sperrt sich dagegen. Die beiden großen christlichen Konfessionen decken West- und Mitteleuropa sowie die ganze westliche Hemisphäre ab. Auf der riesigen russischen Landmasse ist, bis hinein nach Ost- und Südosteuropa, das orthodoxe Christentum zuhause. Der Islam umgreift den großen Krisenbogen von Marokko bis nach Pakistan, reicht tief in das nördliche Afrika hinein. Seine Mehrheit bilden die Sunniten, seine Minderheit mit dem Iran in der Mitte die Schiiten. Indien mit seiner Milliarde Menschen ist hinduistisch, China konfuzianistisch.

Insgesamt nimmt die Bedeutung der nicht-christlichen Religionen zu. Vor allem der Islam hat sich in den vergangenen hundert Jahren ausgebreitet. Ist es ein Zufall, daß an vielen gegenwärtigen Bürgerkriegen auf einer Seite Muslime beteiligt sind? Jedenfalls macht uns der radikale Islam besonders zu schaffen, mit den Terroranschlägen in Algerien und Ägypten und den schiitischen Fanatikern der Hisbolla im Nahen Osten. Stehen uns etwa neue »heilige Kriege« bevor? Kommt es gar erneut zu Kreuzzügen, diesmal nur in umgekehrter Richtung?

Gemach, gemach, muß man sagen. So sieht es aus, aber so ist es nicht. Erstens gibt es viele Kriege, die sich nicht zwischen den Religionen, sondern in ihnen abspielen. Im Nordirlandkonflikt kämpfen Protestanten und Katholiken gegeneinander, also Christen untereinander. Die Befreiungsbewegung ETA im Baskenland ist ebenso katholisch wie die Mehrheit Spaniens. Argentinien ist so christlich wie Großbritannien, mit dem es um die Falklandinseln kämpfte. In Korsika gibt es so viele gute Katholiken wie in Frankreich. Und ist nicht der Irak, der 1990 Kuwait überfiel, genauso islamisch wie sein Opfer?

Zweitens: Sind es wirklich die Religionen und ihre Differenzen, die den Konflikten zugrunde liegen, oder sind es nicht vielmehr andere Konflikte, die sich aber der religiösen Unterschiede zusätzlich bedienen? In Nordirland wurde ja nicht der katholische Glaube unterdrückt, sondern den Katholiken die wirtschaftliche und politische Gleichberechtigung verwehrt. In Algerien wird von den radikalen Muslimen nicht die Religion der Militärjunta bekämpft, sondern deren Herrschaft. Im Nahen Osten stehen sich nicht Juden und Muslime gegenüber, sondern der 1948 neu begründete Staat Israel und die arabischen Staaten, die ihn als Eindringling empfinden. Mit den Juden der Levante hatten die Araber seit Jahrhunderten zusammengelebt.

Auch wenn man die Religionen direkt nach ihrem Verhältnis zum Krieg befragt, gibt es keine einfachen, eindeutigen Antworten. In ihrer Frühzeit waren die meisten Religionen bellizistisch, was der allgemeinen Lage vor und nach der Zeitrechnung entsprach. Die Religionen, die auf einer geschichtlichen Offenbarung beruhten, kannten alle den Griff zur Gewalt. Brahmaismus, Hinduismus und Buddhismus, die sich auf die ewig geltenden Weltgesetze berufen, waren weniger kämpferisch. Das Gesetzbuch des Islam, ebenfalls eine Offenbarungsreligion, kennt den Heiligen Krieg. »Bekämpft die Ungläubigen«, heißt es im Koran, »bis es keine Abweichler mehr und statt dessen nur noch eine Religion gibt, die Allahs«.

Dieser Jihad, dieser Heilige Krieg, war ein Gründungsmythos und ein eschatologischer Mythos des Islam zugleich. Als der Islam in Gestalt des arabischen Weltreiches von Spanien bis Zentralasien politische Wirklichkeit annahm, breitete sich aber nur das islamische Gesetz aus, nicht die Religion. Im Osmanischen Reich hatten auch Christen ihren Platz. Und als nach 1918, besonders nach 1945, das Osmanische Reich zerfiel, paßte sich auch das islamische Gesetz an. In Afghanistan, Libanon, Sudan und Burma war vom Heiligen Krieg gegen die Ungläubigen nichts mehr zu hören. Die Anpassung des Islam ging so weit, daß sie einen neuen Heiligen Krieg auslöste. Er richtete sich nun nicht mehr nach außen, sondern nach innen; nicht gegen die Ungläubigen, sondern gegen die abtrünnigen muslimischen Regierungen, die nicht mehr nach dem Koran lebten. Eine Reformationsbewegung – wenn man den europäischen Begriff dafür verwenden will – durchzieht seitdem die islamischen

Staaten. Aus ihr speist sich die Bewegung, die bei uns als radikaler Islam bezeichnet wird. Aber sie ist nach innen gerichtet, nicht nach außen. In Algerien und im Westjordanland sind auf diese Weise Reformer zu Revolutionären geworden. Dieser Jihad ist eine militante reformistische Bewegung, die die Korruption in den islamischen Staaten bekämpft. Ihr Ziel ist die Wiederherstellung des wahren Glaubens, nicht der Sieg in einem Heiligen Krieg mit dem Ausland.

Die jüdische Religion, ebenfalls eine Offenbarungsreligion, zeigt eine vergleichbare Entwicklung. Die Thora, also die fünf Bücher Mose des Alten Testaments, kennt den obligatorischen, also den Heiligen Krieg. Er mußte gegen die sieben Stämme Kanaans und Amalek geführt werden. Erst nachdem diese Feinde Israels am Boden lagen, wollten die Juden, wie der berühmte Spruch heißt, ihre Schwerter zu Pflugscharen umschmieden. Jenseits dieses gebotenen Krieges kennt die Thora auch den erlaubten Krieg. Er soll aber mit einem Friedensangebot enden, das nur die Anerkennung Israels und die Entrichtung von Steuern verlangte. Dieser aggressive Impetus des alten Judentums kam schon im sechsten vorchristlichen Jahrhundert zur Ruhe und wandelte sich seitdem in eine identitätsstiftende Erinnerung an die Auserwählung Israels als das Volk Gottes. Er lebte freilich in der Landnahme Israels nach 1948 wieder auf und wandte sich, nachdem der Staat fest etabliert war, ebenfalls nach innen. Die jüdische Orthodoxie kritisiert zunehmend die Säkularisierung Israels. Sie beansprucht für sich das Recht, die religiösen Lebensbezüge aller Israelis in ihrer ganzen Breite allein regeln zu können. Diese Orthodoxie bewahrt aber auch in der Rechtfertigung der Gewaltanwendung bei der Erweiterung der israelischen Siedlungen ein Element jenes historischen obligatorischen Krieges auf. Allerdings ist die politische Relevanz dieser Gruppe gering, wie die Wahlen vom Mai 1999 zeigen. Unter der Leitung des Sozialdemokraten Barak wird der moderne Staat Israel den Weg des Friedensvertrages von Oslo fortsetzen, den seine Vorgänger Rabin und Perez eingeschlagen hatten.

Wie steht das Christentum zum Krieg? Nachdem es unter

Kaiser Konstantin von einer verfolgten Sekte zur Staatsreligion aufgestiegen und in Westeuropa in eine ambivalente Gleichberechtigung mit der weltlichen Staatsmacht gekommen war, stellte sich diese Frage fast in jedem Jahrhundert neu. Im christlichen Abendland, das sagten Augustinus und Thomas von Aquin gleichermaßen, war nur der gerechte Krieg erlaubt, also der, der das Recht durchsetzte oder wiederherstellte. Die Grenzen dieses Binnenraumes wurden schon im 16. Jahrhundert durch die sogenannten Freundschaftslinien gezogen – sie sind interessanterweise identisch mit dem Wendekreis des Krebses, der auch den Einzugsbereich des modernen NATO-Vertrages beschreibt. Jenseits dieses Raumes gab es keinen Einhalt für die Gewalt. Gegenüber den dort wohnenden Heiden war alles erlaubt.

War es aber auch von der christlichen Lehre geboten? Die Kriege gegen die Waldenser und andere, als Ketzer bezeichneten Abweichler mochten als Glaubenskrieg noch hingehen. Die Kreuzzüge aber waren, wie später die Eroberung Amerikas, vor allem kommerziell orientiert. Der Kolonialismus des 19. Jahrhunderts förderte zwar die christliche Mission, verfolgte aber ganz andere, vor allem ökonomische, dann auch geopolitische Zwecke. Die dabei eingesetzte Gewalt wurde zwar nicht von der Kirche ausgeübt, sie hat sie aber auch nicht verhindert.

An der Lehre vom gerechten Krieg hat die katholische Kirche, hat aber auch der Protestantismus noch festgehalten, als die weltliche Obrigkeit sie nach dem Westfälischen Frieden längst aufgegeben hatte. Nachdem sich aber das christliche Abendland des Mittelalters erst in die Territorial-, dann in Nationalstaaten aufgelöst und das Christentum sich in allen diesen Einheiten als Nationalkirche installiert hatte, wurde es zunehmend schwerer, in den Kriegen dieser Staaten noch die Gerechtigkeit zu entdecken. Das Bündnis von Thron und Altar stärkte zwar die Kirche, zwang sie aber auch unter das Joch der Außenpolitik des Staates. Damit verlor das Christentum die kritische Distanz zum Krieg, die es im Begriff des gerechten Krieges immer noch zu bewahren versucht hatte. Die Distanz ging in den Kriegen des 19. und des 20. Jahrhunderts total verloren, als die Militärgeistlichen auf beiden Seiten der Front die Waffen segneten, mit denen sich die Christen hüben und drüben umbrachten. Wenn es auf den Koppelschlössern der deutschen Soldaten hieß: »Gott mit uns«, dann war der christliche Glaube zu einer Anstiftung zur Gewalt verkommen.

Erst nach 1945 haben die Kirchen versucht, das Christentum aus dieser staatstragenden Rolle zu befreien. Zu einer definitiven Aufgabe der Lehre vom gerechten Krieg hat sich zumindest die katholische Kirche bis heute nicht durchringen können, wenn auch die Diskussionen abgeklungen sind. Der Rat der Bergpredigt: »Liebet eure Feinde«, war von Jesus nicht als außenpolitische Leitlinie verkündet worden, sondern als Regel zwischenmenschlichen Verhaltens. Die Nächstenliebe, genauer die Feindesliebe, hatte aber das Christentum ausgezeichnet vor allen anderen Offenbarungsreligionen. Es hätte also nahegelegen, diese ebenso richtige wie aufregende Verhaltensregel auch in den politischen Raum zu übertragen. Aber erst nach dem Ende des Ost-West-Konflikts, erst gegen Ende des 20. Jahrhunderts, beginnen die christlichen Kirchen, ihr Verhältnis zur Gewalt auch in der auswärtigen Politik zu überdenken.

Ich habe das Christentum hier etwas ausführlicher behandelt, weil es die Linien seiner Entwicklung schon weiter ausgezogen hat als die anderen Offenbarungsreligionen. Sie existieren zumeist noch unter den Bedingungen der Prämoderne, höchstens unter denen der Moderne. Das Christentum hingegen ist in der Welt der Industriestaaten schon in die Postmoderne eingetaucht, in der es seine Funktion als Stifter von Ordnung und Orientierung teilen muß mit den Konkurrenten aus Gesellschaft und Politik. Weltliche, von den Parteien und den großen Verbänden geschaffene Ordnungskonzepte haben die Religion in der alleinigen Ausübung dieser Funktion abgelöst. In der Gesellschaftswelt von heute wird die Religion nicht mehr als ideologische Stütze des Staates und der Herrschaft gebraucht. Dadurch wird sie aber frei für sich selbst und für ihre eigentliche Aufgabe, die Seele der Menschen zu betreuen.

Die Religion soll sich deswegen aber nicht aus der Politik zurückziehen, sondern im Gegenteil dem eigentlichen Sub-

jekt der Geschichte und der Politik, dem Menschen, zuwenden. Statt in der Kooperation mit dem Staat dessen Herrschaft über den Menschen zu festigen und seine Instrumentalisierung für außenpolitische Zwecke zu erleichtern, müßte ein modernisiertes Religionsverständnis den Bürger, den einzelnen Menschen stärken gegenüber der Herrschaft des Staatsapparats. Dann kann sich die Religion rekonstituieren als Gemeinschaft der Gläubigen, als eigenes Subsystem der Gesellschaft. Sie kann dann endlich die Binde des Nationalismus von den Augen nehmen und sehen, daß diese Glaubensgemeinschaft den Nationalstaat übergreift, daß also auf beiden Seiten eines Konfliktes nicht nur Feinde, sondern auch Glaubensgenossen stehen. Damit ändert sich nicht die Ursache des Konfliktes, wohl aber die Art und Weise seines Austrags. Die Gemeinsamkeit der religiösen Überzeugung muß auf die Unvereinbarkeit der Konfliktposition zurückwirken.
In einer solchen Haltung können die europäischen Religionen, genauer die christlichen Konfessionen, eine Führungsposition übernehmen, die für die anderen Religionen auf der Welt wegweisend werden könnte. Zumindest bekämen jene eine Perspektive für ihre eigene Fortentwicklung, wenn sich die wirtschaftlichen Existenzbedingungen verbessern.
Von einer solchen Führungsrolle aber sind die christlichen Kirchen noch weit entfernt. Obwohl im Bürgerkrieg in Nordirland die politisch-sozialen Konfliktlinien identisch gewesen sind mit der Verteilung des protestantischen und des katholischen Bekenntnisses, haben die beiden Kirchen keinen erkennbaren Einfluß genommen auf die Bearbeitung des Konfliktes. Vielmehr war es ein weltlicher Vermittler, der frühere amerikanische Senator Mitchell, dem es schließlich 1998 gelang, den Frieden zu verabreden.
Der Krieg der NATO gegen Jugoslawien, das von serbisch-orthodoxen Christen bewohnt wird, hat in den christlichen Kirchen Europas keinen erkennbaren Reflex ausgelöst. Geld für Flüchtlinge einzusammeln ist eine ehrenwerte, aber politisch hilflose Geste. Der Patriarch von Moskau ist nach Belgrad gereist, um mit den dortigen Politikern zu sprechen. Kein vergleichbar ranghoher Kirchenfürst des Westens hat sich auf den Weg nach Brüssel oder Washington gemacht,

um dort zur Mäßigung zu mahnen. Die NATO-Piloten, die tagtäglich ihre tödliche Mission über Serbien, das Kosovo und Montenegro flogen, haben geistlichen Beistand von ihren Militärpfarrern erfahren. Was – um der Religion willen – werden ihnen die Geistlichen haben sagen können?

Mit ihrer Absicht, die Kosovo-Albaner vor der Vertreibung durch die serbische Armee zu schützen, hat die NATO zwei Religionsgrenzen übersprungen. Als militärischer Arm der in der Atlantischen Gemeinschaft zusammengefaßten katholisch-protestantischen Christenheit hat die Allianz die Muslime des Kosovo gegen die Gewalt einer Armee schützen wollen, in der serbisch-orthodoxe Christen ihren Dienst tun. Man muß bezweifeln, daß dieser Blick auf den Konflikt irgendjemandem im NATO-Hauptquartier oder in den Außenämtern der neunzehn NATO-Staaten je in den Sinn gekommen ist. Für die Kirchen, die Sachwalter der Religion aber, hätte dieser Aspekt maßgebend sein müssen. Denn die Werte, die die NATO zu verteidigen behauptet, haben ihre größten Wurzeln im Christentum. Diese Religion kann also nicht zulassen, daß ihre Militärallianz aggressiv wird, ein fremdes Land zerstört und Menschen ums Leben bringt. Dabei muß es dem Christentum gleichgültig sein, welcher Konfession die Menschen sind. Vor Gott sind sie, wie das moderne Christentum weiß, alle gleich. Aber die Tatsache, daß Soldaten, die der christlichen Westkirche angehören, Christen der Ostkirche umbringen, müßte den Schrei der Kritik erheblich verstärken.

Natürlich hätte die serbische Orthodoxie dem Staatsapparat in den Arm fallen müssen, nachdem er begonnen hatte, die Albaner aus dem Kosovo zu vertreiben. Es ist auch richtig, daß die orthodoxe Geistlichkeit während des Sezessionskrieges in Bosnien-Herzegowina die Aggressivität der Serben noch geschürt hat. Das haben die christlichen Westkirchen nicht getan. Sie sind aber auch in einer ganz anderen Lage. Daß sie angesichts der Katastrophe in Jugoslawien mit Ausnahme des Papstes stumm geblieben sind, zeigt, daß sie noch einen langen Weg vor sich haben, um das Verhältnis von Religion und Krieg neu zu formulieren.

Dabei können die Religionen geltend machen, daß sie an den

Kriegen der Gegenwart nicht ursächlich beteiligt sind. Weder im Kosovo noch in Bosnien-Herzegowina geht es um die Religion. Auch bei den anhaltenden Kriegen in Schwarzafrika, im Gebiet der Großen Seen nicht. Hier geht es um Landnahme und um ethnisch begründete Auseinandersetzungen. In Bosnien-Herzegowina wurde ein Sezessionskrieg ausgetragen. Im Kosovo tobte ein Bürgerkrieg um die Herrschaft in dieser Provinz. Über die sozialen Ursachen des Nordirlandkrieges wurde schon gesprochen. In keinem dieser Fälle war die Religion ein verursachender Faktor.

Das gilt für alle Bürgerkriege seit 1945. Amerikanische Wissenschaftler haben rund 250 solcher Konflikte untersucht und dabei festgestellt, daß ihnen in der Regel keine religiösen Ursachen zugrundelagen. Vielmehr verbanden sich, so schreiben die Wissenschaftler, »religiöse Unterschiede mit ethnischen Konflikten, die auf Unterschieden der Nationalität oder auf Klassenunterschieden beruhten«. Zwar stellte für diese ethnischen Gruppen die gemeinsame Religion so etwas wie einen Sozialzement bereit, der ihren Zusammenhalt stärkte. Aber nur in ganz seltenen Fällen wurde die religiöse Differenz zwischen den Ethnien zur Gewaltursache, nämlich dann, wenn eine Gruppe versuchte, ihren Glauben einer anderen Gruppe aufzuzwingen. Darüber wird gleich noch ein Wort zu sagen sein.

Der Untersuchungsbefund der Kriege seit 1945 deckt sich mit der historischen Erfahrung. Die Religion war in Europa niemals die primäre Konfliktursache. Auch in den Religionskriegen des 16. und 17. Jahrhunderts, in denen Katholiken gegen Protestanten kämpften, ging es nicht um die Religion, sondern um die Herrschaft. Sie erzwang die religiöse Gefolgschaft. »Cuius regio eius religio«, hieß die Parole. Wäre die Religion die dominante Konfliktursache gewesen, hätte es sich umgekehrt verhalten, hätte die Religion die Herrschaft konstituiert. So aber haben die Kombattanten die Religion nur für ihre Zwecke benutzt. Die Religionskriege wurden immer nur um Macht und Herrschaft geführt, nicht um die Verbreitung des Glaubens. Er wurde mißbraucht, um die Zustimmung der Betroffenen zu erzeugen und die eigentlichen Kriegsziele zu verhüllen.

Eine Ausnahme bildet, jedenfalls auf den ersten Blick, die Binnenwendung des Heiligen Krieges in den islamischen Staaten. Der radikale Islam kämpft so augenscheinlich gegen die Verwestlichung der islamischen Staaten, gegen die Liberalisierung islamischer Herrschaft. Aber geht es den Taliban in Afghanistan wirklich um die Errichtung einer islamischen Priesterherrschaft, wenden sie Gewalt an, um den islamischen Gottesstaat aufzubauen? Gewiß, sie haben die Frauen aus den Schulen und aus der Wirtschaft verbannt, ihnen den Schleier und den Männern die Bärte aufgezwungen. Und doch lugt hinter dieser gewaltsamen Wiedererrichtung der Sharia die Politik, die Außenpolitik hervor. Die Taliban wurden in Pakistan ausgebildet und von Islamabad finanziert. Über sie will Pakistan Afghanistan kontrollieren. Die Zukunft wird zeigen, ob nicht auch die Herrscher in Kabul zwar Gott predigen, aber nur ihre Herrschaft meinen und dahinter auf das Öl blicken.
So war es auch im Iran. Die islamische Geistlichkeit kam ans Ruder als Reaktion auf die jahrzehntelange Herrschaft der Pahlevi-Familie, die den Islam und die Mullahs vernachlässigen zu können glaubte. Der Sturz des letzten Schah und die Errichtung der islamischen Priesterherrschaft waren die Folge. Nach zwanzig Jahren ist der radikale Elan verpufft, schwenken die Ayatollahs auf die außenpolitischen Linien ein, die die wirtschaftlichen Interessen des Landes und seine geopolitische Lage vorgeben.
Bei Revolutionen, bei der gewaltsamen Veränderung von Herrschaftssystemen innerhalb eines Staates, hat der Islam, hat also die Religion eine Rolle gespielt. Das in ihr enthaltene Konzept der Ordnung von Wirtschaft und Gesellschaft wurde mit revolutionärer Gewalt wiederhergestellt oder durchgesetzt. Aber es beschränkte sich auf die Binnenordnung eines Staates. Folgen für die Außenpolitik ergaben sich aus dieser Errichtung von Theokratien nicht. Die innenpolitischen Erschütterungen, die durchaus beachtlich gewesen sind, klangen nach einer Weile wieder ab. Nachdem sich die neue Herrschaft gefestigt und der wirtschaftliche Entwicklungsstand angehoben hatte, verringerte sich die Bedeutung der Religion als Instrument sozialer Kontrolle und politischer Mobilisierung.

Europa zeigt, wie die Entwicklung verläuft, die für die meisten Entwicklungsländer noch immer in weiter Zukunft liegt. In der hochentwickelten Wirtschaftswelt der Industriestaaten hat die Religion praktisch jede politische Relevanz eingebüßt. Kirche und Staat sind auch dort voneinander getrennt, wo sie, wie in Deutschland, staatsrechtlich miteinander verknüpft sind. In der Gesellschaftswelt ist die Religion zur Privatsache geworden, die weder Anlaß noch Ursache zu Krieg und Gewalt abgibt.

Darin liegt eine Entschuldung, aber keine Entlastung. Im Gegenteil. Je mehr die Religion sich vom Staat entfernt, desto leichter sollte ihr die Einsicht fallen, daß ihr Einzugsbereich den Staat transzendiert, längst die Region, wenn nicht sogar die ganze Welt umfaßt. Die gemeinsame religiöse Überzeugung verbindet Menschen in vielen und unterschiedlichen Staaten, schafft eine übernationale Dimension der gemeinsamen Werte und des gemeinsamen Verhaltens. Weil die Prozesse der Globalisierung die Bedeutung des Nationalstaats verringert haben, wird das Wachstum eines solchen transnationalen Bewußtseins zusätzlich gefördert. Die Religion könnte also zum besonders wichtigen Bestandteil der sich herausbildenden Gesellschaftswelt werden. Sie würde dann auf der Dimension der Werte erzeugen, was die Wirtschaft auf der Ebene der Produktion und der Distribution seit langem zuwege gebracht hat: Handlungszusammenhänge, die den Staat gleichermaßen überwölben wie sie ihn unterlaufen.

Die Religionen würden dann, um das von der Wissenschaft gewählte Bild noch einmal aufzugreifen, zum Zement der Gesellschaftswelt. Die Institutionen der Religion, die Kirchen, müßten dazu nur begreifen, was schon seit Jahrzehnten sichtbar ist: Sie sind längst transnationale Akteure geworden, sind sogar größer und wichtiger als die größten transnationalen Wirtschaftskonzerne. Die Religionen fungieren als wirklich multinationale Akteure, also als gleichberechtigte Handlungszusammenhänge, die nicht mehr einem national-staatlichen Kern entspringen, sondern regional und global vernetzt sind.

Dieses neue Selbstverständnis, diese Ortsbestimmung der

Religion in der Gesellschaftswelt, ist überfällig. Es würde auch ein neues Verhältnis zum Krieg entwickeln. Die Religionen verursachen den Krieg nicht, aber die Religionsgemeinschaften leiden unter ihm in besonderer Weise. Der Krieg sprengt sie, indem er ihre Mitglieder zwingt, sich gegenseitig umzubringen. Daß der Krieg unter den Bedingungen der Postmoderne einen Widersinn darstellt, zeigt sich nirgendwo so klar wie bei den Religionsgemeinschaften.
Sie versuchen, daraus erste Konsequenzen zu ziehen. Der Weltkirchenrat vereint die protestantischen Kirchen. Der Heilige Stuhl betreibt gerade unter seinem jetzigen Amtsinhaber Papst Johannes Paul II. eine eigene ökumenische Kooperation. Aber eine weltbewegende Kraft ist aus diesen Initiativen nicht erwachsen.
Dazu müßten die Religionen den Relevanzverlust, den sie in den Staaten der industrialisierten Welt zweifellos erlitten haben, ausgleichen dadurch, daß sie sich bewußt in eine transnationale, die Staaten übergreifende Kraft verwandeln. Der Weltfriede könnte zum Fokus dieser Wandlung werden. Er ist als Ziel allen Religionen gemeinsam. Wenn sie den Frieden zu ihrem gemeinsamen Projekt machten, ihre Angehörigen zu seiner Verwirklichung aufrufen und motivieren würden, hätten sie sich als transnationale Akteure etabliert und damit eine neue Bedeutung gewonnen.
Der Tübinger Theologe Hans Küng hat 1996 mit dem von ihm gestarteten Projekt »Weltethos« versucht, die Zusammenarbeit der Religionen für die Verwirklichung der ihnen gemeinsamen Werte in Gang zu setzen. Dieses Vorhaben verdient mehr Beachtung, als ihm zuteil geworden ist. Die Religionen leiden offensichtlich noch immer unter der institutionellen Verfestigung, die die Kirchen in den Jahrhunderten ihrer Existenz in den verschiedenen Weltreligionen erfahren haben. Sonst hätten sie längst die Globalisierung als Chance begriffen, in der Welt ein Bewußtsein jener Wertegemeinschaft zu verbreiten, in der sie sich alle wiederfinden. Der Krieg hätte darin keinen Platz mehr.

Hansjörg Hemminger

Der heilige Rest

Warum Sekten attraktiv bleiben

Die Scientology-Organisation führt in Deutschland eine Öffentlichkeitskampagne gegen Kritiker durch, die 40 Millionen DM kosten soll – das ergaben Recherchen der Landesämter für Verfassungsschutz, von denen der militante Psychokonzern seit 1997 beobachtet wird. Scientology gibt also seinen international geführten Medienkrieg gegen die Bundesrepublik noch lange nicht auf, obwohl die deutsche Organisation finanziell und zahlenmäßig am Boden liegt. Aber in den USA wächst der Einfluß der Hubbard-Jünger auf die Politik, und die Kriegskasse ist gut gefüllt.

Zurück in die deutsche Provinz: In Singen am Hohentwiel betreibt der »Verein zur Förderung der Psychologischen Menschenkenntnis« oder VPM ein Wohnheim für Kinder, da die Mitglieder dieser als eine rechte Psychosekte eingestuften Gruppe davon überzeugt sind, die besten Erziehungsmethoden zu besitzen. Jetzt schlug der Oberbürgermeister von Singen Alarm: Ausgerechnet die Zöglinge der »Menschenkenner« benähmen sich in der Schule derart unflätig und undiszipliniert, daß der OB sie vom Unterricht ausschließen will. Das Schulamt zog daraufhin die Notbremse: Die Sektenzöglinge werden auf verschiedene Schulen außerhalb Singens verteilt. Man mag über diese Sektenposse lachen, obwohl es für die verquer erzogenen Kinder und ihre bedauernswerten Mitschüler und Lehrer wenig zu lachen gab.

Ein weiterer Skandal aus der Provinz, diesmal rein gar nicht zum Lachen: Der inzwischen 22 Jahre alte »Satansmörder« von Thüringen bleibt zur Bewährung auf freiem Fuß, obwohl er schon wieder rechtsradikale und satanistische Appelle verbreitet. Der junge Satanist, Mitglied einer Clique namens »Kinder des Satans«, war wegen Mordes an dem damals 15 Jahren alten Mitschüler Sandro Beyer verurteilt

worden und kürzlich unter Bewährungsauflagen freigekommen. Das Amtsgericht Erfurt lehnte trotz der einschlägigen Aktivitäten des Satanisten den Widerruf der Bewährung ab. Wesentlich weniger spektakulär und abstoßend sind die Aktivitäten der sogenannten klassischen Sekten wie die Zeugen Jehovas. Gerade wegen der in den Medien vorherrschenden Exzesse der Sektenszene wollen sie vom Sektenimage loskommen. Zum ersten Mal in ihrer hundertjährigen Geschichte haben die Zeugen deshalb einen Informationsdienst eingerichtet, um die Öffentlichkeit aus ihrer Sicht zu informieren – die Zentrale sitzt in Selters bei Frankfurt. Körperschaft öffentlichen Rechts wollen sie auch werden, obwohl das Bundesverwaltungsgericht in Berlin dem vorerst einen Riegel vorschob. Es mangele den Zeugen an Loyalität zum demokratischen Staat, urteilten die obersten Verwaltungsrichter, denn sie lehnen die Teilnahme an politischen Wahlen ab, und es ist noch nicht lange her, daß sie den Staat als ein »satanisches System » diffamierten. Trotzdem: Die Zeugen Jehovas haben in Deutschland 150 000 Mitglieder, mehr als die größte evangelische Freikirche. Und im scheinbar so weltlichen Frankreich sind es sogar 250 000.
Wie kommt es, daß gerade die religiöse plurale, oft sogar gleichgültige moderne Gesellschaft am Ende des 20. Jahrhunderts Groß- und Kleinsekten in Fülle hervorbringt? Um diese Frage zu beantworten, ist ein Blick in die religiöse Vergangenheit der modernen Gesellschaft nötig.

Wie entstanden die heutigen Sekten?

Im 19. Jahrhundert war die religöse Lage weithin noch geprägt von der Spannung zwischen den traditionellen kirchlichen Positionen und dem von der Aufklärung her kommenden Liberalismus. Das christliche Bekenntnis vieler gebildeter Menschen löste sich zwar in Richtung eines aufgeklärten Gottesglaubens auf. Politisch aber hielt das Bürgertum an der Rolle der Kirche als der die gesellschaftlichen Werte begründenden Institution fest. Trotzdem kam es zu einem allmählichen Verlust kirchlicher Autorität, der einer kulturellen »Untergrund-Religiosität« die Türen öffnete, nämlich einerseits christlichen Erweckungsbewegungen aller Art, andererseits okkulten Systemen wie Spiritismus und Theosophie. Liberal eingestellte Regierungen zeigten wenig Interesse daran, diese religiösen Bewegungen außerhalb der großen Kirchen einzudämmen, obwohl bürgerliche und kirchliche Identität für die große Mehrheit der Menschen immer noch zusammenfielen. Fast sämtliche älteren religiös-weltanschaulichen Sondergemeinschaften und sogenannten Sekten, die im 19. Jahrhundert und im 20. Jahrhundert in der Zeit bis zum ersten Weltkrieg entstanden, gingen entweder aus den christlichen Erweckungsbewegungen oder aus dem Okkultismus dieser Zeit hervor. Unter einer Sekte verstand man in der Gesellschaft damals also folgerichtig eine religiöse Gruppe, die sich aus ganz verschiedenen Gründen kritisch gegen die Kirche richtete und sich damit auch gegen die bürgerliche Gesellschaft wandte.

Allmählich setzte sich allerdings der Liberalismus auf allen Feldern von Kultur und Politik durch, der Staat ging von der Duldung zur Gleichstellung der religiösen Gemeinschaftsbildungen außerhalb der Großkirchen über. Die Abschaffung des Staatskirchentums in der Weimarer Republik und der langsame Verlust an Bindungskraft beider großen Volkskirchen machten es für die Gesellschaft des späteren 20. Jahrhunderts immer unwichtiger, ob eine religiöse Gruppe die Kirchen bejahte oder nicht. Aus vielen erwecklichen christlichen Sondergruppen wurden dabei etablierte Freikirchen wie Methodisten, Baptisten, Heilsarmee und Mennoniten, die man nicht mehr als fragwürdige Sekten betrachtete. Auch okkulte Bewegungen wie die Theosophie – noch mehr die später von Rudolf Steiner begründete Anthroposophie – wurden Teil der bürgerlichen Kultur. Andere Sondergruppen hielten jedoch an ihrer abgeschlossenen Existenz und ihrer Radikalität fest oder nahmen sogar an Fanatismus zu. Diese wurden von außen mit dem Etikett »Sekte« versehen. Als wesentliches Merkmal einer Sekte galt damit immer noch die Gegnerschaft zu den großen Kirchen, aber zunehmend auch religiöser Fanatismus im allgemeinen und fremdartige oder unverständliche Verhaltensweisen der Gemeinschaft. Typische Produkte dieser Entwicklung sind die sogenannten »klassischen Sekten« wie Jehovas Zeugen und die Neuapostolische Kirche, die beide im 19. Jahrhundert entstanden und in den ersten Jahrzehnten des 20. Jahrhunderts ihre radikale Prägung erhielten. Die Zeugen haben zum Beispiel mit den Siebenten-Tags-Adventisten der amerikanischen Erweckungsbewegung den theologischen Ursprung in den USA des 19. Jahrhunderts gemeinsam. Aber während die Adventisten bis heute allmählich immer weniger radikal und immer »kirchlicher« wurden, radikalisierten sich Jehovas Zeugen seit 1930 immer mehr. Heute sind sie fest davon überzeugt, daß in der seit Jahrzehnten immer gerade kurz bevorstehenden Endzeitschlacht Harmagedon sämtliche Nicht-Zeugen umkommen werden, nur die Mitglieder ihrer Gemeinschaft werden auf der dann paradiesischen Erde weiterleben. Und die Neuapostolische Kirche beansprucht zum Beispiel heute, daß nur in ihr – durch ihre Apostel-Hierarchie – der Heilige Geist verliehen werden kann und nur die mit dem Heiligen Geist begabten Menschen, die »Versiegelten«, werden teil an der ersten Auferstehung zum tausendjährigen Reich Gottes haben. Für die Nicht-Neuapostolischen gibt es aus ihrer Sicht allerdings eine Hintertür zum Heil: In einer zweiten Auferstehung nach Ablauf des Tausendjährigen Reiches werden alle Toten nach ihren Taten gerichtet, und wer genug Gutes vorzuweisen hat, kann auch als Nichtmitglied der Neuapostolischen Kirche gerettet werden. Aber das Heil erster Klasse bleibt den weltweit etwa acht Millionen Mitgliedern der Neuapostolischen Kirche vorbehalten.

Der typische christliche Sektierer der fünfziger und sechziger Jahre verweigerte sich also der Gemeinschaft mit anderen Christen und erhob aufgrund seiner einseitigen Theologie Exklusivansprüche auf die christliche Wahrheit, auf das richtige Leben und sogar auf das Heil. Auch heute noch, kurz vor dem Jahr 2000, sind diese alten, klassischen Sekten zahlenmäßig erstaunlich stark; allein die Neuapostolische Kirche hat in Deutschland über 500 000 Mitglieder. Diese Gruppen gewinnen heute zwar netto (nach Abzug der Austretenden) trotz eifriger Mission nur wenige Mitglieder dazu, sie schrumpfen aber auch nicht wesentlich. Die unveränderte Anziehungskraft dieser klassischen christlichen Sekten ist ein Faktum, das bei aller Wichtigkeit der anschließend noch zu behandelnden fremd- und neureligiösen Gruppen sorgfältig zu bedenken sein wird.

Die sogenannten Jugendreligionen

Die religiöse Situation in Deutschland änderte sich um 1970 mit dem plötzlichen Auftreten von Gruppen, die aus dem Ausland – fast immer aus den USA – kommend in Deutschland missionierten und eine bisher unbekannte Art von Radikalität an den Tag legten. Nicht nur verhielten sie sich äußerst aggressiv gegenüber Kritikern, bis hin zu kriminellen Auswüchsen. Sie vereinnahmten auch ihre meist jungen Anhängerinnen und Anhänger sehr viel stärker, als die klassischen Sekten und die älteren esoterischen Gemeinschaften dies taten, sie rissen sie aus ihrer bürgerlichen Lebensführung heraus, provozierten durch exotische Kleidung und völlig unbekannte religiöse Praktiken und empörten die Angehörigen der Konvertiten und die Öffentlichkeit durch ihre als unmoralisch empfundene Anwerbemethoden. Zeitgeschichtlich sind die schnellen Erfolge dieser Gruppen, also zum Beispiel von Scientology, Ehrhard Seminar Training, Hare Krischna, Ananda Marga, Transzendentale Meditation und Vereinigungskirche, als Folge der 68er-Bewegung zu betrachten. Viele junge Menschen schlossen sich ihnen gerade aufgrund einer Protesthaltung gegenüber der eigenen Kultur an und suchten in der Exotik indischer Guru-Bewegungen oder amerikanischer Erfolgs- und Power-Gruppen für sich alternative Sinnquellen. In der geistigen Auseinandersetzung mit diesem Phänomen versuchten die Kirchen zuerst, die Definition des Begriffs »Sekte« als christliche Sondergemeinschaft mit antikirchlicher Grundhaltung zu bewahren. Folglich mußten sie für die neu auftretenden Gruppen einen eigenen Begriff prägen. Der bayerische »Sektenpfarrer« Friedrich Wilhelm Haack sprach von Jugendreligionen, in der Wissenschaft sprach man dagegen eher von neuen religiösen Bewegungen, bei den Betroffeneninitiativen und Selbsthilfegruppen, die nach amerikanischem Vor-

bild entstanden, nannte man die gleichen Gruppen destruktive Kulte usw. Die Öffentlichkeit folgte diesen Sprachregelungen jedoch weithin nicht. Schon bald entstand statt dessen in den Medien der Begriff der »Jugendsekte«, später dehnte sich das Bedeutungsfeld des alten Begriffs Sekte auf den ganzen Bereich dieser radikalen, neuen Gemeinschaften aus. Deshalb wird heute sogar die Scientology-Organisation regelmäßig als Sekte bezeichnet, obwohl diese Gruppe gar nicht als religiös zu betrachten ist, sondern eine Art internationales Psycho-Unternehmen mit einer radikalen Weltrettungsideologie darstellt. Der »Verein zur Förderung der Psychologischen Menschenkenntnis« (VPM) wird in den Medien als Psychosekte charakterisiert, obwohl diese radikale Schweizer Gruppierung rein gar nichts mit Religion zu tun hat, sondern eine pseudowissenschaftliche Ideologie und Politik vertritt. Dieser Sprachgebrauch ist jedoch durchaus konsequent, denn für die breite Öffentlichkeit wurde die Konfliktträchtigkeit einer Gemeinschaft, ihre Nicht-Angepaßtheit an die Normen bürgerlichen Lebens, sofern sie mit religiöser oder weltanschaulicher Begründung einherging, zum wichtigsten Merkmal einer sektiererischen Gruppe. Sekten sind aus dieser Sicht zwar immer noch Gemeinschaften von Dissentern, also von »Nichtzustimmern«, aber nun richtet sich ihr Dissens vor allem gegen die bürgerliche Lebensorientierung und die geltenden gesellschaftlichen Werte, mit denen sie vielfach in Konflikt geraten.
Dem entspricht auch der heute in den Sozialwissenschaften gängige Sektenbegriff: Danach ist eine Sekte dadurch gekennzeichnet, daß sie in starker Spannung, in Widerspruch und Gegensatz zu ihrer Umwelt lebt. Kennzeichnend ist danach eine extreme Gestaltung ihrer Innen- und Außenbeziehungen, also die befremdliche oder inakzeptable Art, in der sie mit den eigenen Mitgliedern und mit der Umwelt umgeht. Dieses sozialwissenschaftliche Verständnis definiert also den Sektenbegriff über die privaten und gesellschaftlichen Konflikte, die eine Gemeinschaft verursacht, und entspricht insoweit der Bedeutung, die das Wort seit den siebziger Jahren durch die Erfahrungen mit den »Jugendreligionen« in der Umgangssprache angenommen hat. Allerdings bleibt

aus sozialwissenschaftlicher Sicht offen, wo die Ursachen der Konflikte liegen: Intoleranz und Konformitätsdruck von seiten der Mehrheit sind ebenso mögliche Ursachen wie ideologische Enge, Sendungsbewußtsein und Unmenschlichkeit auf seiten der als Sekten bezeichneten Gruppen. Umgangssprachlich wird dagegen der sogenannten Sekte auch fast automatisch die Verantwortung für die Konflikte angelastet.
Das Nebeneinander verschiedener Begriffsebenen macht die Verständigung manchmal schwierig, häufig ist es unvermeidlich geworden, das Gemeinte jeweils näher zu erläutern, sofern man von Sekten sprechen will. Man muß zum Beispiel von christlichen Sekten, Sekten aus dem japanischen Buddhismus, synkretistischen Sekten usw. sprechen, um deutlich zu machen, um welche Traditionslinien es sich handelt. Die in Soziologie, Theologie und Religionswissenschaft übliche, neutrale Verwendung des Sektenbegriffs läßt sich ebenfalls nicht mehr ohne Erläuterung in die Öffentlichkeit bringen, da sich der Begriff Sekte dort auf Gruppen bezieht, die soziale Konflikte, familiäre Probleme und materielle Schäden hervorrufen, die sich radikal bis fanatisch äußern und ein extremes Sendungsbewußtsein an den Tag legen. Eine Stigmatisierung wegen der Abhängigkeit der Anhängerschaft, wegen Personenkult, wegen einer totalitären Machtausübung im Innern, wegen subversiver Methoden im Außenkontakt usw. schwingt dabei immer mit. Diese Verdachtsmomente treffen zwar häufig mehr oder weniger die Realität, manchmal jedoch auch nicht.

Endzeitgruppen an der Jahrtausendwende

Zur Jahrtausendwende rücken besonders die sogenannten apokalyptischen Gruppen in den Mittelpunkt des Interesses, die man in den USA plastisch »doomsday cults« nennt. Es handelt sich um Gemeinschaften, die ihre besondere Prägung durch das – angenommene und geglaubte – nahe Weltende erhalten und die sich von daher als eine Art Arche und oft als die einzige Arche in einer zum Untergang verurteilten Welt verstehen. Daraus ergibt sich – in vielen Variationen

– ein außerordentlich drängendes Sendungsbewußtsein und eine Neigung zu fanatischen Einzelhandlungen, zum Beispiel die Mißachtung von Alltagserfordernissen, der vernünftigen Lebensplanung, der staatlichen Rechtsordnung usw. Die Anhängerschaft wird durch die Erwartung des nahen Untergangs besonders manipulierbar, denn die Führung kann massive Ängste der Mitglieder ausnutzen. Wie sollen diese – wenn sie schon einmal an das nahe Weltende glauben – den Gedanken ertragen können, kurz vor dem Ende aus der rettenden Arche verstoßen zu werden?
Die im Südschwarzwald ansässige Neuoffenbarungsgruppe Fiat Lux erwartet zum Beispiel aufgrund der Prophezeiungen ihrer Führerin Uriella die große Katastrophe schon im Lauf des Jahres 1999. Ein Riesenmeteor soll in die Nordsee stürzen, Europa soll auf weite Strecken überflutet werden, wobei der Schwarzwald mit Uriellas Heim darauf aber ausgespart bleibt. Ein Weltkrieg droht zusätzlich, ein sogenannter Erdachssprung wird massive Naturkatastrophen auslösen und so weiter. Aber ein Drittel der Menschheit – darunter alle Fiat-Lux-Anhänger – wird durch Raumschiffe und ihre menschenfreundlichen UFO-Besatzungen gerettet werden – immerhin etwas.

Man fragt sich, wieso ein derartig verrücktes Untergangs-Szenario überhaupt Glauben findet. Immerhin scharen sich zwischen tausend und dreitausend Leute um Uriella, darunter viele hochgebildete und intelligente Menschen. Fiat Lux stammt aus einer spiritistischen und esoterischen Tradition, es gibt aber auch apokalyptische Gruppen aus der christlichen Tradition. Sie sind sogar viel häufiger und wirksamer, aber meist weniger radikal als die auf Neuoffenbarungen aufbauenden esoterischen Gemeinschaften, die durch ihre irrsinnigen Tötungs- und Selbsttötungsverbrechen Schlagzeilen machten: die Sonnentempler, die sich in der Schweiz, in Kanada und Frankreich umbrachten, Heavens Gate, die ihren Suizidpakt in San Diego ausführten und so fort. Der Unterschied liegt in der Quelle der Autorität für das Endzeitwissen und damit in der Richtung, in die sich die Hoffnung auf Überleben bzw. neues Leben ausstreckt. Die

christlichen Gemeinschaften berufen sich in der protestantischen Tradition auf die Bibel, dies meist in fundamentalistischer Form, oder in der katholischen Tradition auf eine Privatoffenbarung, z.B. auf eine Offenbarung des Endzeitfahrplans durch Maria. Es handelt sich bei diesen Gruppen also um eine Aktualisierung und Radikalisierung christlicher Theologie. Die Neuoffenbarer werden dagegen selbst angeblich zur Stimme Gottes in der Endzeit und bringen grundsätzlich neues Endzeitwissen mit der christlichen Tradition zusammen. Sie definieren auch die Hoffnung auf Rettung neu, z.B. eine Hoffnung auf UFOs anstatt der Hoffnung auf den »neuen Himmel und die neue Erde«.
Wichtig ist, darüber nicht nur zu lächeln, sondern sich um ein tieferes Verständnis zu bemühen. Die apokalyptischen Gruppen teilen eine im Kern negative Existenzanalyse mit allen Religionen: Die Weltgeschichte ist für sie eine Geschichte des Leidens, der Vergeblichkeit und des Niedergangs. Die Idee einer Endzeit, einer abschließenden Katastrophe, aus der eine neue Welt hervorgeht, setzt dann aber das biblische Geschichtsverständnis voraus, das von einem Anfang zu einem Ende fortschreitet, und es setzt eigentlich auch einen Schöpfer voraus, der die verdorbene oder verlorene Welt wieder zu einem Ende bringt. Allerdings findet sich der Schöpfergott in manchen esoterischen Systemen nur noch in entpersonalisierter Form, als ewige kosmische Gesetzmäßigkeit oder als kosmisches Bewußtsein.
Möglicherweise gibt es einen Einfluß dieses Denkens selbst auf ostasiatische Gruppen wie Aum Shinrikyo, deren Grundlage vor allem buddhistisch ist. Diese Gruppe verübte bekanntlich den Giftgasanschlag auf die U-Bahn in Tokio, daneben aber auch viele individuelle Mordtaten. Der Vernichtungswahn des Gurus Shoko Asahara berief sich auf eine Shiva-Vision, also auf den Hindu-Gott der Zerstörung und Erneuerung. Aber den Kampf Shivas durch Massenvernichtungswaffen selbst in die Hand zu nehmen scheint doch eine westliche und moderne Idee zu sein.

Unsere Kultur ist zwar religiös und weltanschaulich sehr vielfältig, in anderer Hinsicht aber auch sehr uniform. Unsere Lebenswelt wird von wirtschaftlichen und technischen Entwicklungen bestimmt, die den Alltag auf breiter Front vereinheitlichen. Man muß (immer bis auf wenige Ausnahmen) moderne Technik benutzen, man muß am Massenverkehr teilnehmen und Massenmedien konsumieren, man muß ein gewisses Niveau materiellen und kulturellen Konsums erreichen usw.

An dieser globalen Vereinheitlichung der Lebensverhältnisse wird sich auch im neuen Millenium nichts ändern. Daher kann man von einer verborgenen Dogmatik des modernen Lebens sprechen, die alle religiösen Positionen relativiert und die um so klarer zutage tritt, je gleichgültiger die Mehrheit gegenüber religiösen oder ideologischen Wahrheitsansprüchen wird. Die ökonomischen Systeme, der Konsum- und Freizeitbetrieb, sogar der Politikbetrieb, funktionieren relativ unabhängig davon, was die einzelnen Menschen glauben und denken mögen. Ob der Arbeitnehmer in einer Firma ein überzeugter Christ ist und seine Alltagssituation von daher deutet, ob er mit Grenzerfahrungen des Lebens von seiner Gottesbeziehung her fertigzuwerden versucht, ob er die Angst vor der Arbeitslosigkeit durch magische Praktiken lindert oder nicht, ist nicht von öffentlichem Interesse. Er könnte auch ein Zeuge Jehovas, ein TM-Meditierender oder ein Esoteriker sein, mit anderen privaten Auffangstellungen gegen Daseinsängste und mit anderen Hoffnungs- und Sinnquellen.

Diese öffentliche Beliebigkeit wirkt sich auf Inhalt und Prägekraft der Religionen aus. Denn eine derart privatisierte Religion und Weltanschauung ist immer bereits relativierte Religion und Weltanschauung auf dem Weg zur Bedeutungslosigkeit. Von daher erklärt sich einerseits die Tendenz zur Gleichgültigkeit bei der Mehrheit, die jede Weltsicht und jede religiöse Tradition trifft. Auf der anderen Seite provoziert eben dies Protesthaltungen bei einer Minderheit von Menschen, die religiöse Verbindlichkeit leben wollen. Die

Attraktivität der sogenannten Sekten ist eine unmittelbare Folge davon. In kleinen Gemeinschaften, die sich in eine abgegrenzte Sonderwelt zurückziehen, läßt sich die Gleichgültigkeit der religionsfremden Gesellschaft ausblenden.
Eine breitenwirksamere Form des Protests bilden allerdings die immer wieder zu verzeichnenden religiös-weltanschaulichen Aufbrüche wie die Esoterik-Bewegung und die charismatische Bewegung. Es gelingt solchen offenen Bewegungen entgegen ihrem eigenen Anspruch aber nie, große Bevölkerungsteile zu erfassen und die technisch-ökonomische Massenkultur weltanschaulich zu prägen. Nach einiger Zeit dynamischen Wirkens integrieren sie sich entweder wieder in die Gesellschaft, oder sie enden ebenfalls als Sondergemeinschaften, die ihren Glauben durch Abschottung konservieren. Wir stellen also fest, daß eben die gesellschaftliche Tendenz zum weltanschaulichen Relativismus, die abnehmende Bindung an religiöse und weltanschauliche Traditionen bei der Mehrheit, auf der anderen Seite gerade die Tendenz zu Gegenbewegungen in kleinen Gemeinschaften befördert und dadurch zu immer neuen religiösen »Sonderwelten« führt, in denen ein verbindlicher – ja sogar fanatischer – religiöser Glaube oder fanatisch vertretene Ideologien soziale Gestalt annehmen können.
Ein eher gemäßigtes Beispiel aus der eigenen Beratungspraxis: Herr M. arbeitete in seiner Jugend in seiner evangelischen, landeskirchlichen Gemeinde mit. Allerdings stellte ihn die Landeskirche und ihre Jugendarbeit nie ganz zufrieden, er fühlte sich immer wieder angezogen von einer radikaleren und verbindlicheren Form christlichen Lebens. Verschiedene Kontakte zur Pfingstbewegung, zu Kommunitäten usw. führten nicht zu einer Bindung, die Unzufriedenheit blieb. Herr M. ist ein intelligenter, willensstarker und korrekter Mensch, emotional eher verschlossen, aber mit einem starken Bedürfnis nach einer verläßlichen Ordnung des Lebens. Dahinter kann man die Angst vermuten, sich selbst als ungenügend oder angreifbar zu erleben. Herr M. hat hohe Ansprüche an sich selbst und will Maßstäbe, um diese zu erfüllen. In dieser Situation lernte er die Norweger-Gemeinschaft kennen. Es handelt sich um eine protestanti-

sche Sondergemeinschaft mit zahlenmäßigem Schwerpunkt in Norwegen und ungefähr 30 000 Anhängern in Deutschland. Im Zentrum der Lehre steht die persönliche Heiligung durch den entschlossenen Kampf gegen alle Sünden, die der Heilige Geist im Leben des Glaubenden aufdeckt. Den Volkskirchen wird von den sogenannten Norwegern vorgeworfen, sie beruhigten das Gewissen der Menschen zu schnell mit dem Vertrauen auf die Liebe und die Gnade Gottes. Demgegenüber wollen die Norweger durch ein geheiligtes Leben mitten in der gottfernen Welt den Willen Gottes erfüllen. Die Norweger-Gemeinden verlangen deshalb von ihren Mitgliedern ein traditionelles Familienleben mit meist vielen Kindern – eine Geburtenregelung wird abgelehnt – und eine strenge Ordnung des Lebens nach biblischen Gesichtspunkten. Herr M. ist nun schon seit Jahren dabei und fühlt sich wohl.
Soweit dieses Beispiel. Nochmals sei betont, daß religiöser Pluralismus auf der einen Seite und das Aufblühen von Sondergemeinschaften auf der anderen Seite sich gegenseitig bedingen. Aus der Sicht der Mehrheit beschreibt der Begriff »religiöser Pluralismus« nicht nur die gesellschaftliche Realität, er steht auch für eine positive Wertung dieser Realität. Pluralismus ist aus dieser Sicht wünschenswert, er bedeutet eine moralische Forderung und ein politisches Programm, nämlich Bereitschaft zu Toleranz und Dialog. Gegnern signalisiert der Begriff gerade deshalb die Relativierung des eigenen Glaubens und postmoderne Beliebigkeit. Für die Kirchen – aber auch für alle anderen Religionsgemeinschaften, die seriös an der Gestaltung der Politik mitwirken wollen – stellt sich die Aufgabe, im Umgang mit der Gesellschaft des beginnenden dritten Jahrtausends ausdrücklich nicht den Weg der Sekten und Fanatiker zu wählen. Kirchen und Gemeinden müssen lernen, zwischen der Festigung und der Weitergabe des eigenen Glaubens einerseits und der Gestaltung von Beziehungen in der Gesellschaft bzw. zu Andersgläubigen andererseits sorgfältig zu unterscheiden. Man muß sich nicht auf die Privatisierung und Relativierung aller eigenen Wahrheitsansprüche einlassen, um Toleranz und Dialogbereitschaft zu fördern, beides widerspricht sich so-

gar nachhaltig. Gerade im religiösen Pluralismus könnte die Kirche als die Gemeinschaft der Verschiedenen ein attraktives Gegenmodell bilden, wenn sich in ihrer Vielfalt die Unverfügbarkeit Gottes spiegelt und wenn sich in ihrem Zusammenhalt die Gemeinschaft des Menschen mit Christus ablesen läßt. Gegenüber Andersgläubigen gilt dabei: Die Christen sind zum Frieden verpflichtet, zum gedeihlichen Zusammenleben und zur Achtung der Menschenwürde. Dialog bedeutet nicht Relativierung, sondern Verdeutlichung eigener Positionen in der Antwort auf die fremde Position. Dabei zeigt sich Gemeinsames ebenso wie Verschiedenes, die Übereinstimmung ebenso wie der Punkt der Unterscheidung, wo verschiedene Religionen auf verschiedene Hoffnungen setzen. Dabei kann die Erinnerung daran helfen, daß Universalität über die Kulturen hinweg von Anfang an eine Eigenschaft des Christentums war, das Evangelium und die westliche Kultur gehören nicht zwingend zusammen. Das »christliche Abendland« hat sogar durch seinen kulturellen Universalismus die religiösen Globalisierungs- und Begegnungsprozesse ausgelöst, mit denen es vor und nach der Jahrtausendwende zu kämpfen hat. Das ist gegen alle Verschwörungstheorien von Sekten und Sonderlinge festzuhalten, die eine kulturelle Überfremdung, religiöse Aggression usw. gegen die westliche Christenheit feststellen wollen. Wenn überhaupt, sind die früheren nichtwestlichen Kulturen bzw. Religionen die »Opfer« einer westlichen Universalisierung der Weltkultur, und ihre gegenläufige Bewegung in den Westen hinein – zum Beispiel die der indischen Guru-Gruppen – beruht auf Anpassungs- und Behauptungsversuchen. Die Weltchristenheit nach dem Jahr 2000 kann nicht die abendländische Kulturgestalt fortschreiben, vielmehr muß das Evangelium sich jeweils mit den Beständen der Kulturen vor Ort ausdrücken und »bekleiden«. Dafür können wir nach der Jahrtausendwende im eigenen Land vermutlich weitere »multikulturelle« Erfahrungen sammeln. Diese Aufgabe liegt großenteils noch vor uns.

Fulbert Steffensky

Religion light

Gegen die Verniedlichung des religiösen Anspruchs

Eine der großen Traditionen innerhalb vieler Religionen ist das Bilderverbot. Es ist das Verbot, eine Erscheinung der Natur als Gott zu verehren, den Blitz, die Sonne oder einen Baum; aber auch das grundsätzliche Verbot, sich ein Bild von Gott zu machen. Im 5. Buch Mose in der Hebräischen Bibel wird das große Gesetzeswerk mit einer Rede des Mose eingeleitet, die das israelitische Volk an die Verkündigung der Gebot im Sinai erinnert:

Ihr standet unten an dem Berg.
Der Berg aber stand in Flammen bis an den Himmel.
Und da war Finsternis, Wolken und Dunkel.
Und Gott redete zu euch mitten aus dem Feuer.
Seine Worte hörtet ihr, aber ihr saht keine Gestalt,
nur eine Stimme war da. ...
So hütet euch nun wohl – bei eurem Leben –
denn ihr habt keine Gestalt gesehen
an dem Tag, an dem Gott am Horeb mit euch redete aus dem Feuer,
daß ihr nicht frevelt und euch irgendein Gottesbildnis macht,
sei es das Abbild eines Mannes oder einer Frau,
das Abbild eines Tieres auf dem Land oder eines Vogels, der am Himmel fliegt,
das Abbild irgend eines Wesens, das auf der Erde kriecht,
oder eines Fisches im Wasser unter der Erde.
Hebe auch deine Augen nicht auf zum Himmel, daß du die Sonne siehst
und den Mond und die Sterne, das ganze Heer des Himmels,
und laß dich nicht verführen, sie anzubeten und ihnen zu dienen!
... So nehmt euch in acht, daß ihr den Bund des Herrn, eures Gottes,

nicht vergeßt, den er mit euch geschlossen hat, und nicht ein
Gottesbild macht in der Gestalt von irgend etwas,
das er, dein Gott, verboten hat!

Man kann vom Glauben zwei sich widersprechender Sätze sagen: Der eine Satz heißt: Er entwirft Bilder von Gott, weil er nicht blind leben kann. Der andere Satz: Der Glaube überholt die vorhandenen Bilder; sehr oft reißt er sie nieder und zerstört sie, wie Mose den goldenen Stier am Sinai niedergerissen hat, in dem das Volk die Kraft seines Gottes verehrte.

Glaube entwirft Bilder. Ein bildloser Glaube ist ein trostloser Glaube. In allen Grundsituationen des Lebens kommt der Mensch nicht mehr mit seiner einfachen Sprache aus. Die Sprache selber drängt ins Bild. Wenn ich jemanden liebe, dann übersteigt meine Sprache die Grenze ihrer Sagbarkeit und schnellt ins Bild. Ich sage also nicht: Ich möchte dich darüber informieren, daß ich dich liebe. Ich sage vielmehr: Du bist mein langsamer Satz aus dem Cellokonzert von Dvorak! Anders als im Bild kann ich nicht ausdrücken, was mich wirklich bewegt. Die Sprache verliert ihren definitorischen Charakter und fängt an zu fliegen, und keine Definition kann sie mehr einholen. So rede ich nicht nur, wenn ich liebe; auch mein Schmerz, die Trauer und die Sehnsucht reden so. Ich mache mir Bilder, aber es sind nicht Bilder, die jemand einfangen, sondern es sind Bilder, die auf jemanden zueilen und ihn umarmen möchten. Die Bilder sind keine Photos, sie halten nichts fest. Man spürt in solchen Situationen immer das Ungenügen mit der eigenen Sprache. Wie eine Welle die andere bricht und überholt, so überpurzeln sich die Bilder, und man versucht immer neue. Das Bild selber bricht das Bild und ist bilderstürmerisch.

In der Sprache der Mystik finden wir Bilder dieser Art. Ich zitiere Gerhard Tersteegen, den Mystiker aus dem 18. Jahrhundert, mit einer Strophe aus seinem Lied »Gott ist gegenwärtig«:

Luft, die alles füllt,
drin wir immer schweben,
aller Dinge Grund und Leben,

Meer ohn Grund und Ende,
Wunder aller Wunder:
ich senk mich in dich hinunter.
Ich in dir,
du in mir,
laß mich ganz verschwinden,
dich nur sehn und finden.

Die Liebe löst die festen Umrisse der Bilder auf. Gott heißt hier nicht mehr Vater oder Mutter oder König. Er heißt Luft, Grund, Leben, Meer, Wunder. Wie ich mir keine Liebe vorstellen kann, die nicht Bilder entwirft und mit Bildern spielt, so kann ich mir auch keinen Glauben ohne diesen Gestus vorstellen. Der Glaube läßt sich nicht einfangen, in den Käfig der verhängten Bilder – Herr und Vater vor allem in den befohlenen Liturgien. Er spielt mit der Sprache, wie die Liebe spielt.
Der Glaube entwirft Bilder – ja! Und das Gegenteil: Der Glaube verlangt eine Grundskepsis gegen die Bilderwelten, die wir entwerfen. Das Bild lehrt lügen, heißt es bei dem Propheten Habakuk (2,18). Mit dem Lügenbild sind nicht nur Bilder im unmittelbaren Sinn gemeint. Es sind die eingerichteten symbolischen Welten, die uns mit falscher Stimmigkeit betören. Wir haben mit dem Ende des Krieges erlebt, wie Menschen fast über Nacht ihren Glauben an den Faschismus verloren haben. Viele haben über Jahre hin geglaubt, daß das System richtig sei. Es gab nicht nur Blinde und Mitläufer, auch nachdenkliche und engagierte Menschen haben dies geglaubt. Dann brachen die bebilderten Welten zusammen. Die Schulen brachen zusammen, die den falschen Glauben gelehrt hatten. Die Gesänge verstummten, in denen er gepriesen wurde. Die Aufmärsche, die Fahnen, die Rollen, die Titel, die Uniformen verschwanden und mit ihnen der Glaube an das System. Die Bilder, die das Lügen gelehrt hatten, brachen zusammen. Das System war weniger im Gewissen und im Herzen der Menschen verwurzelt. Es lebte von der Inszenierung, von den Gesten und Symbolen. Der Mensch ist in der Gefahr, sein Gewissen am Außen abzulesen; an den Bildern, Symbolen und Zeichen, die die

Landschaft der Lüge bilden und mit denen sie sich schönschminkt.

Macht euch kein Bildnis!
Hebe deine Augen nicht auf zum Himmel,
daß du die Sonne siehst und den Mond und die Sterne!
Laß dich nicht verführen, sie anzubeten und ihnen zu dienen!

Der Glaube an Gott lehrt das Mißtrauen gegen die Götzenbilder. Götzenbilder aber gibt es nicht nur außerhalb der Kirchen. Es kann sie in ihrem eigenen Herzen geben.
Die Götzen aus alten Zeiten der Kirchen kann man, wenn man sich anstrengt, erkennen. Wenn auf den Koppelschlössern der Soldaten das »Gott mit uns« stand, dann wissen wir, daß ein Götze verehrt wurde. Wenn auf dem Dollarschein steht »In god we trust«, dann kann man leicht die Fratze des Götzen erkennen. Wir erkennen den Götzen, der angepriesen wird unter dem Namen Christi im Brief eines Feldbischofs von 1943 an die Soldaten:

»Christus ist es, der von sich sagen konnte: ›Ich habe die Welt überwunden.‹ Er stand über allen Stürmen, die über ihn hereinbrachen, als sein Opfergang begann. ... Möge Euch allen, Ihr tapferen Soldaten, ein starkmütiges und entschlossenes Herz in der Brust schlagen, wenn Euch der Führer und oberste Befehlshaber der Wehrmacht um des Endsieges willen zu neuen Aufgaben ruft! Möge Euer Mut und Eure Treue alle Zeit größer sein als die Schwierigkeiten, die Ihr zu bestehen habt! ... Möge Euch alle der Aufblick zu Christus wissend, sehend und hellhörig machen, damit Ihr an den Euch auferlegten Prüfungen des Lebens und der Zeit nicht zerbrecht, sondern immer härter und entschiedener werdet in den gegenwärtigen und kommenden Stürmen, die Ihr zu bestehen habt. Dazu verhelfe Euch der allmächtige Gott ...«

Dieser Feldbischof und alle, die mit götzendienerischen Ohren auf ihn hörten, hatten die Bibel und die Texte ihrer Tradition nicht als Gegenüber, das sie korrigierte und mahnte, wie eine alte Lehrerin einen verbessert und mahnt. Sie haben sich selber, ihre Wünsche und ihre Ideologien einfach in die

alten Texte hineingelesen. Sie haben dem Gott ihrer Väter und Mütter das Gesicht ihres Götzen gegeben. So trug er noch den alten Namen, in Wirklichkeit aber hatten sie sein Gesicht geschnitzt nach den eigenen Zügen. Sie taten das in so grober Weise, daß wir das Götzenbild heute leicht erkennen. Vielleicht ist es aber fast immer so, daß erst die Kinder oder die Enkelkinder die Götzen ihrer Vorfahren erkennen. Unsere Väter und unsere Mütter entlarven ist nicht eine so große Kunst. Was aber sind unsere Götzen? Welchem Gott haben wir unsere Züge verliehen und beten ihn danach an? In dieser Frage sind alle möglichen anderen eingewickelt: Was bedeutet uns die eigene Tradition? Die Bibel? Welchen Gott finden wir in ihr? Auf welche Weise kann man diese Traditionen überhören? Ich habe den Eindruck, daß wir diese Traditionen in der gegenwärtigen Lage nicht selten auflösen in leichtmünzige Sagbarkeiten. Ich möchte dies erklären am Beispiel einer Predigt über Jakobs Kampf mit dem Engel (1 Mos 32), die ich vor einiger Zeit gehört habe. Die Pfarrerin hat den Text mit den großen archaischen Bildern vorgelesen, die ihre Größe gerade in ihrer Rätselhaftigkeit und in ihrer Fremdheit haben: der geheimnisvolle Fremde, der Feind, Verwundender, Versprechender und Segnender zugleich. Nun backt die Pfarrerin kleine mundgerechte Predigtbrötchen. In der Predigt verlegte sie die Szene vom Jabok an den Frühstückstisch eines muffelnden Ehepaares. Er sitzt da und liest in der Zeitung, sie versucht eine Aussprache. Er grunzt gelegentlich. Sie wird ärgerlich und erklärt in einer längeren Rede, wie ihre Beziehung nur durch Auseinandersetzung, Beredung und Aufarbeitung gelingen könne; wie man sich nicht durch Schweigen und Ausweichen schützen dürfe, sondern sich verwundbar machen müsse, wie Jakob sich in jenem Kampf vor dem Engel verwundbar gemacht hat. Erst daraus entstände der Segen wie eben in jener Geschichte von Jakob und seinem nächtlichen Kampf.
Was ist mein Problem mit der Predigt und mit jenem Umgang mit der Tradition? Die Pfarrerin sagte nichts Falsches. Sie sagte vielmehr – und das ist mein Einwand – etwas Allerweltsrichtiges von der Kanzel. Wer wollte ihre widersprechen? Sie sagte unter leichter Benutzung des Textes, was

Menschen sich sagen können, sofern sie ein Stück Klugheit und Lebensbeobachtung haben. Die Wahrheit der Rede entstand nicht ernsthaft im Gespräch und in der Auseinandersetzung mit dem Text. Das eigene Süppchen war schon lange gekocht und wurde am Text höchstens leicht angewärmt. Die Auseinandersetzung mit der alten Tradition überraschte und befremdete nicht, sondern verkleidete höchstens das immer schon Gewußte. Menschen bekommen zwar Lebensratschläge für bestimmte Situationen, werden aber im Horizont des eigenen Verstandes gelassen. Wenn man so will: Gott ist ausgelassen. Das gewöhnliche Leben der Menschen in unserer Gesellschaft ist nicht mehr selbstverständlich, und ich sage mit meinem Einwand nichts gegen die Beratungsdienste der Kirche, die das Leben in seinem Alltag unterstützen. Die Frage ist allerdings, ob es nicht gerade in unseren hochsäkularisierten Städten ein nicht seltener Zug in den Predigten, in den Rundfunkandachten, im Konfirmandenunterricht, im Religionsunterricht ist, den Namen Gottes auszulassen – den fremden, den widersprüchlichen, den rettenden. Die Rettung in die kleine nennbare Weisheit ist keine Lösung. Mit Lebenshilfe scheint unsere Arbeit immer gerechtfertigt. Wer wollte gegen sie etwas sagen bei der Verwahrlosung des Lebens, die wir feststellen? Aber die Frage ist, ob diese Lebenshilfe aus den Grundbildern unserer Tradition stammt, an ihnen verhandelt wird und aus ihnen abgeleitet ist, oder ob sie nichts anderes ist als die Flucht ins sagbare Detail vor der Schwierigkeit, den Namen Gottes zu nennen.

Ich beklage die Willkür und den theologischen Narzißmus, in dem die Texte der alten Tradition nicht mehr ernsthaft ins Gespräch gezogen werden, sondern nur noch beiläufiges und beliebiges Material zur Ausschmückung irgendwelcher Gängigkeiten sind. Wir kommen nicht weit mit der Willkür, in der sich jeder als Oberlehrer dieser Tradition aufspielt und immer schon weiß, was sie falsch gemacht hat; was ihr fehlt und was sie eigentlich hätte sagen sollen. Die Wahrheit steht nicht in jenem Buch geschrieben, so daß wir sie nur noch abzulesen brauchten. Aber die Wahrheit steht auch nicht in uns selber geschrieben, daß sie schon herauskäme,

wenn wir uns nur selbst zitieren in dem, was wir gerade so denken, meinen und wollen. Die Wahrheit ist ein Gespräch. Eine unüberhörbare, eine fremde, eine wichtige Stimme sind die Texte jener Tradition. Natürlich bin ich frei, sie zu kritisieren, wie ich frei bin, meine Lehrerin zu kritisieren. Aber wenn ich diese Tradition angenommen habe und wenn sie für mich die Quelle meiner Haupttexte und Lieder ist, steht es nicht mehr in meinem Belieben, diese Stimme ernsthaft zu hören oder nicht. Ich bin nicht frei, mir Gott zurechtzuschaben, bis er so ein kleines, nettes, gemütliches antiautoritäres Kerlchen ist wie du und ich. Man muß gegen den gegenwärtigen Narzißmus die Fremdheit retten. Es ist vielleicht das Kostbarste, was uns anvertraut ist. Der immer schon von uns provinzialisierte Text, der immer schon von uns heimgeholte Gott mag zwar wie wir sein, aber auch so langweilig und hilflos wie wir selber. Ich zitiere einige Sätze aus der nachdenklichen Selbstbeschreibung einer jungen Frau, die sich eine Zeitlang in der religiösen Flauschszene herumgetrieben hatte und dann von sich selbst ernüchtert schreibt: Spielerisch soll sie sich dem neuen Gott nähern, so erfährt sie andernorts. Der Gott, dem sie hier begegnet, ist einer, der sich »anfassen« läßt; der mit ihr auf dem graumelierten Teppichboden nach dem verlorenen Schaf sucht; der sich auf einen Stuhl stellen und später von dort herunterholen läßt. Dieser handliche und spielerische Gott symbolisiert das Neue. Doch satt wird sie davon nicht. Kann es sein, so fragt sie sich manchmal, daß Gott an diesen Orten, die Orte der Befreiung sein wollten, eingesperrter lebt als an den alten Orten, die sie verlassen hat?
Der Narzißmus zeigt sich nicht nur im Umgang mit den Traditionen. In den säkularen Großstädten wird er inzwischen auch liturgisches Prinzip: Gottesdienst als Selbstfeier der Gemeinde! Ich schildere einen Gottesdienst, in dem die Konfirmanden eines Jahrgangs vorgestellt wurden. Vor Beginn des Gottesdienstes ist in der Kirche ein großer Lärm. Die Kinder streiten sich, die Erwachsenen reden miteinander. Ein heiliger Raum ist nicht da. Zwei Pfarrer halten diesen Gottesdienst. Sie begrüßen beim Einzug diesen und jenen und winken nach rechts und links. Einer der Pfarrer

trägt einen Talar, der andere eine Albe mit Stola. Die Kirche ist geschmückt mit Produkten aus der Konfirmandenfreizeit, mit gebastelten Fischen, mit Schuhen, die in einem Netz hängen. Beide Pfarrer begrüßen mit launigen Worten die Gemeinde und die Konfirmanden. Das Eingangsgebet ist hausgemacht und lang. Dann vollziehen beide Pfarrer je eine Taufe von Jugendlichen aus dem Kreis der Konfirmanden. Beide halten eine Taufansprache, begrüßen die Familien und gehen sehr individuell auf deren Geschichte ein. Nach der Taufe werden Wollknäuel durch die Kirche geworfen. Jeder hält einen Faden und wirft das Knäuel weiter. Die Vernetzung der Gemeinde soll dargestellt werden. Es beginnt ein lustiges Spiel. Inzwischen ist einer der Pfarrer auf der Kanzel und versucht gegen den Lärm eine Predigt. So geht es weiter bis zum speziell für diesen Gottesdienst und diese Gemeinde ausgesuchten ganz frischen Schlußsegen.

Was ist gegen diesen Gottesdienst zu sagen? Gegen jedes einzelne Element natürlich nichts. Keine Gemeinde soll unter liturgischen Zwängen stehen! Wohl habe ich etwas gegen die Annahme, sozusagen gegen die Anthropologie, die diesem Gottesdienst zugrunde liegt. Man könnte sie so ausdrücken: Wir sind wir! Wir sind unsere eigene Regel, und je individueller wir vorkommen, um so authentischer sind wir. Wer wir morgen sind, wissen wir noch nicht genau. Darum erwartet von uns morgen nicht den gleichen Gottesdienst, unser gleiches Verhalten und die gleichen Regeln. Wir leben im Augenblick, und dieser Augenblick soll bunt und abwechslungsreich sein. Wir wollen uns fühlen, wir wollen uns erleben, auch wenn wir beten und fromm sind. Alles wollen wir uns bewußt machen, und darum reden wir. Authentisch sind wir, wenn wir mit uns selber übereinstimmen.

Nähe und Unmittelbarkeit sind die neuen Gottesdienstziele. Darum gehen die Pfarrer so ausführlich auf die Geschichten der Familien der Täuflinge ein. Darum wenden sie sich persönlich an einzelne und winken ihnen zu. Aber sind Nähe und Intimität vorrangige Ziele eines Gottesdienstes? Ich zitiere den amerikanischen Sozialphilosophen Richard Sennett: »Heute dominiert die Anschauung, Nähe sei ein moralischer Wert an sich. ... Es dominiert ein Mythos, demzufolge sich sämtliche Mißstände der Gesellschaft auf deren Anonymität, Entfremdung, Kälte zurückführen lassen. Diese Ideologie verwandelt alle politischen Kategorien in psychologische.«

Sennetts Satz auf unsere Situation angewandt: Diese Ideologie verwandelt alle religiösen Kategorien in psychologische. Es entstehen neue Gottesdienstabsichten: im Gottesdienst will ich mich wohl fühlen; ich will die Gemeinschaft der Gemeinde erleben. Ich setze weniger auf das Hören der Texte und auf die Wahrnehmung einer Tradition. Ich setze auf die Intimität und die Unmittelbarkeit einer Gemeinde. Damit aber ist jede Gemeinde überfordert. Intimität ist die Nähe zwischen Zweien oder Dreien. Die Nähe einer größeren Gruppe in einem öffentlichen Raum nennt Sennett Geselligkeit. Sie besteht nicht nur aus der Herzenswärme der einzelnen. Es ist eine Verbindung, die durch eine gemeinsame Herkunft und durch ein gemeinsames Ziel gestiftet wird. Die öffentliche Nähe oder die Geselligkeit einer Gruppe aber braucht die Form. Wiederum ein Zitat von Sennett: »Die Menschen sind um so geselliger, je mehr greifbare Barrieren zwischen ihnen liegen ... Man kann es noch anders ausdrücken: Um sich gesellig zu fühlen, bedürfen die Menschen einer gewissen Distanz zu anderen. Wird der intime Kontakt gesteigert, so geht die Geselligkeit zurück.«

Das Medium der öffentlichen Nähe ist die Form. Dies gilt auch für den Gottesdienst. Nun versucht aber unser Konfirmandengottesdienst, die Form auf jede mögliche Weise herunterzuspielen zugunsten der blanken Unmittelbarkeit. Dahinter steht die Annahme, die Form verhindere die Natürlichkeit des Gottesdienstes. Natürlich ist auch dieser Gottesdienst nicht ohne Form, aber die Formen sind ausgebleicht. Es sind die eigenwilligen Formen der einzelnen. Sie können und sie müssen jederzeit neu erfunden werden. Wer sich unter das Diktat der Unmittelbarkeit begibt, der kann sich die Wiederholung und die eingeschliffene Form kaum erlauben. Er lebt von Wegwerfformen. Zum Wesen einer Form aber gehört ihre Langfristigkeit. Wo aber die Form als öffentliches Medium verachtet wird, da muß man reden. Die zunehmende Worthaftigkeit hat zu tun mit der Schwächung

der Formen. Spätestens hier zeigt sich, daß der leichte, gutgelaunte und unterhaltsame Gottesdienst keineswegs die Heiterkeit hat, die er vorgibt. Er wird für die Liturgen und für die Teilnehmer zum Zwang der Unmittelbarkeit und – in Anlehnung an Sennett gesagt – zur Tyrannei der Nähe.
Es gibt Götzenbilder innerhalb der Religion und Widerspiegelungen seiner selbst, für die der Mensch verantwortlich ist und die er in seiner Verblendung selber schnitzt. Grundsätzlich aber ist jedes Gottesbild und sind alle religiösen Auffassungen durch die materiellen und psychischen Lebensbedingungen geprägt, denen er unterworfen ist. Daß in einer religiösen Tradition verschiedene Grundstimmungen und Färbungen möglich sind, ist leicht zu sehen. Man muß nur etwa die in das Gesangbuch neu aufgenommenen Kirchenlieder mit den klassischen Liedern der protestantischen Tradition vergleichen. Es gibt eine Reihe alter Lieder, die das Leben als kurz, brüchig und dem Tode entgegeneilend beschreiben. Die Fähigkeiten des Menschen werden gering eingeschätzt, und groß ist das Bewußtsein der eigenen Unfähigkeit. Fallen diese Lieder durch ihre Düsternis auf, so die neuen Lieder oft durch ihre Harmlosigkeit: die Welt ist schön, das Leben ist gut, Gott hat es in der Hand, und jeder Vogel hat sein Nest. Diese verschiedenen Grundstimmungen haben natürlich mit der ökonomischen Lage der Gesellschaft zu tun. Wie soll man singen, wenn für die meisten das tägliche Brot ungewiß, die Zukunft unsicher, die Lebenserwartung gering und die Kindersterblichkeit groß ist! Es ist eher ein Wunder, wenn aus solchen Zeiten so innige und gewisse Lieder wie die von Paul Gerhard kommen, der die Schrecken des 30jährigen Krieges erlebt hat, dem Kinder gestorben sind und der doch gesungen hat:

Ach, denk ich, bist du hier so schön
und läßt du's uns so lieblich gehen
auf dieser armen Erden:
was will doch wohl nach dieser Welt
dort in dem reichen Himmelszelt
und güldnen Schlosse werden.

Zeiten materieller Kargheit sind auch Zeiten psychischer

Kargheit. Zeiten materieller Zwänge sind durchweg Zeiten psychischer und damit auch religiöser Zwänge. Ich vermute, daß in lebensunsicheren Zeiten rituelle Zwanghaftigkeiten die Religion und der Opfergedanke das Gottesbild bestimmen. Überall, wo das Leben nicht aus sich einleuchtend ist; wo es keine natürlichen Horizonte hat, da gibt man ihm den künstlichen Horizont der Ritualisierungen und der Ordnungen, die nicht durchbrochen werden dürfen und die Veränderungen nicht gestatten. Veränderungsneugierig und veränderungsfreundlich kann man nur da sein, wo man nicht fürchten muß, daß alles nur noch schlechter werden kann.
Zwanghafte Zeiten sind Opferzeiten. Das Lebensgefühl ist pessimistisch, und damit ist auch das Gottesbild sehr oft pessimistisch. Gott scheint genauso unberechenbar wie die anderen Mächte. Darum gibt man ihm im Opfer einen Teil des eigenen Lebens und der eigenen Gaben, daß er versöhnt werde. In den Deich mauert man ein lebendiges Wesen ein, damit er hält und damit das Chaos die Menschen nicht verschlingt. In Ländern bitterer Armut kommt es heute noch vor, daß ein lebendiger Mensch in die Fundamente eines besonderen Bauwerks eingemauert wird. Im letzten Krieg haben nicht wenige Ehepaare ein Gelübde sexueller Enthaltsamkeit abgelegt, damit ihre Söhne gesund von der Front zurückkämen. Sie setzten auf das Opfer. Ein Teil der christlichen Opfertheologie ist sicher aus solchen Lebenslagen gedacht und formuliert.
Ich werfe unter der Hinsicht »Opfer und Ritualismus« einen Blick auf das religiöse Empfinden und auf die religiöse Praxis der Gegenwart. Zwanghaftigkeit und Ritualismus verschwinden weitgehend aus dem religiösen Grundgefühl. Ich habe vor einiger Zeit in einer Universitätsveranstaltung einen Test gemacht. Ich bat die Studierenden, sich in eine der drei Gruppen einzureihen, die durch folgende Aussagen gekennzeichnet sind:

- Ich habe in meiner religiösen Herkunft Religion als eher warm, freundlich und frei erlebt.
- Ich habe Religion als eher kalt, dunkel und zwanghaft erlebt.
- Ich habe keine religiöse Herkunft.

In der letzten Gruppe fanden sich die meisten. Niemand aber erklärte, Religion zwanghaft erlebt zu haben. Was ist dies für eine Veränderung etwa im Vergleich zu meiner eigenen Kindheit und Jugend! Mit den alten religiösen Liedern haben diese Studierenden vor allem Schwierigkeiten wegen des düsteren Welt- und Gottesbildes und wegen der Sühnetheologie. Diese Veränderung ist nicht einfach Folge des theologischen Fortschritts oder der größeren Aufklärung. Es ist auch die Folge anderer materieller Lebensbedingungen.

Wie die Veränderung der materiellen Lebensbedingungen ganze Frömmigkeitszweige verändern oder zum Erlöschen bringen kann, zeigt sich an den liturgischen und paraliturgischen Bräuchen, die sich um Wetter und Ernte drehen. Agrobusiness, Hagelversicherung und Blitzableiter lassen frühere hochbesetzte Frömmigkeitsformen und Liturgien einfach verschwinden. In meiner Jugend noch war die Angst vor Hagel und Gewitter groß. Gegen den Blitzschlag stellte man eine Kerze zu Ehren des heiligen Judas Thaddäus auf. Ich zitiere eine Bäuerin aus Österreich: »Im Sommer, wenn es heiß und die gefährliche Zeit der Gewitter mit Sturm und Hagel war, gab es keine Tanzveranstaltungen und keine Feste. Es gab absolutes Tanzverbot. Die Leute hielten sich an diesen Glauben und waren gottesfürchtig. Sie bangten um ihre Ernte. Man lebte ja davon, und Hagelversicherung gab es noch keine. Bei einem starken Gewitter mit Hagelgefahr ... hat die Mutter Palmzweige in den Ofen gegeben und Weihwasser in die Richtung, wo das Wetter herkam gesprengt. Ich habe oft beobachtet, wie sich dann der Wind gedreht hat und das Wetter in eine andere Richtung zog oder sich auflöste.«

Die Agrar- und Transportrevolutionen haben das früher hochbedeutsame Erntedankfest eher zu einer Verlegenheit werden lassen. Die »Emanzipation aus den Schranken der Natur« (W. Sombart) hat in einem hohen Maße Lebensgefühl und Frömmigkeit verändert. Diese Art von Modernisierung muß übrigens die Frömmigkeit nicht zerstören. Feste werden umgedeutet wie etwa das Erntedankfest, das an vielen Stellen zu einem Aufmerksamkeitsfest für Hungerländer geworden ist. Es sind andere Wichtigkeiten dazugekommen, die ihre Liturgien finden, z. B. all die Begehungen und Orts- und Zeitmarkierungen, die der Erinnerung der Opfer und der Schuld aus der Nazizeit gewidmet sind.

Die Theologie und die Frömmigkeit kann also dort freundlicher werden, wo das Leben der Menschen freundlicher geworden ist. Diese Freundlichkeit ist aber zu unterscheiden von einer Theologie light, einer Theologie ohne Tränen, die die ernsten Bilder von der Schuld, dem Gericht, dem zerstörten Leben nicht mehr kennt; einer Theologie und einer Frömmigkeit, die Selbstfeier geworden ist und in der der Schrei der Armen unhörbar geworden ist. Wir haben der alten Religion vorgeworfen, daß sie die Menschen eher verwundet als getröstet hat. Daß Religion nicht mehr verwundet, ist allein noch nicht Zeichen ihrer Qualität. Es könnte auch ein Zeichen ihrer Harmlosigkeit sein. Denn alles, was ernsthaft ist, ist wie ein Messer, an dem man sich auch verletzen kann.

BERNARDIN SCHELLENBERGER

Welcher Glaube Zukunft hat

Plädoyer für eine Spiritualität, die an der Zeit ist

Eine Vorhersage, »welcher Glaube Zukunft hat«, und der Entwurf einer Spiritualität, »die an der Zeit ist«, sind unmöglich. Das sei als erster Satz den folgenden Ausführungen vorangestellt. Natürlich lassen sich wie auf allen Gebieten des Lebens, so auch auf dem Gebiet der Religion und Spiritualität gegenwärtige Daten, Strömungen und Bedürfnisse erfassen und Spuren sichern. Man kann auch nach Art der Futurologen daraus hochrechnen, welche weiteren Entwicklungen zu erwarten sind. Doch würde man mit dieser Methode an die Themen »Glaube« und »Spiritualität« auf eine Weise herangehen, wie sie unspiritueller gar nicht sein könnte. Spiritualität im strengen Sinn entwirft der Mensch nicht selbst; nein, er wird davon gepackt und umgetrieben. Das vom Lateinischen entlehnte Wort »Spiritualität« erinnert an den »Spiritus«, den »Geist«. Damit wurde ursprünglich nicht der Geist des Menschen bezeichnet, sondern der Spiritus Sanctus, der »Heilige Geist«, also die göttliche Kreativität schlechthin. Zur Spiritualität wird der Mensch von diesem Unergründlichen und Unvorhersehbaren her inspiriert. »Die sich vom Geist führen lassen, sind Kinder Gottes«, sagt Paulus im Römerbrief. Von diesem Geist wird der Mensch überraschend oft – laut der Vorhersage Jesu für Petrus am Ende des Johannesevangeliums – »geführt, wohin er gar nicht will«. Folglich hat er keine Ahnung, worauf das hinausläuft, und das Spekulieren darüber ist müßig. »Der Geist weht, wo er will; du hörst sein Brausen, weißt aber nicht, woher er kommt oder wohin er geht.«
Das ist keine spezifisch christliche Überzeugung; sie findet sich in allen großen spirituellen Traditionen der Menschheit. Im Zentrum der Lehre des Buddha zum Beispiel steht die Anweisung, nichts mehr zu wollen, das heißt, auf nichts mehr fixiert zu sein; erst dadurch entstehe im Menschen

jene unverkrampfte Offenheit, die ihn sensibel mache für das, was wirklich ist, und für das, was ihn inspirieren will. Ohne diese innere Freiheit von sich selbst bleibt der Mensch im geschlossenen System seiner selbst zurechtgelegten sterilen Pläne befangen. So ließe sich zwar eine »Spiritualität, die an der Zeit ist«, intelligent erschließen, geistreich ausdenken oder womöglich modisch designen – sie bliebe, nach einer Formulierung von Gertrud von Le Fort, »wie lauter kleine Schritte um uns selber«, und wir wären dabei »heute unsrer Wahrheit Wiege, und morgen schließlich auch ihr Grab«. Echte Spiritualität kann nur in einem Klima absichtsloser Offenheit gelingen.

Die dafür erforderliche Haltung hat der Taoist Tschuang-tse vor über zweitausend Jahren mit dem folgenden Beispiel erklärt: »Wenn ein Bogenschütze um nichts schießt, trifft er ins Schwarze. Schießt er um einen Messingbecher, wird er schon nervös. Schießt er gar um einen Goldpokal, sieht er zwei Schießscheiben, oder er sieht gar nichts mehr. Er ist nicht mehr er selbst. Seine Geschicklichkeit ist unverändert. Aber der Preis spaltet ihn: Er strengt sich an. Er denkt mehr ans Gewinnen denn ans Schießen, und die Zwangsvorstellung: Du mußt unbedingt gewinnen! lähmt ihn, und er schießt daneben.« Hier wird eindrucksvoll der zutiefst paradoxe Ansatz des Unternehmens beschrieben: Natürlich *will* der Bogenschütze ins Schwarze treffen – aber er trifft erst, wenn er das nicht mehr will. So ließe sich für den Glauben und die Spiritualität formulieren: »Suchet nicht, und ihr werdet finden.« Wer echte Inspirationen kennt, weiß, was damit gemeint ist. Geistesblitze zucken am ehesten, wo sich jemand ungeteilt einer eher ungeistigen Tätigkeit widmet: sich gerade in Ruhe rasiert, badet oder das Geschirr spült. Auf dieses Unerwartete zu warten und doch nicht gezielt zu warten, es intensiv zu suchen und dennoch von allein kommen zu lassen, ist spannend, macht neugierig, erfordert ständige absichtslose Wachheit, macht das Leben zur Entdeckungsfahrt in unbekannte Zonen.

In der bis jetzt geäußerten Verweigerung, etwas über eine »Spiritualität, die an der Zeit ist«, zu sagen, steckt paradoxerweise einiges, was sich dennoch über sie sagen läßt.

Wir wollen das im folgenden noch etwas genauer aufschlüsseln.
Von der fernöstlichen Tradition wird das Abendland an die zentrale Bedeutung der »Achtsamkeit« erinnert. Gemeint ist die absichtslose Aufmerksamkeit auf den jeweils gegenwärtigen Augenblick. Gewöhnlich, so sagt diese Tradition, verderbe sich der Mensch mit seinen Vor-Urteilen und Vor-Erwartungen sein Wahrnehmungsvermögen. Das trübe sein Erfassen der Wirklichkeit und seine Erkenntnis dessen, was gerade ansteht. Sie ist vom grundsätzlichen Vertrauen beseelt, alles, was wirklich ist und der Mensch tatsächlich so wahrnimmt, wie es ist, habe ihm etwas Inspirierendes und Wegweisendes zu sagen.
Der jüdisch-christlichen Tradition ist diese Vorstellung nicht fremd. Sie hat es von alters her auf den Begriff des »Gehorsams« gebracht. »Gehorsam« stellt ursprünglich die Fähigkeit zum genauen Hinhören, zum aufmerksamen Hinhorchen dar – meint also ebenfalls höchste Achtsamkeit –, und sodann die Bereitschaft, sich vom Gehörten etwas sagen zu lassen und sich danach auszurichten. Der jüdische Religionsphilosoph Martin Buber hat geschrieben: »Die Zeichen der Anrede sind nicht etwas Außerordentliches, etwas was aus der Ordnung der Dinge tritt, sie sind eben das, was sich je und je begibt, eben das, was sich ohnehin begibt, durch die Anrede kommt nichts hinzu. Die Ätherwellen brausen immer, aber wir haben zumeist unsern Empfänger abgestellt. Was mir widerfährt, ist Anrede an mich. Als das, was mir widerfährt, ist das Weltgeschehen Anrede an mich.»
Der christliche »Gehorsams«-Begriff hat allerdings einen deutlich personaleren Einschlag als die fernöstliche »Achtsamkeit«. Das liegt daran, daß im Christentum, wie schon im Judentum, Gott auf personhaftere Weise, das heißt als ein DU vorgestellt wird, das den Menschen anspricht. In der fernöstlichen Tradition bleibt das, was zum Menschen spricht, verhüllter als im Judentum und Christentum. Aber der christliche, personalere »Gehorsams«-Begriff entsprach ursprünglich sehr genau der fernöstlichen »Achtsamkeit«. Er barg allerdings in sich die Tendenz, zu jener Art von Gehorsam zu degenerieren, bei dem sich ein Mensch vom an-

deren sagen läßt oder sagen lassen muß, was er zu hören habe. Aus dem gemeinschaftlichen, sozusagen demokratischen Horchen und Suchen wurde der hierarchische Gehorsam. Dessen Vertreter neigen dazu, sich gegen jede unerwartete Inspiration einzelner, nicht von ihnen autorisierter Menschen abzuschotten. Sie erklären sie für ärgerlich, ja störend und verdammenswert. Konsequent praktiziert, ist das der Tod der Spiritualität. Übrig bleibt ideologische und moralische Traditionswahrung. Über die Krise dieser Traditionswahrung und die lautlose Auszehrung der großen, unspirituell gewordenen Institutionen braucht nicht viel gesagt zu werden. Nicht wenige Menschen haben deshalb das Gefühl, den Boden unter den Füßen zu verlieren. Darum suchen sie religiös wie politisch Zuflucht bei fundamentalistischen Bewegungen. Sie ziehen aus einer zerbröselnden Kruste in eine neue, noch stabile Kruste um.
Derzeit, so bin ich überzeugt, muß sich der spirituell suchende, hörende, achtsame Mensch aus der Kruste lösen; er muß seinen Weg selbständig suchen und finden. Das ist nicht nur eine Freiheit, sondern für viele eine fast unerträgliche Last. Wie schön und bequem waren die Zeiten, als man sich zuverlässig in einem allgemein akzeptierten Sinn geborgen fühlen konnte! Die Ursachen für eine Krise der Spiritualität sind daher nicht nur bei den Institutionen zu suchen. Sie liegen auch bei den vielen, die sich davon überfordert fühlen oder sich nicht dafür interessieren. Auf allen Gebieten ist heute ständige Weiterbildung angesagt; das gilt auch für den Glauben und die Spiritualität. Dem heutigen Menschen wird Mündigkeit und Selbstverantwortung zugemutet, was laufende angemessene Information voraussetzt.
Alle pauschale Polemik gegen Individualismus, Selbstverwirklichung und Singledasein ist blind, wenn sie beschwörend in die Hürden kollektiver Sinnverwaltung zurückmahnt oder -lockt. Auch in spiritueller Hinsicht leben wir in einer Zeit gewaltiger Umbrüche, auf einer riesigen Baustelle. Sie ist kein Idealzustand; einen solchen gibt es ohnehin nie. In der jetzigen Situation kann man nicht den zweiten Schritt vor dem ersten tun. Erst spirituell reife Individuen können sich zu neuen Formen reifer Gemeinschaft

zusammenschließen, die sicher wünschenswerter wäre als die Vereinzelung, und sie werden das auch tun. Das ist eine Frage des bereits genannten grundsätzlichen Vertrauens in die Wirklichkeit. Wer sich selbst findet, findet auch wieder zu den anderen. Wer auf die Wirklichkeit hört, hört auch auf die anderen, und er hört auf die Tradition, weil auch sie Teil seiner Wirklichkeit ist. Die Alternative zu diesem höchstpersönlichen, eigenverantwortlichen Hören wäre kindliche Nesthockerei oder geistlose Herdenhaltung. Dabei entstehen keine reifen, und erst recht keine spirituellen Gemeinschaften.

Es ist nicht verwunderlich, wenn in der gegenwärtigen mobilen Zeit die überkommenen Riten und Gottesbilder schrumpfen. Sie werden wieder karg wie zu Zeiten der Nomaden vor Jahrtausenden. Stabile Gemeinschaften, komplizierte Zeremonien, feste Bräuche und Kulteinrichtungen und bis ins Detail gehende Vorstellungen über Gott können sich nur seßhafte Gesellschaften leisten. Es wird beklagt, unserer Gesellschaft mangle es an »Übergangsriten«, weshalb unser Leben verarme und an Struktur verliere. In Wirklichkeit erleben die Menschen in einem nie dagewesenen Maß Übergänge, Brüche und grundverschiedene Lebensabschnitte. Eric Leed hat darum die Vermutung geäußert, in unserem Leben hätten *wirkliche* Übergänge die rituellen verdrängt. Er schrieb: »Sie machen unser Leben zu einer Prozession, zu einem Spektakel, das vielleicht weit faszinierender und eindrucksvoller ist, als ein Ritual es je sein könnte.«

Die etablierten Traditionen bedürfen einer radikalen Öffnung für die Wirklichkeit. Zu dieser Wirklichkeit gehören auch die anderen Traditionen. In einer eng auf dem Globus vernetzten Welt lassen sich keine Sinn- und Weltanschauungsmonopole und -exklaven mehr nach außen dicht abgrenzen. Das mag in einigen islamischen Ländern noch versucht werden, ist aber infolge der modernen Möglichkeiten der Information und Kommunikation zum Scheitern verurteilt; ganz zu schweigen von den Strömungen und Wertvorstellungen, die auf zuweilen unerklärlichen Wegen unaufhaltsam bis in die letzten Winkel der Erde vordringen, weil sie anscheinend wie Viren »in der Luft liegen« und alle anstecken.

Ein reifer Mensch hat keine Berührungsängste. Er kann sich neugierig umsehen und überall etwas lernen. Mehr noch: in der Begegnung mit anderen begegnet er neu sich selbst und seiner eigenen Tradition und versteht diese tiefer. Das habe ich gerade am Beispiel des christlichen »Gehorsams«-Begriffs vorgeführt. Umgekehrt hat ein offener Mensch auch anderen Traditionen etwas zu bieten. Das ist ein Aspekt, der mir in der Begegnung des Christentums mit dem Fernen Osten derzeit zu kurz zu kommen scheint. In der einschlägigen Literatur wird in immer neuen Variationen dargestellt, was Christen vom Buddhismus lernen können; aber darüber, ob oder was Buddhisten von Christen lernen können oder wollen, ist wenig zu lesen. Es gibt dafür eine Reihe von Gründen. Der Buddhismus hat heute eindeutig einen Sympathievorsprung, und das nicht nur, weil er für die meisten Zeitgenossen etwas Neues und Exotisches darstellt. Mehr als das wirkt anziehend, daß er im Abendland als undogmatisch und auf Psychologie und Erfahrung konzentriert vorgestellt wird; außerdem kann er praktische Meditationstechniken anbieten, die in einer langen Tradition erprobt sind und einer Mentalität entsprechen, die meint, mit der richtigen Methode sei alles machbar. Das alles kommt dem derzeitigen Geschmack und Bedürfnis entgegen. Im Vergleich damit wirkt das Christentum pedantischer und theoretischer, und das scheint vielen Christen eine Art Minderwertigkeitskomplex einzuimpfen. Außerdem hat der Christ Schwierigkeiten, Außenstehenden seine Vorstellung eines personalen Gottes plausibel zu machen, selbst wenn er aus lebendiger Erfahrung sprechen kann. Wer von Gott als seinem persönlichen Gesprächspartner und Freund redet, weckt weithin verzeihendes Lächeln; ihm wird rasch unterstellt, noch mit sehr naiven Vorstellungen zu leben. Der Buddhist mit seiner Aussage, über das Thema »Gott« könne man absolut nichts sagen, findet dagegen bei Agnostikern, Wissenschaftsgläubigen und Positivisten spontane Zustimmung. Tatsächlich ist die Vorstellung und Rede vom persönlichen Gott in der abendländischen Tradition ziemlich strapaziert, wenn nicht verdorben worden und bedarf einer sorgfältigen Neuformulierung. Hier wäre wohl vom Buddhismus einige Zurückhaltung und mehr Ehrfurcht vor dem Geheimnis dessen, den wir »Gott« nennen, zu lernen. Zudem erinnert der Buddhismus die Christen an ihre eigene Tradition der »negativen Theologie«, die deutlich hervorgehoben hat, daß alles menschliche Sprechen von Gott mehr falsch als wahr ist, weil es immer wie durch einen Filter gebrochen ist von unseren allzu menschlichen Vorstellungen. Doch wer aus der realen Erfahrung des lebendigen Gottes lebt, braucht sich dieser Vermittlungsschwierigkeit nicht zu schämen. Die kostbarsten Erfahrungen sind nun einmal diejenigen, die sich am schwierigsten mitteilen lassen; wer sie nie gemacht hat, kann sie ohnehin nicht begreifen. Aber das gilt schon im Fall einer exotischen Frucht, die mein Gesprächspartner nie verkostet hat: Er wird nie genau nachvollziehen können, was ich ihm zu beschreiben versuche. Im übrigen ist es auch rein denkerisch nicht ungebührlich, Gott als »Person« zu bezeichnen. Das Personsein ist die komplexeste und kostbarste Form des Daseins. Über etwas, womit wir Gott noch besser vergleichen könnten, verfügen wir nicht. Wenn Gott in irgendeiner Weise uns Menschen entspricht, muß er etwas dem Menschen Entsprechendes an sich haben. Sogar in manchen Spielarten des Buddhismus gibt es daher Tendenzen, offen oder implizit von Gott, und von einem personalen Gott, zu sprechen. Auch in der modernen Wissenschaft finden in diese Richtung ständig Grenzüberschreitungen statt, selbst wenn das die Betreffenden nicht wahrhaben wollen. Wenn etwa ein Naturwissenschaftler, der sich als »Atheist« bezeichnet, davon spricht, »die Natur« habe ständig neue schöpferische Einfälle, oder »die Evolution« steuere zielstrebig immer höhere Formen an, dann personifiziert er »Natur« oder »Evolution«. Damit kommt er der Vorstellung eines Geistes oder Gottes, der bestimmte Absichten und Pläne hat, näher, als er selbst merken mag. So braucht man den modernen Dialog nicht mit einem Minderwertigkeitskomplex anzutreten, wenn man darin die Vorstellung eines persönlichen Gottes einbringt. Im Gegenteil: Ich glaube, was das fernöstliche Denken von der abendländischen Tradition lernen könnte, wäre, das Mensch- und Personsein und die Geschichtlichkeit nicht nur als Aspekte trauriger

Vergänglichkeit und Unbeständigkeit zu sehen, sondern auch positiv als Schauplatz des faszinierenden Dramas des Lebens. Die jüdisch-christliche Religion versteht den Menschen als ein Wesen, das unterwegs ist mit Gott; auf diesem Weg wird gelacht, geweint, gedankt, geschrien, geklagt, gejubelt, geliebt, gehaßt, gehofft, gezweifelt, gesehnt, gelitten, genossen und gesungen. Alle diese prallen, leidenschaftlichen, dramatischen Äußerungen *sind* der Weg, und im Weg der Anfang des Ziels. Ich möchte sie nicht missen. Die Bibel ist voll davon, genau wie das Leben. Im Vergleich dazu erscheint die fernöstliche Spiritualität merkwürdig geschichts- und leidenschaftslos. Sie ist stärker von abgeklärten Mönchen geprägt, die in einer Mitte zu ruhen scheinen, in der alle Leidenschaften verstummt sind und nur als störend für die absolute Klarheit der Erleuchtung gelten. Auch die Impulse zu leidenschaftlichem Engagement für Mitmensch, Politik, Natur und Umwelt scheinen merkwürdig lahm zu sein.

Der Abendländer kann von der fernöstlichen Tradition die Kunst lernen, in seiner Mitte zu ruhen, einfach zu werden und immer nur achtsam eines, statt immer vieles zugleich zu tun. Aber mit Einfachheit allein läßt sich in einer komplex gewordenen Welt immer schlechter leben; darin ist auch zunehmend komplexes Verhalten notwendig. Schon jeder, der am Steuer eines Autos sitzt, muß immer auf mehrere Dinge zugleich achten. Dieses komplexe Verhalten ist nicht nur eine Untugend, sondern auch eine Stärke des Abendländers, von der vermutlich der Buddhist etwas lernen kann.

Das sind gegenläufige Tendenzen zwischen den beiden großen Traditionen, die nicht als absolute Gegensätze aufgefaßt werden dürfen, sondern als einander ergänzende Eigenschaften. Folglich hätte jede Tradition von der anderen etwas zu lernen; keine würde sich aufgeben, sondern im Gegenteil reifer und ganzer werden.

Hier muß noch ein weiterer Punkt genannt werden. Das abendländische Denken und seine Praxis sind seit Jahrhunderten »verkopft«, das heißt einseitig vom Verstand gesteuert. Das hat uns gewaltige wissenschaftliche und technische Leistungen ermöglicht, die wir nicht mehr missen möchten. Aber ein Teil der Abendländer ist des Kalt-Vernünftigen müde. Sie empfinden es als Mangel, daß die Welt entzaubert und aller Geheimnisse entblößt worden ist. Auf dieses Defizit spricht die fernöstliche Tradition an, wenn sie zur Kultivierung der nicht-intellektuellen, intuitiven, meditativen und physischen Fähigkeiten des Menschen anleitet, und ihr verdankt der Westen inzwischen viel. Allerdings kippt diese Anregung, namentlich seitens der davon inspirierten Esoterik- und New-Age-Bewegung, allzuoft in eine modische Polemik gegen das Vernunftdenken schlechthin um. Dabei wird dann das rationale Denken geradezu als der Sündenfall des Menschen bezeichnet, und es wird vertreten, die Erlösung oder Erleuchtung könne nur erlangen, wer sein kritisches Denken ablege. Das ist eine Verzerrung des ursprünglich richtigen Anliegens, das darin steckt. Von ihm war vorhin bereits die Rede: daß sich der Mensch nicht gedanklich so fixieren soll, daß er nur noch das sieht, was er ohnehin sehen will.

Man hat den Unterschied zwischen abendländischer und fernöstlicher Mentalität verglichen mit der Art, wie die Vertreter beider Richtungen an einen Meditationskurs herangehen: der fernöstliche Mensch läßt sich vorurteilslos auf den Kurs ein und macht seine eigenen Erfahrungen damit; der Abendländer will zuerst wissen, wie der Kurs funktioniert, und erst dann ist er bereit, mitzumachen. Auf den ersten Blick wirkt dieser Vergleich amüsant; in Wirklichkeit ist er todernst. Wir Abendländer haben die sogenannte »europäische Aufklärung« hinter uns; wir – zumal wir Deutschen – verfügen obendrein über mehr als genug schmerzliche Erfahrungen mit dem leichtgläubigen Sich-Einlassen auf Heilslehren und Ideologien. Folglich können und dürfen wir unser aufgeklärtes, kritisches Denken nicht wieder aufgeben. Alle Aufforderungen, uns auf etwas nichtwissend und blind einzulassen, müssen uns suspekt bleiben. Es ist fahrlässig und dumm, sich irgendwelchen mystisch wabernden, geheimnisvoll-faszinierenden Nebeln anzuvertrauen und angesichts von Pseudo-Geheimnissen seinen Verstand abzuschalten. Echte, seriöse Geheimnisse vertragen sich durchaus mit der Vernunft. Wer sich wach und kritisch auf die Geheimnisse des Lebens, Liebens, Wachsens, Reifens, Leidens, Sterbens, Auferstehens und Neuwerdens einläßt, und wer sich offen – auch denkerisch – den elementaren Fragen des Lebens stellt, der wird in Klarheit und Nüchternheit vom Geheimnis erfaßt und erschüttert, statt benebelt und betört zu werden. Die großen spekulativen Denker des Abendlandes erfuhren einen Eros des Erkennens, der in nichts der Erleuchtung in der Meditation nachsteht. Ja, diese Erfahrung ist auch heute jedem Menschen zugänglich, der sich im Maß seiner Fähigkeiten um Erkenntnis bemüht. Der Mittelalterhistoriker Jacques le Goff hat geschrieben: »Die leuchtende und erhellende Vernunft, die einem konstruktiven, kritischen Geist entsprang«, sei »eines der wesentlichen Attribute des europäischen Genies«, und diese Gabe müsse Europa in die Welt des kommenden Jahrtausends einbringen. Und er warnt angesichts einer Welle des Antiintellektualismus und Antirationalismus: »Die Morgendämmerung der Magier ist in Wirklichkeit die Abenddämmerung des Denkens.«

Sofern sich überhaupt etwas sagen läßt über »eine Spiritualität, die an der Zeit ist«, wird diese Spiritualität integrativer Natur sein müssen. Das heißt: sie kann sich keine Einseitigkeiten und Gegensätze mehr erlauben, sondern muß Polaritäten finden und wahren. Im fernöstlichen Denken spricht man vom Überwinden des Dualismus, das heißt von der Kunst, alle scheinbar widersprüchlichen Tendenzen und Aspekte in einem großen Ganzen zu sehen. Sein bekanntestes Symbol dafür ist das Yin-Yang-Zeichen. Entsprechend gab es im Abendland die Überzeugung, daß in einer reifen und endgültigen Weltsicht die Gegensätze zusammenfallen und sich nicht als unversöhnliche Widersprüche, sondern als einander ergänzend herausstellen. Gott und Welt sind nicht getrennte oder feindliche Wirklichkeiten; das Männliche und Weibliche in Gott lassen sich nicht trennen; Ich und Gemeinschaft, Privates und Politik nicht; Heimat und Weltbürgertum nicht, Mensch und Natur nicht. Wie es möglich sein soll, diese und viele weitere scheinbare Gegensatzpaare zusammenzubringen, kann man gewöhnlich nicht sehen. Genau diese Struktur haben auch die zentralen Glaubensvorstellungen des Christentums: von den drei Personen im einen Gott, vom Gott-Menschen Christus, vom Zusammenspiel von Natur und Gnade und vom Verhältnis von Glauben und guten Werken. Genau genommen sind das alles paradoxe Kombinationen, die der Verstand nicht begreift; man kann sie nur im Raum stehen und in seinem Leben fruchtbar wirksam werden lassen. Das wäre ein weiterer Aspekt einer heutigen Spiritualität: das Offenlassen von Fragen, das lebhafte Bewußtsein, daß alle unsere Deutungen und Antworten stammelnde Versuche, Provisorien, Arbeitshypothesen sind und bleiben und daß darin Gewißheit und Ungewißheit untrennbar ineinander verwoben sind. Wir sind immer nur unterwegs zur Wahrheit und Ganzheit, haben sie nie vollständig und als festen Besitz.

Damit wäre nun doch einiges darüber gesagt, worüber man streng genommen nichts sagen kann: »welcher Glaube Zukunft hat« und wie eine Spiritualität aussieht, »die an der Zeit ist«. Sie besteht darin, achtsam und kritisch, horchend und tätig seinen Weg weiterzugehen. Und gespannt zu sein, was kommt.

Herausgeber und Autoren

GÜNTER ALTNER
Dr. theol., Dr. rer. nat.; Professor für Sozialethik an der Universität Koblenz – Landau.

LOTHAR BAUEROCHSE
Dr. theol.; Redakteur beim Kirchenfunk des Hessischen Rundfunks.

UWE BIRNSTEIN
Evang. Theologe, Journalist.

ERNST-OTTO CZEMPIEL
Dr. rer. pol.; em. Professor für Politologie; Mitglied der Hessischen Stiftung Friedens- und Konfliktforschung.

MICHAEL N. EBERTZ
Dr. rer. soc.; Professor an der Katholischen Fachhochschule in Freiburg und Privatdozent an der Universität Konstanz.

CHRISTIAN FRIESL
Dr. theol.; Universitätsassistent am Institut für Pastoraltheologie und Kerygmatik an der Universität Wien.

GOTTHARD FUCHS
Dr. theol., Ordinariatsrat für Kultur – Kirche – Wissenschaft in Wiesbaden.

HANSJÖRG HEMMINGER
Dr. theol. habil.; Weltanschauungsbeauftragter der Evangelischen Landeskirche in Württemberg.

HANS-JOACHIM HÖHN
Dr. theol.; Professor für Systematische Theologie an der Philosophischen Fakultät der Universität zu Köln.

KLAUS HOFMEISTER
Redakteur beim Kirchenfunk des Hessischen Rundfunks.

KLAUS-PETER JÖRNS
Dr. theol.; Professor für Praktische Theologie und Leiter des Instituts für Religionssoziologie und Gemeindeaufbau an der Theologischen Fakultät der Humboldt Universität zu Berlin.

Lutz Lemhöfer
Beauftragter des Bistums Limburg für Sekten und Weltanschauungsfragen.

Geseko von Lüpke
Dr. rer. pol., Journalist.

Andreas Malessa
Pastor im Bund Evangelisch-freikirchlicher Gemeinden; freier Hörfunkjournalist beim Deutschland-Radio Köln und Berlin sowie Fernsehmoderator beim Südwestrundfunk.

Hartmut Meesmann
Diplom-Theologe; er arbeitet als freier Journalist für Zeitungen und den Hörfunk.

Michael Nüchtern
Dr. theol.; Theologischer Referent der badischen Kirchenleitung für die Bereiche Verkündigung, Gemeinde und Gesellschaft.

Regina Polak
Projektassistentin am Institut für Pastoraltheologie und Kerygmatik an der Universität Wien.

Bernardin Schellenberger
Freier Schriftsteller und Übersetzer.

Arno Schilson
Dr. theol.; Professor für Abendländische Religionsgeschichte an der Universität Mainz.

Fulbert Steffensky
Dr. theol.; em. Professor für Religionspädagogik am Fachbereich Erziehungswissenschaft der Universität Hamburg.

Michael Welker
Dr. Dr.; Professor für Systematische Theologie an der Universität Heidelberg; Direktor des Internationalen Wissenschaftsforums.